国家社科项目"党媒移动端话语转型与话语提升力研究"阶段项目

刘琴 著

ZhuLiu MeiTi ZhiBo TanSuo De LiLun QuanShi Yu ShiJian JieDu

主流媒体直播探索的理论诠释与实践解读

中国书籍出版社
China Book Press

图书在版编目（CIP）数据

主流媒体直播探索的理论诠释与实践解读/刘琴著
. --北京：中国书籍出版社，2018.12
ISBN 978 - 7 - 5068 - 7124 - 2

Ⅰ.①主… Ⅱ.①刘… Ⅲ.①现场直播—研究 Ⅳ.
①G222.2

中国版本图书馆 CIP 数据核字（2018）第 269877 号

主流媒体直播探索的理论诠释与实践解读

刘 琴 著

责任编辑	吴化强	
责任印制	孙马飞　马　芝	
封面设计	中联华文	
出版发行	中国书籍出版社	
地　址	北京市丰台区三路居路 97 号（邮编：100073）	
电　话	（010）52257143（总编室）　　（010）52257140（发行部）	
电子邮箱	eo@ chinabp. com. cn	
经　销	全国新华书店	
印　刷	三河市华东印刷有限公司	
开　本	710 毫米×1000 毫米　1/16	
字　数	264 千字	
印　张	22	
版　次	2019 年 4 月第 1 版　2019 年 4 月第 1 次印刷	
书　号	ISBN 978 - 7 - 5068 - 7124 - 2	
定　价	95.00 元	

前　言

　　随着直播从秀场直播、全民直播到资讯直播的升级与理性回归，主流媒体纷纷在各个端口开设直播产品引领话语主导的同时，满足用户碎片化、社交化、移动化、智能化的需求。本文敏锐关注到直播作为主流媒体积极向移动互联网靠近的融合媒体，正以其独特的价值特性引领移动端产品拓展的新一轮风向。文章从考察主流媒体直播探索的逻辑起点出发，探讨了其直播转型的内外动因，提出研究计划解答的几大问题：主流媒体直播产品布局、生产机制的特点、话语表达的特色、用户满意度表现以及竞争优势确立。从本质上而言，直播是一种特殊的融媒产品，是基于创新推动的媒介新形态，因此，整个文章以创新理论与媒介融合理论两大理论作为研究主流媒体直播的理论指导，逐个解析了直播的技术创新、产品创新、组织创新、市场创新与制度创新之间的因果关联与现实表现，进而分析了直播融媒产品的特殊价值。

　　文章将研究对象分为三个类别：一是以"人民直播"等代表的传统纸媒的直播转型；二是以央视直播等代表的网络电视直播，他们的直播形态是对原有电视直播的创新拓展，放大了其中的交互性与渗透感；三是以腾讯、网易等综合门户网代表的新型主流媒体，他们的直播发展是对原有产品形态的转型升级。文章在理顺直播理论发展的范式解读后，分别对三种研究对象的直播实践进行了夯实的内容分析与跟踪研究。在直播实践解读板块，文章选择适当样本，分别研究了纸媒直播全媒体突破的实质，生产机制与运营，并以话语研究的方法探究"人民直播"与"上直播"在典型事件报道中的话语实践。研究了网络电视媒体直播创新拓展的历史流变、特点与生产机制，以丰富的案例研究法对"新华网""央视移动新闻""荔直播""北京时间"等直播报道的话语机制展开逐层分析，解答直播传播载体对具体事件话语文本、语境、社会实践等层面的呈现。文章进一步探讨了综合门户网直播的新定位、运营机制与商业模式，并应用话语分析法探讨了网易直播中"两会"直播的话语表现。同时，文章运用了调查法与网络民族志方法对主流媒体的用户满意度展开定量研究，揭示其中影响用户态度的因素，并力图给予相应对策。最后文章从直播内容的生态链、直播＋内容创业入手，探讨直播如何实现增量、全景、电商嵌入等商业新模态。

本研究的价值体现在：首次从理论与实践两个层面探讨新型主流媒体直播发展的现实图景、话语生产机制及商业运作等，弥补了现行直播研究的匮乏。其次，本研究的创新体现在内容创新，认为主流媒体纸媒直播运营发展不平衡，核心产品特色不够，商业变现能力有待突破等问题。本研究分析综合门户网直播内容生产机制、平台建设的机遇与问题点，发现其赢利模式的获取依然任重道远。而且本研究设定指标，考量用户对主流媒体直播的满意度，结果发现用户使用频次低，忠诚度不高，内容质量有待完善等。同时，本研究着力探讨了主流媒体直播的未来发展路径，提出了切实可行的提升竞争力主张，为充分释放其话语权与影响力提供理论指导。

关键词： 主流媒体直播　创新　融合　话语实践

目　　录

第一章　主流媒体直播探索的逻辑起点

　　本研究对象特指以各级党报、党网为代表的传统主流媒体和以新浪、腾讯、网易等综合门户网构成的新型主流媒体开展的直播活动，他们已经构成了直播领域的第一梯队。随着移动互联网高速发展形成了庞大的移动用户群体，网络直播作为新兴的社交方式和传播渠道已经引发新一轮媒介革命，迅速成为传统媒体试水转型的新阵地，以生产更优质、更有趣的内容资源吸引更多用户，占领舆论高地。传统媒体与直播的接触由来已久，上个世纪 90 年代各大媒体已经开始使用网络新闻直播报道两会。1998 年 3 月 3 日，人民网率先在中国实现了网上实时报道，可视为直播报道的先驱。2002 年 3 月 3 日 – 15 日 "两会" 期间，人民网第一次实时、滚动报道 "两会" 全部 10 次全体大会和 12 场新闻发布会、记者招待会；第一次对 "两会" 重要会议或记者招待会进行了现场直播；第一次采、编、导播 "两会" 视频新闻。"两会" 专题首次开设的 "一语惊人" "网友评说" 等栏目深受网民欢迎。① 2007 年 "两会" 中，新华网直播车首次亮相，开进两会报道第一线，向海内外播发新闻图片、音视频。其后的时间里，直播通常出现在重大事件的定制化传播中，基

---

　　① 《人民网大事记》，http：//yjy.people.com.cn，2002 年 3 月 5 日。

本上是传统电视主导。直到 2016 年直播特别是移动新闻直播呈现蓬勃发展之势，被称为"直播元年"，"央视移动新闻"在微博上直播"两会"，更有"一直播"联合各大主流媒体直播新闻，抢占新闻直播领域市场。2017 年初，《人民日报》、新华社、中央电视台三家中央媒体同步推出移动视频直播平台，试图从整合自身报道资源向整合行业资源迈进。《人民日报》首次将网络直播应用到对"两会"的报道上，在 PC 端和移动端推出每天 9 小时、总时长超 100 小时的不间断直播，直播首日的观看人数就超过了 200 万。2 月 19 日，由《人民日报》新媒体中心联合新浪微博、"一直播"共同建设的直播平台"人民直播"上线，目前已有百余家媒体机构、政府机构、知名自媒体、名人明星等加入直播平台。

2017 年注定是直播业的风向口，除了主流媒体直播布局基本完成外，另一个重要变革是短视频和小屏的全面渗透。从国内主流媒体来看，2017 年仅"央视移动新闻网"就在小屏发起直播 6000 余场次，平均一天 16 场次，而新华社"现场云"则覆盖至县级媒体及行业媒体，发起直播数量接近 1 万场次。从省级媒体来看，《河南大河报》直播 900 多场次，四川"封面新闻"直播 830 场次，《新京报》直播 593 场次，《法制晚报》直播 527 场次，南方+直播 400 余场次，《楚天都市报》直播 460 场次，《贵州日报》"今贵州"直播 202 场次，重庆华龙网直播 149 场次。而一些市级电视台、报纸发起的小屏直播数量也高得惊人。如黑龙江大庆电视台发起小屏直播 500 余场次，常州手机台直播 260 余场次，吉林《江城日报》直播 129 场次，内蒙古《包头日报》直播 100 余场次。① 杭州趣看公司是国内小屏直播占比最多的第三方技术服务公司，该公司服务媒体达 1090

---

① 周密、蒲琨：《主流媒体视频直播新玩法：全国 18 家媒体联动直播〈我们的年夜饭〉》，《中国记者》2018 年第 3 期。

家，覆盖全国主流媒体近 70%，数据显示，2017 年他们发起的直播量高达 38269 场次。根据 2018 年艾瑞网络直播报告显示：2017 年直播整体行业用户流量增速放缓，各平台逐渐将发展重点从 C 端向 B 端转移。经历了 2016 年的流量及资本竞争，2017 年以制作内容取胜，2018 年则聚焦于商业化发展。新技术推动传播生态变革，促使传统主流媒体创新媒介新型态，而直播具有新闻生产与传播同步进行，带入感与沉浸体验，营造了"在现场"的新闻属性，更加具有实效性，它是实现传统媒体转型突围、重掌话语权，提升国家传播能力的一个重要举措。直播已从娱乐化的秀场直播、全民直播到主流媒体渗透的资讯直播主导时代，在此背景下，研究主流媒体的直播特性与规律既有现实的必要性也有必然性。

所谓逻辑起点是指研究对象（任何一种思想、理论、学说、流派）中最简单、最一般的本质规定，构成研究对象最直接和最基本的单位。本研究的逻辑起点是规定了研究的对象、研究范畴、研究主题与研究价值意义等基础层面的问题，从理论上解答了主流媒体直播探索的背景、研究拟解决的问题、主要内容、涉及哪些主要概念以及目前学界关于主流媒体直播研究的主要观点等。

第一节　问题的缘起：理论与现实两个层面

艾媒咨询《2017－2018 中国在线直播行业研究报告》显示：2017 年中国在线直播用户规模达到 3.98 亿人，预计 2019 年用户规模将突破 5 亿人，2017 年直播行业用户规模增长率为 28.4%。主流媒体直播探索是向融合媒介发展的积极靠拢，打造数字时代的全媒体形式。直播具有及时性、动态性、视觉冲击力强、现场渗透感等优点，是集文字语言、图像语言、音响语言等为一体的交互性媒介载体，它的出现是建立在技术基础之上的媒介渠道延伸。同时，又由于自身特有的价值优越性，发展为一种独立的媒介形态。正如曼纽尔·卡斯特尔所说的"讯息的特色就是塑造媒介"。① 主流媒体开拓直播市场是在内外动力下推动的必然。

一 实践层面：媒体融合浅表，绩效待提升

1983 年契尔·索勒·普尔提出媒体融合概念，他认为媒介融合是指各种媒介呈现多功能一体化的趋势。其概念包括狭义和广义两种，狭义概念是指将不同的媒介形态"融合"在一起，会随之产生"质变"，形成一种新的媒介形态，如电子杂志、博客新闻等。而广义的"媒介融合"范围广阔，包括一切媒介及其有关要素的结合、汇聚甚至融合，不仅包括媒介形态的融合，还包括媒介功能、传播手段、所有权、组织结构等要素的融合。② 2014 年 8 月中央召开全面深化改革领导小组第四次会议，审议通过了《关于推动传统媒体和新兴媒体融合发展的指导意见》，将媒介融合上升为国家战略，全国各类媒体纷纷进行媒体融合创新。从主流媒体跨步媒介融合伊始，融媒发展策略主要集于两种：一是建立在"三微一端"矩阵群的搭建，以渠道开发形成新的传播平台，实现平台融合。二是以"中央厨房"为核心，实现内容层面的融合。平台融合是指主流媒体纷纷投入新媒体平台建设中，以平台为核心搭建融媒体产品，布局融媒市场，是一种以平台为主轴，整合各类资源的发展模式。通过新媒体矩阵之间的互相合作与资源共享，实现以新闻客户端为主打，以微信、微博为信息分流渠道，以主媒为推动来布局新媒体矩阵。

① Stadler, F. Manuel Castells, The Theory of the Network Society (Key Contemporary Thinkers). America Polity Press, 2006, p. 385.

② 参见宫承波《媒介融合概论》，北京中国广播电视出版社 2011 版，第 16 页。

如《长江日报》报业集团各媒体以官方微信、微博、APP 为核心，共建 29 个移动平台，初步形成由报、刊、网、移动端构成的多媒体立体传播集群，包括"最武汉"大学生微信平台、武汉晨报"铁丝圈"、长江网等。这些平台虽积聚了一些粉丝，获取了一定流量，但他们只是将触角延伸到每个新媒体端口，并未从全媒体融合的核心——内容层面进行整合。"中央厨房"模式虽涉及内容层面，但一则新闻或事件的报道在传统媒体和新媒体平台上的呈现方式仍未有改变，仅是通过图片、视频、音频等形式进行修饰。传统媒体的生产思维方式依然主导其新媒体的融合渗透。

同时，融媒发展的终极路径是实现产业融合，所谓媒介产业融合是指全方面融合，其最终理想状态是希望在新技术的创新支撑下出现一种全新的媒介形态，可以集中所有媒介的优点，并且在各产业之间能做到资源的优化调适以带动产业发展。媒介产业融合既是媒介与其他产业的融合，也是媒介内部资源、生产、产品、技术、市场、服务等各个方面的重构与重组。荷兰阿姆斯特丹大学媒介研究学者马克·都泽（Mark Deuze）把产业融合与产消融合放在了一个框架下考虑，认为媒介产业融合是跨企业、跨渠道、跨体裁、跨技术的媒介生产与消费的融合。① 每一次融合都要涉及到媒介内部的组织资源与组织结构的重构，也涉及到跨行业的生产重组。从现实看，中国主流媒体的融合发展主要是产品融合与渠道融合，随着手机报、移动视频、互联网电视等融合产品的出现，集合了产品形态与渠道的优势，它们是全媒体的主要表征。从格局看，基本是以移动端统领新媒体矩阵，新闻客户端成为主流媒体全媒体探索与转型的主力军。从 2008 年《纽约时报》首开新闻 APP，到 2012 年中国

___

① Mark Deuze, Convergence culture in the creative incustries, International Journal of Cultural studies, Vol. 10issue: 2, June 1, 2007, p. 243 - 263.

主流媒体全方位布局新闻客户端，目前新闻客户端已成为各类媒体的"标配"，引领新媒体矩阵。与新媒体产品形态不断的丰富与完善不同，传统主流媒体的融合发展还处在产品融合与渠道融合的微观层面。以纸媒为例，中国纸媒大至分为三个层级：一是以《人民日报》等为代表的央级党媒，在强大的资本与技术支持下，新媒体矩阵日趋成熟，布局"中央厨房"的组织流程再造机制基本搭建完毕，逐步从"电、火、光"走向智能化、移动化、社交化。二是以《新京报》《河南日报》《广州日报》等地方纸媒代表的第二梯队，立足地方特色，紧跟数字化步伐，逐步完善网络版、手机版、在"三微一端"上积极探索，但是由于资本与制度供给的局限，其媒介融合之旅只是跟随着央级党媒其后，很难有独创性的产品亮点与组织优化表现。三是各类隶属于地方政府的区域性纸媒，他们更多是作为基层组织的传播机构立足，依靠一定的财政支持履行传媒监控社会的责任，其媒介融合发展基本是照搬既定模式，数字产品稀缺，用户忠诚度不高。

虽然，中国媒介融合发展已经紧随时代步伐，涌现了少数亮点之作，但从宏观层面上看，媒介融合的层次不齐、表层融合多于实质性融合，而直播作为媒介融合的新形态更是需要通过不断创新实现主流化。

二 理论层面：传媒创新理论的拓展深化

约瑟夫·熊彼特的《经济发展理论》被认为是西方经济学界第一部用"创新理论"来阐释资本主义产生和发展的专著。他的"创新"贡献主要表现在三个方面：一是界定了何为"创新"，创新的定义和研究范围。熊彼特认为，"一切皆是创新，创新的本质是建立一种新的生产函数，即实现生产要素和生产条件的一种新组合"。①
这种新组合包含五种情况：（1）引进一种新的产品。（2）采用一种
新的生产方法。（3）打开一个新的市场。（4）征服或者控制原材料
或半制成品的某些新的供给来源。（5）形成新的产业组织。熊彼特
把"新组合"这个词换成了"创新"，"创新"就是引进新的组合。
二是商业周期理论的提出，他认为由于"创新"的引进不是连续平
稳的，而是时高时低，从而产生了经济波动或商业周期，这种以
"创新"解释商业运作规律的观点提出具有一定的超前性。三是强调
企业家的"创新"贡献，他认为，"企业家是王，在整个生产创新
中占据主导地位，是创新活动的发起者、组织者和推动者，是灵魂，
创新必须依靠企业者的意志和能量"。在熊彼特的理论中，消费者是
"创新"的保守者，是完全不能引起变化过程的。这种把"创新"
作为企业内部变动因素的考量方法非常前瞻，影响广泛且被应用于
不同领域。但熊彼特的创新理论更多强调技术创新，他主张从技术
和经济相结合的角度，探讨技术创新在经济发展过程中的作用。

　　直播是建立在技术基础之上的媒介新形态，是媒体融合的重要
创新突破，主流媒体的全媒体直播探索已经突破早期电视直播生产
模式与推送机制，它是一种生产组织结构的重组、新的产品形态和
新的市场开拓，是创新理论在移动互联网时代的一种实现。在生产
创新层面，直播借助先进的移动技术，采用新的生产方法，不断从
4G 升级到 5G，从 PC 端到移动端，在组织创新层面，新的媒介融合
平台正在搭建中，在市场创新层面，"网红"个人秀、娱乐导向的秀
场直播正逐步走向主流媒体主导的全民主播。在直播发展中的规律、
现状、特殊性等都需要理论解析与完善。所以，在某种意义上，主

---

　　①　［美］约瑟夫·熊彼特：《经济发展理论》，何畏、易家详译，商务印书馆 1997 年版，
第 73 - 74 页。

流媒体直播拓宽了创新理论的应用范围与研究领域，深入研究主流媒体的直播创新策略和规律性是学界对传媒改革的呼应与价值取向。

三　研究力图解决的问题与路线设计

2016 年是一个转折点，全国媒体深度融合转型发展进入攻坚阶段，传统媒体的发展空间被进一步挤压，其中纸媒的发展更是每况愈下，其自救渠道只有逐步放弃传统新闻生产方式，扩展新媒体空间，向新技术靠拢。而直播则以其独特的价值优越性引领媒介融合的新篇章。

（一）研究力图解决的问题

本研究着力解决三大问题：

一是主流媒体直播创新的产品形态有哪些？

直播作为一种新的传播形态，其出现与发展得益于传播技术，目前它已成为传媒经济新的增长点，开启了全民直播的新时代，被广泛应用到新闻报道、节目录制等内容生产过程中。如湖南卫视在 2016 金鹰节颁奖晚会中，采用了网络电视直播与手机直播同步的播出形式，节目现场几十位"网红"主播在线直播，给广大观众带来了一场别开生面的感官体验。在 2018 年"两会"期间，腾讯新闻共呈现了累计时长达 300 小时、共计 118 场的"两会"直播，运营"两会"相关短视频 1332 条，发布图文稿件 4000 多篇，开设新闻专题 26 个。腾讯新闻客户端、腾讯网和腾讯新闻微信插件共计聚合了超过 16 亿流量。其中，仅新闻客户端"两会"报道流量即超过 11 亿。数据显示，移动媒体已成为公众获取时政新闻的重要渠道，是当之无愧的舆论主阵地。① 技术的演变使直播能够随时随地呈现，这

---

① 《流量破 16 亿！腾讯新闻大融合、大直播全景报道两会》，http://www.xinhuanet.com，2018 年 3 月 23 日。

种新型的传播形态为传媒产业发展带来新契机。从传统媒体的 PC 端转移到移动直播到全景直播，到以直播主打的产业链形成，本文力图通过实证研究探讨主流媒体直播的产品形态有哪些？独特的价值定位何在？

二是主流媒体直播生产特点与话语机制，探讨其传播力提升路径。

主流媒体直播探索是基于融合媒体背景下，传媒产业创新发展的必由选择。因此，本研究将运用传媒产业创新理论与媒介融合理论，借用管理学、媒介经济学、传播学等相关理论建构主流媒体直播研究的理论框架，通过相关维度分析其现实运营，并以案例分析的方式探讨其实践表现。具体展开是：传统纸媒的直播转型路径、运营特点，中央级媒体直播转型的特殊性，地方媒体直播拓展的差异化何在？综合性网站如何代表主流媒体发声建立直播传媒阵地，其内容生产的特点如何？以案例研究探讨其话语实践的特殊性，分析其传播力提升路径。

三是实证用户群体对主流媒体直播的满意度及影响因素

主流媒体直播探索的根本动因是由于新技术的冲击导致用户群体流失，特别是年轻群体的集体转向，市场面狭窄，影响力下降。受制于传统媒介载体特性影响，丰富的内容资源与有限的传播渠道之间的割裂，导致不断遭受新媒体挤压其生存空间。作为历史悠久的传统主流媒体拥有丰富的知识生产者资源，具有较高影响力的内容资源。但是，在现阶段由于媒介使用者选择倾向的变化，丰富的媒体资产得不到充分释放。因此，本研究将运用用户满意度相关理论、技术接受模型等，选择有效群体，展开研究设计与假设，论证用户群体对主流媒体直播的满意程度，总结经验，以推动主流媒体直播的可持续发展。

（二）研究的方法

本研究采取了规范性研究与实证分析结合，所谓实证分析法并不是使用更多的数字和图表，而是指研究过程中不包含主观的价值判断。笔者非常认同朱春阳博士的观点，他在《现代传媒产品创新理论与策略》一文中提出，实证分析关注的是事实，并不涉及任何主观的偏好。我们对实证研究的理解是基于实证内涵赋予的真实、有用、肯定与精确的规律性。与实证研究相对应的是规范性研究，希望表达的是"应该是什么"判断，而实证研究强调的是"是什么"的命题。与新闻传播学其他学科比较，媒介经营管理学的研究很大程度是关于"是什么"的研究。因此，本文在分析直播的生产与运营上，回答"应该是什么"的问题，而直播的绩效与满意度上回答"是什么"的框架。因此，本研究采取两种方法的结合作为主要研究手段。

1. 案例法与实地调查结合

内容生产是全媒体转型核心点，本研究选择主流媒体直播生产与运营作为研究突破点，实证调研其现实表现，深入分析，建设主流媒体直播案例库，在演绎中总结规律。同时运用调查问卷、访谈等方式获取业界的第一手资料，在推导分析中，以点见面做定性总结。

2. 文本分析法

本研究运用了梵·迪克的话语理论，结合新闻话语的特点，选择了"人民直播"、"上直播"、"央视移动新闻"、"新华直播"、"荔直播"、"北京时间"等直播载体，分析其在社会重大事件、灾难性事件、国际事件、民生事件中报道的话语文本、话语结构、话语实践，力图总结规律，为主流媒体直播的话语影响力提升提供数据库分析。

3. 问卷调查法

本研究在充分文献阅读的基础上，基于经典的用户满意度理论和主流媒体直播的特性构建了相应模型，并把这些指标细化为可以感知的显变量，进而设计问卷问题，并发放问卷并回收，通过实证研究验证模型，发现问题，提出对策。

4. 网络民族志法

本研究运用网络民族志法，在特定时间内，通过持续的网上参与式观察，对主流媒体在自有平台和第三方平台上的微信、微博、客户端等实施参与式观察，以揭示直播的用户满意度影响因素及原因。

在定性研究方面，我们选择直播作为突破路径，是希望从一个新的角度考量主流媒体突破困境的路径，作为一种对策性研究，它必定会涉及其他国家、各种媒介组织既有的经验总结。所以，本文采用定性分析法，通过对主流媒体直播生产方式与话语实践解读，指导主流媒体直播的核心竞争力建构。

四 研究的总体思路与框架

思维的确定意味着行为能力的展开。本研究作为一种对策性研究，考量的是主流媒体直播探索的内外推动、现实表现、用户满意、商业模式等，探讨新型主流媒体全媒体发展路径与趋势。

（一）研究的总体思路

本研究的基点是新型主流媒体如何在移动端建立影响力，具体思路是：（1）分析主流媒体直播探索的理论基础与指导思想。（2）分析传统纸媒全媒体直播突破的理念、产品布局、具体案例的话语实践分析，总结规律。（3）分析网络电视直播创新拓展的缘起、价值特性、产品结构布局、生产机制、商业变现等，并运用话语理论分析具体案例的话语实践，总结规律。（4）分析综合门户网作为新型主流媒体直播发展形态、技术逻辑、平台建设、赢利模式等，从而探讨其传播影响力。（5）设定指标体系分析用户群体对主流媒体直播的满意度影响因素，提出对策。（6）以具体的方法论提出未来主流媒体直播的核心竞争力策略。

本研究涉及面广，既有宏观理论阐述，战略指导思想的提出，还有具体操作层面的对策实施。因此，将运用经济学、管理学、新闻传播学以及社会学的相关理论知识，借用传媒经济学、媒介融合理论等方法论建构本研究的理论基点，同时把新闻传播学的理论思想贯穿其中，解释媒体产业的特殊属性。因此，本研究围绕两个主线展开：以传媒创新作为研究的框架设定，依照其核心要义构建主流媒体直播探索的路径、方式、商业化，以期获得可持续增长的能力。而新闻传播学则是内在逻辑主线，因为中国的传媒产业目前还是一个强政治的依赖产物，我们对问题的研究与分析必定要在现行体制的框架内思考并展开，新闻传播学的规律性可以保证研究既尊重实际，又能反思框架限定的制约性，整体思路与方法对策的提出，寄意对当局的政策制定提供咨询。

（二）研究框架

本文既有理论分析亦有直播实践解读的提出，整个文章结构分为七个部分。

第一章是研究的逻辑起点，解答作此研究的意义与价值，为什么要选择创新理论和媒介融合理论分析主流媒体直播，研究方法的科学性与技术路线设计，相关概念与文献综述。问题研究的第一步应该是概念化，对涉及选题的基本概念要义进行简单阐释是分析开端，而对当今直播现状的描述则可为本研究找到理论支撑并发现新的研究突破口。

第二章是主流媒体直播探索的理论基础，计划从传媒创新理论、媒介融合理论等借助相关理论知识，探讨主流媒体直播探索的理论基石，直播转型的内外动力、直播的特点、用户心理等。丰富融媒发展理论的研究范畴，进而分析主流媒体直播探索的机遇。

第三章是主流纸媒直播的全媒体突破，旨在探讨传统媒纸媒直播探索的内外推动、平台搭建、话语生产机制、产品形态、运作特色、平台建设等。分别以央级主流媒体和地方主流媒体为样本，以数据解析其话语转型的特点，提升直播影响力的路径等，以个案研究的方式探讨其话语实践。

第四章是主流网络电视直播的创新拓展，旨在分析典型的中央和地方网络直播媒体的演进、产品形态、生产机制、技术逻辑、品牌搭建等，以个案研究的方式探讨其直播的话语实践。

第五章是主流综合门户网直播的转型与升级，旨在研究以腾讯、网易、新浪为代表的新型主流门户网直播平台发展的历程、直播产品矩阵、话语机制、商业营运等，以个案研究的方式探讨其话语实践。

第六章是主流媒体直播用户的满意度研究，旨在通过建构指标、提出假设、设定模型、选取调查对象，结合深度访谈和网络民族志的方式，了解社会大众特别是青年群体对主流媒体直播满意度的影响因素，提出提升满意度的具体路径。

第七章是主流媒体直播的核心竞争力，旨在展望主流媒体直播发展的运作机制、赢利模式、产业链搭建等，以期实现直播的可持续发展。

五 研究的创新点与难点

本研究的创新首先体现在研究视角上，从理论与实践两个层面探讨新型主流媒体直播发展的现实图景、话语生产机制及商业运作等，弥补了现行直播研究的匮乏。其次，本研究的创新体现在内容创新，发现主流纸媒直播的运营发展不平衡，存在地区差别，内容上同质化严重，核心产品形态不够等问题。本研究分析了综合门户网直播内容生产机制、平台建设的机遇与问题点，发现其赢利模式的获取依然任重道远。而且，本研究还通过设定指标考量用户对主流媒体直播的满意度，结果发现用户使用频次低，忠诚度不高。同时，本研究着力探讨了主流媒体直播的未来发展路径，为充分释放其经济与社会效应奠定了一定的理论基础。

当然，本研究也有一些未突破的难点，最大障碍是传统主流媒体的多重身份限制，无法完全按照产业市场化的逻辑框架搭建直播运营平台。其不足表现在：

其一是主流媒体直播依然在探索中，没有成型的理论范式可借鉴。

其二是主流媒体身份认同的特殊性，无法按照完全产业化发展。

其三是研究取样的艰难性。从笔者调研看，很难拿到直播营运的一手资料。

第二节 研究涉及的相关概念

本研究是建立在管理学、经济学、传媒经营管理等多维学科基础上，因此，涉及的基本概念有：

一 主流媒体与新型主流媒体

"主流媒体"是相对于非主流媒体而存在的概念，它的定义是基于媒体组织是国有还是私有、承担哪些责任、以及在媒介市场中的地位进行阐释。

（一）主流媒体（Mainsream Media）

1997 年，美国哲学家、语言学家乔姆斯基（Noam Chomsky）教授发表题为《主流媒体何以成为主流》的论文中，将主流媒体称为"精英媒体"（Elite Media）、"议程设置媒体"（Agenda – setting Media）。主流媒体设定好新闻框架（the Framework），其他非主流媒体则每天都在这个固定的框架内挑选消息进行报道。① 在国内，主流媒体的定义一直存在分歧，新华社 2004 年"舆论引导有效性和影响力研究"的课题中，形成了最权威的主流媒体六条评判标准：具备权威性与喉舌功能、传播并引领主流意识形态、具备高度公信力、着力报道社会与时政新闻、具有广泛受众群体且面向社会各阶层的媒体。具体表现为：②

据此标准，新华社"舆论引导有效性和影响力研究"课题组认为目前中国的主流媒体主要有：

1. 以《人民日报》、新华社、中央电视台、中央人民广播电台、《求是》杂志、《光明日报》《经济日报》为代表的中央级新闻媒体；

2. 以各省（自治区、直辖市）党报、电台和电视台的新闻综合频道为代表的区域性媒体；

3. 以各大中城市党报、电台和电视台的新闻综合频道为代表的城市媒体；

4. 以新华网、人民网等为代表的国家重点扶持的大型新闻网站。

另外，从不同角度对主流媒体的界定有：

1. 从政治的角度：张碧华认为主流媒体"代表的是当权派或既

---

① Noam Chomsky. What Makes Mainstream Media Mainstream. From a talk at Z media institute June 1997.

② 课题组：《主流媒体判断标准和评价》，《中国记者》2002 年第 5 期。

得利益者的看法，往往忽略了他们认为不重要，但对其他人却很重要的一些题材"。①

2. 从经济的角度：喻国明提出，主流传媒就是"以吸聚最具社会影响力的受众（主要指那些具有较高的决策话语权、知识话语权和消费话语权的社会成员）作为自己市场诉求的传媒"，也就是以质取胜的传媒。②

3. 从经营的角度：周胜林教授认为，主流媒体必须具备三个条件：即有较大的发行量、收视率；有较多的广告营业额；具有很大的影响力和权威性。③ 邵志择教授主张，主流媒体就是"依靠主流资本，面对主流受众，运用主流的表现方式体现主流观念和主流生活方式，在社会中享有较高声誉的媒体"。④

4. 从综合角度：主流媒体就是承担重要的宣传任务和功能，覆盖面广，品牌性强，影响力大的强势媒体。

有学者综合政治、经济、经营三方面考虑，界定所谓主流媒体是报道了主流信息，拥有了主流用户，占据了主流市场，吸引了主流广告，形成了主流品牌的媒体。⑤ 因此，影响主流人群，代表主流意识，传播主流新闻，形成强大的社会影响力，这是主流媒体所追求的目标。⑥ 随着新媒体兴起，个体得以最大化地参与新闻传播活动，解构了传统媒体自上而下的传播方式，多元声音的发出对主流媒体的核心话语权形成冲击。因此，学界对新媒体中是否包含主流

---

① 张碧华：《知识分子与媒体反叛》，《边地发声》台北唐山出版社 1992 年版，第 21 – 27 页。

② 喻国明：《一个主流媒体的范本——〈纽约时报 100 年〉读后》，《财经界》2002 年第 5 期。

③ 周胜林：《论主流媒体》，《新闻界》2001 年第 6 期。

④ 邵志择：《关于党报成为主流媒介的探讨》，《新闻记者》2002 年第 3 期。

⑤ 李鹏、陈翔：《华西都市报的三次理论创新》，《新闻战线》2002 年第 6 期。

⑥ 王国庆：《主流媒体的标准》，《中华新闻报》2001 年 11 月 3 日。

媒体展开讨论。匡文波经过大规模定量研究后认为主流媒体的定义应更新，不应再局限于传统媒体，互联网、手机媒体为代表的新媒体已成为新型的主流媒体。① 齐爱军提出把主流媒体问题放置到"大众化－主流化"的视野里，新闻改革、社会转型大背景让主流媒体的概念得到进一步夯实。②

（二）新型主流媒体

2014 年 8 月 18 日，中央全面深化改革领导小组第四次会议通过了《关于推动传统媒体和新兴媒体融合发展的指导意见》，习近平强调"着力打造一批形态多样、手段先进、具有竞争力的新型主流媒体，建成几家拥有强大实力和传播力、公信力、影响力的新型媒体集团，形成立体多样、融合发展的现代传播体系"。

所谓新型主流媒体是兼具新兴媒体和主流媒体的功能与属性，既拥有强大实力、传播力、公信力和影响力，又有形态多样、手段先进、具有竞争力等特征的新的主流媒体。这一过程中，媒介融合是重要手段。新型主流媒体可理解为主流媒体的新形态或新型媒体的主流化，兼具新媒体和主流媒体属性，拥有强大传播实力、公信力、影响力，又有形态多样、手段先进、竞争力强等特征。因此，新型主流媒体应包含以下内涵：

（1）具备强大的公共信息、新闻生产力：具体体现在对信息的生产量，以及生产质量的把控能力上。

（2）拥有大型用户平台，覆盖面广：新型媒体集团用户平台规模应该是亿级用户，覆盖全国和全领域。

（3）具备稳定、成熟的商业模式。

---

① 匡文波：《"新媒体"是主流媒体吗？——基于手机媒体的定量研究》，《国际新闻界》2008 年第 6 期。

② 齐爱军：《三十年新闻改革的路径描述和动力机制》，《新闻大学》2011 年 11 期。

（4）具备强大的技术支持系统。

窦志、赵晶认为，新型主流媒体的融合关键点是把"新型"与主流媒体的简单"相加"转化为各方面的"相融"，主要从移动、社交、流程再造这三方面入手。① 也有学者认为新型主流媒体的内涵较为丰富，如袁侃从生态内涵做出解释，提出新型主流媒体具有较强的生态竞争力，且应该是有机联系、多样循环开发的媒体。② 崔保国认为，我国的新型主流媒体应该注重互联网思维，以用户体验为重心，并且要主动参与互联网的全球治理，提升主流媒体的影响力。③ 蒋颖提出要建设发展新型主流媒体，就要树立新技术、新传播、新模式三种思维范式。④

二 媒介数字化与媒介融合

（一）媒介数字化

媒介数字化是数字化在媒介领域的渗透与表现，1995 年，葛洛庞帝（Negroponte）在《数字化生存》（Being Digital）一书中，将"数字化"提升到前所未有的高度。他认为，如果物质时代世界的基本粒子是"原子"的话，那么构成信息时代新世界的基本粒子就是"比特"。因此，他将"数字化"定义为："数字化即'物质原子'将被'数字化比特'代替。"⑤ 他坚信包括报纸、电视、娱乐在内的所有人类体验都将最终数字化，并提出"数字化将决定我们生存"的著名论断。什么是"数字化"（digitization）约翰·钱伯斯认为，

---

① 窦志、赵晶：《新型主流媒体构建路径探寻》，《传媒》2017 年第 20 期。
② 袁侃：《新型主流媒体的多维生态内涵解析》，《编辑之友》2017 年第 12 期。
③ 崔保国：《2017 年新型主流媒体发展概况及展望》，《新闻战线》2018 年第 1 期。
④ 蒋颖：《建设新型主流媒体中的三个"新思维"》，《新闻界》2017 年第 6 期。
⑤ ［美］尼葛洛庞蒂：《数字化生存》，胡泳、范海燕译，海南出版社 1996 年版，第 14 页。

数字化是连接"未连接的"和自动化"未自动化的",是智能化地连接所有人和所有事物,通过整个组织形态和政府部门形成某种生态系统,使得新的商业机会和社会机会涌现出来。① 托马斯·鲍德温等人认为数字化技术将改变传媒业的生存方式,预测传媒业、娱乐业和电信业在未来将进行融合,描绘了 21 世纪传播通信业整合发展的宏伟蓝图。② 我国媒介数字化生存的讨论起始于数字电视。1999年黄升民在《现代传播》上发表《中国电视媒介的数字化生存》一文,探讨进入数字化时代的中国电视媒体将遭遇的难题和克服难题的出路。2001 年唐圣平发表《媒介与人:数字化时代我们需要什么样的媒介?》,从人对媒介需求的角度出发,论证了数字媒介是数字化时代我们所需要的媒介。③ 王焰认为报纸应走信息产业化之路,走数字化生存之路,无论在采访方式、报道方式,还是在传播方式、出版模式等方面都要有一系列变革。④ 闵大洪总结传媒领域在数字化时代发展的两个显著特点:一是各类传统媒体的数字化步伐加快;二是基于数字技术的新媒体新传播工具层出不穷,其结论是:在数字化时代,数字化传媒正在成为传媒主流。⑤ 对于我国主流媒体而言,将数字化作为创新和可持续发展的重大战略选择已成为基本共识。在 2006 年 8 月举行的第三届报业竞争力年会上,"数字报业"成为最引人注目的关键概念。《全国报纸出版业"十一五"发展纲要(2006—2010)》提出,"十一五"期间,信息技术革命将导致报

① 参见许光、董庆文《媒介的数字化转型之路》,《社会科学报》2017 年 12 月 7 日第 5 版。

② [美]托马斯·鲍德温、史蒂文森·麦克沃依、查尔斯·斯坦菲尔德:《大汇流:整合媒介信息与传播》,龙耘、官希明译,华夏出版社 2000 年版,第 4 页。

③ 唐圣平:《媒介与人:数字化时代我们需要什么样的媒介?》,《自然辩证法通讯》2001 年第 23 期。

④ 王焰:《印刷媒介的数字化生存》,《甘肃广播电视大学学报》2001 年第 3 期。

⑤ 闵大洪:《数字化时代与数字化传媒》,《中国传媒科技》2001 年第 11 期。

业市场多元化传播格局加快形成，数字报业将得到大发展，数字内容生产、传播和增值服务能力普遍提高，数字内容产品和信息增值服务收入显著增加。"数字报业"如同其他媒体形态一样，正是尼葛洛庞帝所描绘的"数字化生存"中必不可少的部分。2006 年 8 月 5 日，国家新闻出版总署报刊司在京启动了"数字报业实验室计划"，有 18 家单位成为该计划首批加盟成员。鼓励报纸出版单位积极开展自主创新，广泛利用各种数字化、网络化内容制作、生产、传播手段和显示终端，积极探索网络报纸、手机报纸、电子报纸等多种数字出版形式和经营模式，2007 年 6 月，我国"数字报业实验室计划"顺利进入到第二阶段。截至 2013 年底，全国 40 多家报业集团全部实现数字化生产与经营，经过十余年的发展，媒介数字化基本普及。

（二）媒介融合

"媒介融合"（Media Convergence）概念最早由伊契尔·索勒·普尔提出，其定义呈现多样化的研究视角，如美国新闻学会媒介研究中心主任安卓·奈何森（Andrew·Nahison）将"媒介融合"定义为："印刷的、音频的、视频的、互动性数字媒体组织之间的战略的、操作的、文化的联盟"。[①] 他所界定的"媒介融合"更多是指各个媒介之间的合作和联盟。认为媒介融合是在数字技术和网络技术的背景下，以信息消费终端的需求为指向，由内容融合、网络融合和终端融合所构成的媒介形态的演化过程。美国西北大学教授李奇·高登（Rich Gordon）根据不同传播语境下"Convergence"所表达的含义归纳了美国时下存在的五种媒介融合的类型：媒介技术融合（Convergence in Media Technology）、媒介所有权融合（Convergence of

---

① 参见许日华、郭嘉《密苏里大学新闻学院副院长人民大学谈媒体融合》，人大新闻网站 2006 年 4 月 11 日。

Ownership)、媒介策略性融合（Convergence of Media Tactics）、媒介组织结构性融合（Structural Convergence of Media Organization）。① 在中国，媒介技术融合是媒介融合的基础，技术融合主要指三网融合即电信网、因特网和电视网三大网络的融合。媒介所有权融合是当今传媒集团更高层次的融合，是媒体所有权的集中。拥有不同类型媒介的传媒集团可以在不同媒介之间实行内容的交叉营销和资源共享。媒介策略性融合通常是指在不同所有制下的电视、报纸、电影、网络等媒体之间在内容和营销领域的通力合作，这种融合的实现并不需要媒体所有权的融合。媒介组织结构性融合是指随着媒体科技的融合及媒介所有权的融合，传媒从业人员的工作职责和媒介组织结构也随之发生变化。

国外学者关于媒介融合的研究，总体来说可分为媒介经济、新闻业务、传播方式等不同的研究视角，主要集中在：

议题一：媒介融合对传媒产业的重构。

从尼葛洛庞蒂开始，就有学者思考大众传播产业结构在数字化技术推动下会发生怎样的变化，我们又该如何应对这种变化？这一问题的研究视野较宏观，是一个基础性议题，与产业经济学有密切交叉。数字技术使得数据、影像、声音、文字等形态的信息都可以被压缩成兼容的数字形式，通过宽频通讯网络（光纤、同轴电缆和卫星等）进行传输。在此技术基础之上，电脑业、通信业及传媒业之间此前泾渭分明的界线开始变得模糊，产业结构发生了重组。目前可以预见的是融合正在把传统的三个垂直产业（电信、电视和电脑）转型为五个水平的部分（内容、包装、传输网络、操作基础设

---

① Rich Gordon: The Meanings and Implication of Convergence, Digital Journalism: Emerging Media and the Changing Horizons of Journalism, New York: Rowman&Litdefield, 2003, p. 57 – 73.

施和终端）。①

议题二：媒介融合对媒介经营管理的影响。

拉里·戴雷（Larry·Dailey）等认为，媒介融合会使媒体传播真正成为整合的、多平台的活动。为了达到这一目标，应该建立四个阶段的管理流程：克隆，即对信息伙伴的产品不加工、不改编就在自己的平台上加以展示；竞合，即承认竞争对手也可以合作，从而能为双方的产品增加附加值；内容分享即集团的伙伴定期会面交换观点，将新闻信息产品传递给受众；完全融合，即建立一个平台，让各个伙伴在这个工作平台上进行编辑和生产新闻产品。② Kenneth C 等研究了融媒时代媒介管理的现状，分析报纸和电视媒体间的文化差异并提出解决问题的办法。作者对存在于这些媒介融合合作伙伴之间的鸿沟持批评态度，并通过对组织心理、组织传播、企业管理方面的文献考察其中的文化意味。③

议题三：传统传媒产业的发展战略。

希尔维亚·陈－奥姆斯特德（Sylvia Chan－Olmsted）认为目前传统媒介组织对互联网的融合战略还处于初级阶段，仅聚焦于媒介在因特网的"市场空间"，其目标是通过因特网提供更好的消费者服务或更多的能增强线下产品能力的在线服务，这可以说是一种市场渗透策略。随着他们对因特网表现的加强，可能会进入因特网企业的第二阶段，即采取市场－产品发展战略，体现在对商业上投资。

---

① Collis, D. J., Bane, P. W., &Bradley, S. P., Winners and losers: Industry structure in the convergence world of telecommunication, Havard Business school working Paper, No. 96 – 103, July 1995.

② Larry Dailey, Lori Demo, Mary Spillman, The Convergence Continuum: A Model for Studying Collaboration Between Media Newsroom, Atlantic Journal of Communication, Vol. 13, 2005 – issue 3, p. 150 – 168.

③ Kenneth C. Killebrew, Culture, Creativity and Convergence: Managing Journalists in a Changing Information Workplace, The International Journal on Media Management, Vol. 5, No. 1, 2002, p. 39 – 46.

还有学者指出出版商和编辑需要改变且正在改变，他们从特定印刷导向思维转向更加适应性的方式以应对新的电子化发展，需要考虑到新闻和信息发行的速度、交互性，创造包含用户的特写和数据库。文中尤其列举了《芝加哥论坛报》在1999年对其网站进行的创新设计，试图成为"因特网报纸"的战略意图。[①]

议题四：媒介融合对产业规制的影响。

玛莎·加西亚·穆里洛（Martha Garcia - Murillo）等提出"规章融合"即将以往分散的产业规章融入一个统一的法规框架下。调整者要考虑规制不同部门的不同层次和不同目的，并克服由传统的分离导致的规制不一致。调整者也必须应对技术的不确定性和竞争政策。作者提出五种应对产业融合的规制选择：维持现状、多部门调整、信息传播技术调整、调和、最低限度调整。每一种调整代表了环境变化的不同程度，要根据变化程度进行规制选择。这些变化的不同环境包括：竞争、路径依赖、环境认知、知识和权力。[②]

议题五：媒介融合的发展趋势。

对当今媒介组织发展方向，很多学者强调数字时代的内容产业将日益处于主导地位，罗纳特（Rolland）甚至认为当媒介产业的传输网络融合后，内容创造将成为媒体唯一的价值创造驱动力。[③]凯特（Ketterer）等认为媒介融合存在风险。作者对两家以前作为竞争对手而后又建立了融合伙伴关系的报纸与电台进行内容分析，结果发

① Chan - Olmsted, S. M. &Jung, . Strategizing the Net business: How the U. S. television networks diversify, brand , and compete in the age of the Internet. International Journal on Media, vol. 3. 2001 - issue 4, p. 213 - 225.

② Rolland, A. , Convergence as strategy for value creation. International Journal on Media Management, vol. 5, 2003 - issue 1, p. 14 - 24.

③ Martha Garcia - Murillo, The Impact of Technological Convergence on the Regulation of ICT Industries , The International Journal on Media Management　Vol. 5 , No. 1 , 2002, p. 57 - 67.

现竞争合作关系并没有达到预期目的。① 迈克尔·诺尔（A. Michael Noll）认为，媒介融合是一个神话，是一种被过度吹捧的幻想，不能盲目陷入对融合的追踪中，并不因为媒体是数字化的就一定可以融合，将来的发展取决于多种因素的汇合，如技术、消费者需求、商业文化、政策控制、财政状况。② 国内对媒介融合研究起步较晚，直到 2006 年才掀起热潮，主要集中在实务新闻学和媒介经济领域，涉及新闻实务、媒介经济、传播与社会、传播与文化、新闻教育等领域。如周振华认为：数字化革命将不同的信息形式统一起来，使不同形式的信息生产、分配、交换与消费都可以依靠 1 和 0 这两个数字的不同组合精确表达、迅速传递。③ 这就使电信、广播电视和出版三个产业不同形式的产品或服务（语音、数据和视像）的差异性明显弱化，甚至消失。融合后形成的横向市场结构形成新的价值链，重新塑造了交叉竞争、竞争合作的格局，从而改变了市场边界。④ 也有学者探讨了媒介融合背景下媒介组织如何赢得市场竞争。如蔡雯走访了英国三家著名媒体《泰晤士报》《金融时报》和 BBC，总结出两条竞争经验：以整合传统媒体的优势资源提升竞争力；以组织重构、流程再造与新产品研发开创未来。⑤ 章于炎等采用定性研究的方法，对 15 名亲历媒介融合的人士进行深度访谈，其研究证明了媒介融合与竞争优势之间的相关性。他们认为其探索性的研究支持了"简单理论"（Murphy，2002），即经验丰富的媒介从业人员期望着

---

① Ketterer, Case Study Shows Limited Benefits of Convergence, Newspaper Research Journal, 25（2）：52 – 56, June 2004.

② A. Michael Noll, The Myth of Convergence, The International Journal on Media Management, Vol. 5, 2000 – issue 1, p. 12 – 13.

③ 周振华：《产业融合：新产业革命的历史性标志—兼析电信、广播电视和出版三大产业融合案例》，《产业经济研究》2003 年第 1 期。

④ 陶喜红：《论媒介融合在中国的发展趋势》，《中国广告》2007 年第 6 期。

⑤ 蔡雯：《传统媒体如何决胜数字时代——对英国三家著名媒体的调查与思考》，《国际新闻界》2007 年第 9 期。

媒介融合能够带来利润、带来优质的新闻业务，并且能够降低成本，从而为实施融合的新闻机构带来竞争优势。① 媒介融合经过十余年的发展，已从复制阶段到互动阶段到融合阶段，出现了以央级党媒代表的巨型融合媒体，但是也面对着系列问题，突出表现在：内容生产机制矛盾、信息传播方式矛盾、广告赢利的结构矛盾。徐世平认为要从知识结构、用户思维、资本意识、分配机制、应用创新等五个方面寻找解决之道。②

三　传媒产品与产品创新

产品是企业的根本，是企业参与市场竞争获取利润的主要来源，合理的产品定位与产品规划能推动企业良性有效运作。传媒产品作为一种特殊的商品，在一定程度上也遵循市场的共识性原则。

（一）传媒产品

经济学中的产品是特指以市场为导向，以引起消费者注意、获取、行动或消费为目的，并能满足其需求和欲望的任意东西。在市场营销学中，科特勒把产品划分为五个价值层面，分别是：核心利益层面，有形产品层面，期望产品层面，附加产品层面和潜在产品层面。③ 核心利益层即产品提供给用户的基本效用和功能；有形产品层面即产品在市场上的呈现状况等；期望产品层面是用户渴望得到的产品质量、价格、效用等方面的需求；附加产品层面是指产品之外的服务和利益，潜在产品层面指产品升级演变的空间。

学者彭兰把"产品"的概念引入到传播学，提出了"内容升级

---

① 章于炎，乔治·肯尼迪，弗里兹·克罗普：《媒介融合：从优质新闻业务、规模经济到竞争优势的发展轨迹》，《中国传媒报告》2006 年第 3 期。

② 徐世平：《媒体融合的结构性矛盾及对策》，《新闻与写作》2018 年第 8 期。

③ ［美］菲利普·科特勒、加里·阿姆斯特良朗：《市场营销：原理与实践》，楼尊译，中国人民大学出版社 2016 年版，第 6 页。

为产品"的传媒产品新概念，认为内容升级的过程本身就是创新。在分析新媒体产品结构时，她把新媒体产品分为四个部分：接入产品、内容产品、关系产品、服务产品。并强调内容产品为关键，它满足了人们对环境认知的需求；关系产品是内容产品和服务产品的基础，为内容产品聚集了规模化用户；服务产品是赢利模式的主要来源，为内容产品和服务产品积累用户数据。① 只有当这四者形成合理的关系结构时，内容产品的价值才能充分发挥。并提出了"内容转型升级为产品"的重要途径，即对产品的 5 个层次（核心利益层次、有形产品层次、期望产品层次、附加产品层次和潜在产品层次）的价值进行充分挖掘，其中核心利益层次之外的其他层次的价值挖掘是竞争的关键。主张新媒体产品价值的实现，有赖于技术基础、个性价值、性能表现、价格策略、用户黏性、文化基因和赢利模式等 7 个要素。彭兰教授提出传媒产品新概念是基于媒体内容和渠道市场化竞争的要求，体现以技术创新引领下的媒体内涵层次日益丰富。

（二）产品创新

产品创新是创新的一个重要方面，指开发一种新产品或对原有产品的功能进行再开发。创新主要是指技术创新即设计创新，是指通过设计创新增加产品新的品质和功能，以提升产品的差异化程度。产品创新对企业而言至关重要，在激烈的市场竞争中，产品创新是产品区别与其他类型产品，获取竞争优势的根本。通过差异化的产品特点，企业拥有了产品价格的决定权——提高产品价格增加利润，这是企业产品创新的最终目的。此外，产品创新也是中小型企业做大做强的根本途径。在市场经济环境下，企业通过不断创新产品以推动自身发展，获得市场生存空间。但产品创新必然需要企业投入

---

① 彭兰：《"内容"转型为"产品"的三条线索》，《编辑之友》2015 年第 4 期。

资源和承担相应的风险，对中小企业而言，产品创新要量力而行，正确评估自身实力和产品创新风险，选择适宜企业可持续发展的产品创新策略。① 创新运用到媒体行业为媒体创造价值，这种价值表现为两点：一是借创新为媒体带来有形价值，表现在增长利润。二是提升媒体的形象和知名度，使其在媒体竞争中脱颖而出。新的媒体产业环境变化导致了媒体产品竞争的市场化，媒体产品创新应以高度聚焦用户需求为核心，以创造低成本、高附加值产品为目的，满足不断变化的用户需求。

四　直播与移动直播

目前，视频直播、电视直播、直播节目等相关概念日益成为研究的热点。

（一）直播

直播的概念由来已久，现场直播（live broadcast）或称实况转播、即时转播。在辞海中对直播的定义为："广播电台或电视台从现场直接采播的形式"。

从广义上看，直播是指在事件发生的同一时间里同步播放的信息，直播最早始于广播，之后电视也沿袭了这种播出方式。从狭义上看，根据接收终端的不同，直播可分为传统电视直播、PC 端直播、移动端直播和广播直播，根据不同的内容形式，可以分为视频直播、图片直播、文字直播和音频直播。为明确研究对象，本文从技术变革角度把直播分为"传统直播"与"新兴直播"。虽然传统直播与新兴直播均依靠于流媒体技术的应用，但不同是，新兴直播开启了用户内容生产（UGC）时代使得人人都能成为传播者，用户

---

① 谭慧：《熊彼特多层次"经济周期理论"与"技术创新"》，《上海经济研究》1988 年第 1 期。

仅通过话筒和直播软件即可进行在线直播，形成了双向互动平台，使观看者能够与直播者实现实时交流互动。金侠飞从通俗的角度给出了定义，即"某个互联网公司以该公司的名义注册一个域名，主播可以在这个域名里开自己的直播间进行直播，这个域名即平台"。[①] 谭天从直播媒体的传播特点界定，认为直播是指在现场伴随着事件的发生、发展进程而同步制作和发布信息。[②] 有学者从直播节目的制作流程界定：认为直播是广播电视节目的后期合成、播出同时进行的播出方式。按照出场可分为现场直播、播音室或演播室直播。钟绪君等认为所谓网络直播是通过网络系统，在不同的交流平台上同一时间观看同一影像，相比论坛贴吧、豆瓣、微信微博等，网络直播更具视听感染力。[③] 陈洁认为网络视频是指由网络视频服务商提供的、以流媒体为播放格式的、可以在线直播或点播的声像文件。[④] 按照时效性划分，网络新闻直播可分为三类：第一类是快直播，是指在第一时间赶到现场，报道突发事件的直播。如央视新闻发布的《一载有中国船员的采砂船在马来西亚倾覆　搜救仍在进行》。第二类是慢直播，是指泛资讯类直播，时效性比快直播要弱，让用户感受到融入感。如《1100 米超大跨度！"川藏第一桥"今日合龙》。第三类是定制直播，是指重大事件的策划直播。如人民代表大会，政协会议召开期间，多个平台同步播放的直播。目前的几种常见直播模式包括：

1. 秀场模式

秀场模式是利用受众的窥探、猎奇心理吸引用户，通过"土豪"

---

① 金侠飞：《我国网络直播平台可持续发展方式探究》，《科技传播》2016 年第 6 期。
② 谭天：《网络直播：危机与转机——在中国，网络直播到底能走多远?》，《南方电视学刊》2016 年第 4 期。
③ 钟绪君，王燕荣：《浅析网络直播火爆的原》，《东南传播》2016 年第 9 期。
④ 陈洁：《网络直播平台：内容与资本的较量》，《视听界》2016 年第 3 期。

打赏的方式贡献极高营收，推动了全民直播形成气候，但容易受到严厉管制。

2. 粉丝模式

粉丝模式是通过引入拥有庞大粉丝数的人物，带动直播平台人气的攀升与流量停留，通过有赏、互动评论、点赞的方式帮助主播上热榜。该模式有利于引入直播平台流量，且受众忠诚度与黏性较高。

3. 平台内容模式

平台内容模式主要通过各种内容创造和运营激励，以输出形式各异的独特内容，聚拢具有相同兴趣的用户。能根据用户属性生产精品内容，打造拳头产品，在细分领域里长期获利。

4. 场景模式

场景模式的立足点是基于共同兴趣与需求的社群交互传播模式，通过互联网搭建一个直播形式的社交场景，让人们在虚拟场景中有效互动，是高黏性、高认知、高参与的互动方式。

综上所述，本研究结合直播的特点及研究重点，将直播定义为"可同步实现实时实景信息发布和反馈接收的新兴媒体形态"。

（二）移动直播

移动直播是主流媒体转型的主要手段，是依托移动网络环境，以手机等移动终端设备和直播应用程序为软硬件支撑，基于兴趣形成的网络视频信息实时呈现和交互传播模式。

Web1.0 时期的网络直播是指在现场架设独立的音视频信号采集设备，导入导播端，再通过网络上传至服务器，发布出来后供用户实时观看。直播内容包括会议、赛事、教学、访谈等，此阶段直播缺乏互动性，无法完全彰显互联网传播的优势和特色。

Web2.0 时期的网络直播是指在 PC 端或移动端（以 PC 端为主）

建立起来的娱乐秀场直播和游戏直播为代表，这种直播模式需要专业内容的设计，主播可以和用户展开一定互动讨论。此阶段直播以圈层、群落传播为主，缺乏足够的普及度和关注热度。

WEB3.0则是一种基于移动互联技术、人人皆可参与的网络实时互动直播，它在技术、内容、社会参与度、认可度等方面都发生了根本变化。在技术上，用户摆脱了PC端固定场景的限制，可随时随地展开直播内容，无需精细的编排设计，主播与用户的互动可随心所欲"切换"。在社会参与上，任何人都可以轻松注册成为主播，可以知识讲授、才艺展示、现场实况记录、生活情状和对话交流。

正如前苏联美学家鲍列夫所言："现场直播将观众带进此刻正在发生的历史事件中，而这一事件只有明天才能搬上银幕，后天才能成为文学、绘画、戏剧的主题"。[①]

第三节　相关研究综述

在中国知网上以"直播、新闻直播、主流媒体直播"为关键字进行搜索，搜索结果显示直播研究元年可追溯至1980年，在2017年达到顶峰，研究相关文献量总达到2760篇，其中属于新闻与传媒的文章达2183篇。谭天、喻国明、张昱等学者是直播平台的先驱。主要议题集中在：直播的运营、直播的问题及对策、网络直播平台的传播模式等。

---

① ［前苏］鲍列夫：《美学》，乔修业、常谢枫译，中国文联出版社1986年版，第451页。

一　新闻直播的相关研究

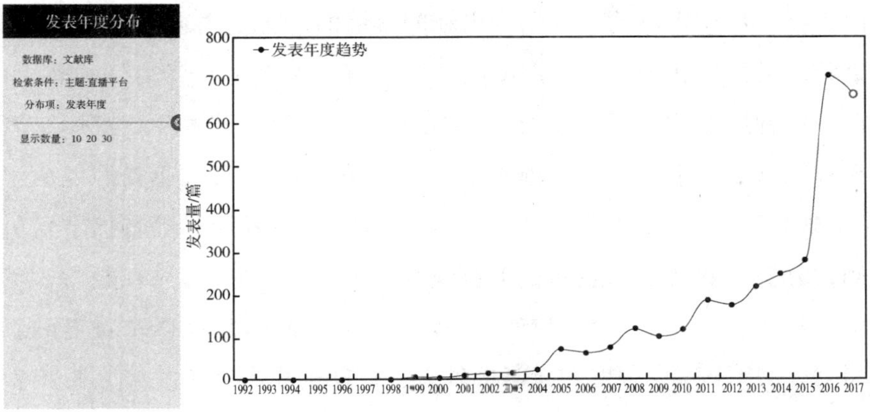

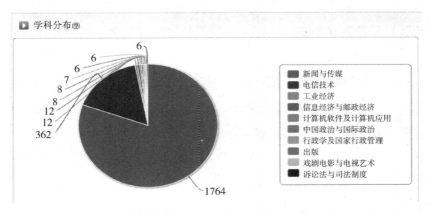

发表年度分布

数据库：文献库

检索条件：主题:直播平台

分布项：发表年度

显示数量：10 20 30

图1　"直播平台"年度发文量

学科分布⑦

- 新闻与传媒
- 电信技术
- 工业经济
- 信息经济与邮政经济
- 计算机软件及计算机应用
- 中国政治与国际政治
- 行政学及国家行政管理
- 出版
- 戏剧电影与电视艺术
- 诉讼法与司法制度

图2　"直播平台"学科分布

（一）新闻直播的生产方式及特点

苟凯东认为，直播是媒介融合驱使下的空间融合，是专业主义下的素质融合，是对事实框架下的现场认知，因此，从媒介事件回归到突发事件，才是新闻直播存在的根本价值所在。① 杨雨梅、尹章池归纳了新闻直播的主要方式：网络新闻直播＋社交媒体和网络新闻直播＋传统媒体的方式，指出新闻直播的趋势是内容订制式。② 邱嘉秋、吴雨俭认为手机直播新闻的方式符合人们对"真实"的需求，在一定程度上拉平了传统综合型媒体、传统电视媒体和新媒体三者在移动互联网平台上的起跑线，也开始真正对新闻从业者们提出了"全能型"的要求。③ 王佳航、孟雨佳以中央电视台移动直播节目为例，分析了移动新闻直播的制播策略，提出新闻类直播在题材、场景、时间、主播等方面均有特殊规律，应该聚焦适合移动直播的新闻题材。④ 张庆从对重大新闻事件直播创新的思考为着手点，提出宣传规律与传播规律的最佳结合点是把握导向，有所追求。⑤

（二）网络直播的问题与反思

网络直播作为一种新型的传播方式，目前依然存在很多问题，引起了很多学者关注，从不同角度展开讨论并给出了对策建议。⑥

1. 监管不足

网络直播的泛娱乐化、内容杂乱、消费女性等是监管不足的主要体现，各大平台对内容生产规划少，以追求经济盈利为主要目标，浅薄、庸俗的内容不断消解大众的底线。

---

① 苟凯东：《移动互联时代的新闻直播》，《视听界》2015 年第 3 期。

② 杨雨梅，尹章池：《网络新闻直播模式探究》，《新闻世界》2017 年第 12 期。

③ 邱嘉秋，吴雨俭：《移动新闻直播有望成为媒体转型重要"风口"——以财新传媒视频直播报道为例》，《中国记者》2016 年第 8 期。

④ 王佳航、孟雨佳：《移动新闻直播的制播策略初探——以中央电视台移动直播节目为例》，《新闻论坛》2016 年第 6 期。

⑤ 张庆：《探索宣传规律与传播规律的最佳结合点——对重大新闻事件直播创新的思考》，《现代传播》2015 年第 4 期。

⑥ 谭天：《网络直播：危机与转机——在中国，网络直播到底能走多远?》，《南方电视学刊》2016 年第 4 期。

2. 盈利模式乏力

网络直播平台的盈利模式大致分为虚拟道具、广告盈收、游戏分发、会员服务等。虚拟道具和会员服务很大程度上依赖于受众对主播的个人喜爱，对平台本身盈利并没有决定性作用。而在游戏引流方面，大部分平台选择通过页面进行广告链接，插播广告的盈收方式对直播体验存在风险，鲜有直播平台能实现营收。

3. 版权问题突出

内容是所有视频网站最根本的竞争力，内容生产又涉及版权问题。各直播运营商如今深陷吸引流量——内容单调劣质——流量流失的恶性循环中，但自制及购买版权又会加大营运成本，于是版权成为网络直播平台中常见问题。

（三）网络直播的发展建议

很多学者对网络直播的发展提出了不同建议，议题集中在平台模式与未来趋势。如陈洁提出：（1）丰富产业生态链条，探索多元盈利模式；（2）加强直播内容监管，设置房间申请门槛；（3）增加用户体验，拓展直播分类；（4）改变 UGC 内容生产，布局自制内容。[①] 崔秋霞展望直播的发展趋势是：（1）"直播＋平台"："直播＋"将成为新常态；（2）从 UGC 到 PUGC；（3）场景化："营销宣传＋直播"制造宣传新爆点。[②]

综上所述，我国网络直播的研究限于宏观陈述层面，主要集中于技术因素的探讨，学科范式的研究不多，在研究方法上同质化居多，较少涉及实证研究。

---

① 陈洁：《网络直播平台：内容与资本的较量》，《视听界》2016 年第 3 期。
② 崔秋霞：《网络直播的模式分析及未来发展趋势》，《新媒体研究》2016 年第 17 期。

二 有关主流媒体直播探讨

2017 年全国"两会"期间，《人民日报》共发布了 140 余段现场视频、19 场直播，仅在新浪微博播放量最高的一场视频直播，观看总量已超 811 万人次。来自新浪微博的数据显示："两会"视频直播在新浪平台的观看人数累计已超过 1 亿人次，获得的点赞数突破亿级大关。从 2016 年央视新闻第一条直播的 726 次观看量到现在平均每条直播新闻以十万记观看量的突变，主流媒体新闻直播的观看人数正在迅速增加，新闻直播形式也为更多人接受并积极参与。

（一）主流媒体新闻直播的机遇与挑战

2017 年 2 月 19 日，央视新闻倾力打造的移动融媒体新闻平台——央视新闻移动网正式上线，此举被视为推进央视深度融合的重要战略举措。新的央视新闻移动网平台在既往移动直播基础上，进一步实现了多屏联动、互动分享、社交化等功能。目前，新浪、搜狐、凤凰等新闻媒体均进行了新闻直播尝试，新浪增设"新浪直播间"频道，在线直播了"人大教授时殷弘谈特朗普与世界和中国""来沙特文物展看 6000 年前表情包""孙中山诞辰 150 周年直播"等新闻，引发网友围观并参与讨论。新闻直播的特征表现在：

首先，新闻直播最重要特征是改变了以往新闻节目繁复的制作流程，边录边播，实现新闻事发现场与观众之间的零时间差。仅用一台手机就能完成新闻的在线直播，操作简便，但实时的新闻播报也给新闻主播带来了重大考验，而且非专业设备的直播很难满足观众对高清画质的要求。

其次，新闻直播模式打破了传受双方的隔膜，带来了互动新闻的新体验。观众不仅可以对新闻节目进行实时评论，还可以同时与新闻主播进行实时交流，甚至新闻主播会参考观众的意见调整直播内容。相对于过去新闻记者或主播的严肃形象，新闻直播中的主播更像是"导游"，观众可跟随镜头观看到"导游"介绍的内容，还可以实时向主播交流提问，用户既是新闻的消费者又是参与者。

再次，新闻直播的真实性更强，既往的电视直播可能因节目时长问题而被后期剪辑压缩，会损害视频表达的完整性，造成"断章取义"的偏差。而新闻直播基于"边录边播、一镜到底"的特点保证了视频内容的完整性，给观众强烈的真实感，更易于塑造媒体的公信力。

新闻资讯的移动直播成为一种主潮流，孟雅楠、张丽萍将主流媒体直播的意义归结为以下三点：一是注重新闻时效性，提高主流媒体的公信力。二是信息透明，保障公众知情权。为用户第一时间呈现了直播内容，保障了信息传播的透明性。三是积极发声，提高全球话语权，有力占领了舆论高地。①

总之，新闻直播带来与传统媒体新闻直播截然不同的观看体验，但由于新闻直播兴起的时间较短，因此，大多数新闻直播仍处于探索阶段，并不断向专业化、差异化迈进。

（二）移动直播是主流媒体转型的主要手段

关于移动新闻直播的研究宏观居多，学者们主要对其传播特征、传播模式进行探讨。有学者认为：移动直播具有信息聚合及时性、互动感、沉浸式体验等特征，传统媒体应将精力放在构建平台、内容生产和新型人才建设上。而王佳航引用詹姆斯·凯瑞（James Carey）提出的传播观，以央视直播为例，对其选题进行了内容分析，指出移动直播为用户提供了一种观看的"仪式感"。②

---

① 孟雅楠、张丽萍：《主流媒体在重大事件中如何利用直播——以新华社 APP 天宫发射事件为例》，《新闻论坛》2016 年第 6 期。

② 王佳航、孟雨佳：《移动新闻直播的制播策略初探——以中央电视台移动直播节目为例》，《新闻论坛》2016 年第 6 期。

刘征将移动新闻直播分为三类：自给自足型、第三方储存平台、超链接聚合。自给自足型即传统新闻媒体自己建设新闻网站与新闻时评，将移动直播内容储存在自己的数据库中，如 NYT Now、BBC News 等。而第三方储存平台是指将视频内容上传到视频网站，再通过超链接将其嵌入自己的新闻客户端，如 BuzzFeed Video。超链接聚合是一种纯技术聚合的方式，这些新闻网站没有原创内容，直接将新闻媒体的视频进行嵌入。① 目前，移动新闻直播正朝着精准化、智能化的方向发展，出现了全景新闻直播、沉浸体验式 VR 新闻直播等形态。喻国明以《北京时间》在 G20 中的直播报道为例，指出多点发起、同步推进、多维视角的全景直播，以及定制新闻的内容生产方式是其鲜明特色。② 在未来，场景传播将成为移动直播的总体趋向。伊斯雷尔等在《即将到来的场景时代》一书中展示了基于场景建构的科技传播时代，指出"场景五力"（大数据、社交媒体、移动设备、定位系统、传感器）产生的巨大联动效应，将构建一个未来真实且可感的场景时空。严小芳认为，场景传播实际上是精准传播理念的升级换代，是兼顾时间、空间、用户情绪、心理等多重需求，实现了精准传播从单线到多维、从平面到立体、从静态向动态的飞跃。③

移动新闻直播目前仍存在许多短板，所以喻国明指出：新闻为立身之本仍是传统媒体向新型媒体转变的关键，强调内容生产的重要性。王根喜等强调独立平台的重要性，认为当务之急在于建设自

---

① 刘征：《全球移动新闻直播的现状及特点分析》，《传媒评论》2016 年第 8 期。
② 喻国明：《打造新型主流媒体价值范式与影响力的关键——以北京广播电视总台线上直播平台"北京时间"G20 杭州峰会报道为例》，《新闻与写作》2016 年第 10 期。
③ 严小芳：《场景传播视阈下的网络直播探析》，《新闻界》2016 年第 15 期。

有的新闻直播平台，扩大目标人群、增强用户黏性。① 用户是平台运营的核心，有学者指出在社交网络时代，新闻客户端的粉丝社群构建应着眼于用户的情感共鸣，创造情感触发点。

　　总之，利用内容生产优势，生产优质内容，运用新型技术，拓展直播方式，聚焦直播产品增值，创新赢利模式等是应对移动新闻直播问题点的主要共识。

---

　　① 王根喜、杨玥玥、赵孝刚：《移动直播时代省级新闻网站如何布局》，《中国记者》2016 年第 8 期。

第二章 主流媒体直播探索的理论基础

本章节重点探讨新型主流媒体直播探索的两大理论基础：创新理论与媒介融合理论。在理论视点中考察直播开拓的技术平台、产品思维、用户心理等，从而奠定直播发展所依傍的理论基石。从开始的新闻渠道延伸到成为独立的媒介形态，直播正经历 PC 秀场直播、社交直播发展到 VR 直播、智能化渗透的全过程，成为互联网领域的新风口。主流媒体直播探索的本质是顺应融媒时代要求而进行的传媒产品创新，以拓展移动端产品市场空间，争取新的用户群体，开拓新市场，这些都是基于创新的内外动力。

第一节 创新理论与传媒产业创新

产业创新的思想起源于经济学、管理学学科，1912 年经济学家熊彼特出版《经济发展理论》，他是第一个从经济学角度系统地提出创新理论的学者。熊彼特的创新理论应用分布于各个领域，其核心原理同样适用于传媒研究。根据熊彼特的理论，创新是经济发展的根本现象，所谓"创新"就是建立一种新的生产函数，即把一种从来没有过的关于生产要素和生产条件的"新组合"引入生产体系。

熊彼特所说的"创新"和"新组合"包括五种情况：（1）采用一种新的产品也就是消费者还不熟悉的产品——或一种产品的一种新的特性；（2）采用一种新的生产方法，也就是在有关的制造部门中尚未通过经验检定的方法，这种新的方法绝不需要建立在科学上新的发现的基础上，并且也可以存在于商业上处理一种产品的新的方式之中；（3）开辟一个新的市场，也就是有关国家的某一制造部门以前不曾进入的市场，不管这个市场以前是否存在过；（4）掠取或控制原材料或半制成品的一种新的供应来源，也不问这种来源是已经存在，还是第一次创造出来的；（5）实现任何一种工业的新的组织，比如造成一种垄断地位（如通过"托拉斯化"），或打破一种垄断地位。这五种情况就是通常所称的产品创新、技术创新、市场创新、资源创新和组织创新，它们共同构成了创新理论的核心。熊彼特的创新理论为我们研究传媒产业创新奠定了夯实基础。①

　　国外最早使用产业创新的学者是坎宁安，1960 年他在《产业创新》一文中，讨论了经济周期中"创新"术语的使用，创新现象在普及过程中涉及的困难，分析了产业问题的差异性、绩效标准和产业比较等。② 在国内，最早提出产业创新的学者是严潮斌，他将产业创新定义为：特定产业在成长过程中或在激烈的国际竞争环境中主动联手开展的产业内企业际的合作创新。严潮斌认为，企业创新是产业创新的基础，而产业创新带动企业创新为企业营造了有利的环境和条件。产业创新是在产业层次上的创新活动，旨在提高产业竞

---

　　① ［美］约瑟夫·熊彼特：《经济发展理论》，何畏、易家详译，商务印书馆 1997 年版，第 73－74 页。

　　② CUNNINGHAM N J. Industrial innovation. Business History，vol. 2，No. 2，1960，p. 97－100.

争力，而产业竞争力的提高必须通过创新手段才能得以实现。① 随后，陆国庆对产业创新进行了描述，指出"产业创新就是企业突破既定的已结构化的产业约束，以产业先见或产业洞察力构想未来产业轮廓，以及通过培养核心能力来使构想的产业成为现实的过程。产业创新是企业创新战略的核心和最高目标，是企业技术创新、管理创新、市场创新的系统集成，也是企业家创新精神的主要体现"。② 创新是引领发展的第一动力，在国际竞争日趋激烈和我国经济进入新常态的形势下，产业创新从侧面反映出一个国家的竞争力，更是传媒产业未来发展的重中之重。

一 产业创新的宏观审视

由于互联网技术的发展，大众传媒环境发生了翻天覆地的变化，需求是产业创新的动力来源。刘毅认为传媒生态环境的变化是传媒产业创新的动力，目的是为了在竞争市场中获得先机，更好地满足新兴媒体快速发展下受众多变的需求，从而降低传媒组织的运营成本，打造传媒竞争的蓝海。③ 产业价值链理论、创新理论、竞争战略理论是传媒业创新的理论依据，同时，媒体创新应遵循社会效益与经济效益相统一、独特性、动态性、整体性这四个原则，通过产业创新在竞争激烈的传媒生态环境中获得更多空间。朱春阳认为，以互联网为代表的新媒体在我国发展迅速，传媒产业创新出现了接触点创新、战略合作创新、效率竞争的机制创新三大特征。④ 这三大特征的提出为传媒产业创新提供了新方向。

① 严潮斌：《产业创新：提升产业竞争力的战略选择》，《北京邮电大学学报（社会科学版）》1999 年第 3 期。
② 陆国庆：《基于信息技术革命的产业创新模式》，《产业经济研究》2003 年第 4 期。
③ 刘毅：《传媒生态环境及产业创新》，《重庆社会科学》2008 年第 3 期。
④ 朱春阳：《新媒体背景下的传媒创新特征》，《当代传播》2008 年第 6 期。

二 传统媒体的产业结构

互联网时代改变了传媒业的产业结构与生存逻辑，传统媒体的颓势已经凸显。张明海认为，产业、文化产业品牌影响力、技术、人才队伍的强弱反映着国家文化的强弱，报业的明显衰退主动或被动地改变了报业的产业结构。任义忠认为，从产业政策来说，政治和经济的双重属性导致了报业的低市场集中度，限制了报业的发展空间。新兴媒体的发展促使报业集团由竞争走向合作，通过全媒体的转型和产业创新实现报业的突围。他提出了报业集团战略协同模型，希望报业集团可以实现多重协同效应。①

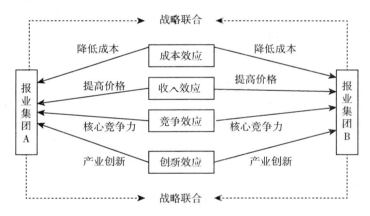

图3　报业集团战略协同模型

图3从战略协同的视角揭示了报业的产业结构模型，从中可以看出只有通过创新才能提高核心竞争力。

---

① 任义忠：《从过度竞争到战略联合——我国报业集团竞合机制研究》，《现代传播》2014年第4期。

三 传媒产业的创新模式

产业模式创新是传媒产业创新的必由之路，在产业融合背景下尤其重要。宫承波认为，新媒体产业模式创新可从用户为中心的产业链升级、创新拓展产业盈利空间、以集团化为导向创新产业机构模式、创新产业管理体制、创新产业资本运营模式等六个路径展开。[①]

为了更好地满足用户需求，守住现存所有产业，开辟未知的市场空间，传媒产业必须在竞争压力巨大的市场中进行创新，实现产业转型，体现自身的经济价值与社会价值。波特的竞争战略理论对分析传媒产业创新指明了方向，作为产业组织学派的主要代表人物，波特提出了企业竞争战略的三种基本类型：总成本领先、差异化与集中战略。总成本领先战略要求企业必须建立起高效、规模化的生产设施，严格控制成本、管理费用及研发、服务、推销、广告等方面的成本费用。差异化战略是将公司提供的产品或服务差异化，树立起在全产业范围内的独特产品或服务等。集中战略是针对某个特殊的顾客群，某产品线的一个细分区段或某一地区市场，公司业务集中化能够以较高效率和更好效果为某一特定对象服务，从而超过广阔范围内的竞争对手。五力模型（Porter's Five ForcesModel）是波特为了分析产业吸引力而提出的竞争力分析模型。喻国明根据波特的竞争五力模型提出"互联网＋"时代传媒产业创新的五力模型。[②]

---

① 宫承波、翁立伟：《我国新媒体产业模式创新思路探析》，《当代传播》第 2012 年第 3 期。

② 喻国明、刘旸：《"互联网＋"背景下传媒产业创新的五力模型》，《新闻与写作》2015 年第 5 期。

图4 互联网 +" 时代传媒产业创新的五力模型

"五力"是指整合资源与要素的转变、整合逻辑的转变、整合基点的转变、整合形式的转变、整合模式的转变。喻国明教授借助波特的五力模型建构了新型的传媒业发展创新模型，为传媒产业转型与改变提供了路径方向。

四 传媒产业与经济的关系

传媒产业发展与经济动态息息相关，创新深受风险投资的影响。在传媒产业创新过程中，风险投资实施得当，可发挥出重要作用，让面对"三跨"瓶颈的传媒产业拥有在技术创新世界里突破边界、规则和图景的力量。传播领域的技术革命已经或正在颠覆传统意义上的媒介传授关系、运营法则、市场边界和介质壁垒，使传播领域的生态环境、市场份额、力量对比及游戏规则都面临深刻的重新"洗牌"。在这一背景下，戚小斌、朱亚将风险投资与传媒产业创新相联系，认为风险投资是传媒产业技术创新得以保证的重大因素，是创建传媒产业的创新高地，提高传媒产业自主创新能力的必由之路。①

五 产业融合的必然

2015 年 3 月 5 日，李克强总理在政府工作报告中提出"互联网+"行动计划，3 月 16 日国家发展改革委办公厅发布了《关于做好制定"互联网+"行动计划有关工作的通知》，其中要求以互联网培育发展新业态、新模式，着力形成新的经济增长点，以更加包容的态度、更加宽松的环境、更加积极的政策，加快培育基于互联网的融合型新产品、新模式、新业态，打造"互联网+"新生态。传媒产业与关联产业联系之紧密要求我们必须将传媒产业置于产业融合之中。陈昌凤提出媒介产业融合既是媒介与其他产业的融合，也是媒介内部资源、生产、产品、技术、市场、服务等各个方面的重构与重组，在产业融合中要注重人才创新，打造全新的媒体矩阵，形成核心圈、紧密圈、协同圈"三圈环流"的架构，并重视与其他非传媒产业的融合。②

综上所述，产品创新、技术创新、组织创新、市场创新、资源创新是产业创新的不竭动力。技术创新引起新产业的形成，产品创新是产业创新的关键要素，市场创新与技术创新、产品创新相互回馈，带给产业创新的可能性。将传媒产业与产业创新理论相结合在媒介融合背景下显得十分应景，也为我们研究主流媒体直播提供了新的理论视角。

---

① 戚小斌、朱亚：《风险投资与传媒产业创新》，《经营管理者》2008 年第 12 期。
② 陈昌凤、吕婷：《"互联网+"时代的媒体创新与产业融合》，《新闻与写作》2015 年第 7 期。

第二节　创新理论视角下主流媒体直播变革

喻国明认为，传媒产业发展的关键词是"跨界"和"混搭"。他们为传媒产业的资源整合开拓了广阔的市场空间。直播作为一种新技术与新传播形态，应用到新闻传播的各个端口，这也是资源合理优化的结果，资源创新必定为传媒产业发展带来新突破。

一　主流媒体直播创新的技术流变

所谓技术逻辑本意是指将逻辑理论应用于各种技术系统，特别是应用于对自动化机器（如计算机、自动翻译机等）进行综合分析。在本研究中特指主流媒体直播新形态演化遵循的技术发展路线。直播的本质是一种信息即时传播，在某种程度上是技术逻辑的推进，以网络为例，网络技术体现出传播层级上的"泛传播"模式，直播尤其明显地体现在点对多的传播形态。

（一）技术创新带来的泛层级传播

从现场架设直播设备的1.0时代到体现互动性的直播2.0时代，再到移动主导的直播3.0时代，不同阶段凸显不同的传播属性，满足不同用户特定时段的特定需求，但是背后的推动力都是技术。创新首先体现为技术创新，只有追随最先进的技术和设备，才能进入新媒体语境，网络技术在媒体发展过程中体现了巨大的变革力量。从直播发展的逻辑轨迹来看，直播的全民参与与勃兴是基于个体表演化的场景需求。喻国明教授认为："直播是指依托网页或者客户端技术搭建虚拟现实平台，以主播（主要是草根达人）提供表演、创作、展示以及支持主播与用户之间互动打赏的平台，是一种基于视频直播技术的互动形式。① 直播发展的关键词体现在：虚拟平台、互动技术与展示主体。首当其冲的是虚拟技术的更新，不论是"史前时代"的新闻直播，还是 APP 移动端的新闻资讯，先进技术在媒体传播形态变化中都起着主导作用。如 3G 技术解决了新闻直播中信号不流畅、延时过长等问题，4G 网络、高清显示、超长待机、4K 视频、成熟 APP、专业的生产标准以及用户化的文件格式，都为移动报道生产提供了极大的便捷。严功军、张雨涵将物理学的外爆与内爆的概念引入到传播学剖析技术对传媒变革的影响，他们认为，融媒体的媒介内爆是通过数字符号唯一性、全息性的拟像化生产，塑造的是全面交互、浸入、共享、体验的虚拟现实。媒介与现实意义的内爆，彻底变为数字符号能指的狂欢和奇观世界的游戏性体验。② 而直播正是这种技术推导的人体多元态表语符号与暗示、隐喻等知觉符号统筹的个体表演与群体共舞的仪式化共享，由此带来新的传播模式。直播在传播层级上体现的也是一种"泛传播"模式，由于信息链的复杂变形，导致传播层级不再具有量化定义，而成为泛化的和未定义的，因此可以称之为"泛层级"（pan – step）。早在 2001 年杜骏飞教授提出，泛层级概念的根本内涵是为了防止信道冲突——在所有传播行为的信息链上，使信息价值得以低价，并使所有链接环节能实现多赢。泛层级使得信息层级既存在又不存在，而且既可以存在又可以不存在，而选择的权力属于终端用户。换言之，传播层级在新的传播技术之下，出现了一种简称为"泛传播"的观

---

① 喻国明：《从技术逻辑到社交平台：视频直播新形态的价值探讨》，《新闻与写作》2017 年第 7 期。

② 严功军、张雨涵：《内爆转换与传播危机：融媒体生态的批判解读》，《现代传播》2017 年第 11 期。

念，具体指网络传播中"分散化、全景化、扩展化与一体化"的属性。[①] 如以"一直播"在技术创新表现为例，其专业版可以实现四个界面的切换及多人异地全方位直播。同时，它可以完成 4G 包到"一直播"的接入，保证 4G 信号的稳定传输。目前，"一直播"团队正致力于无需信号的后方传输，使得直播内容可在微博账号上直接发布。另外，专业版还支持无人机直播报道，用户可以通过手机端瞬时进行切换台，直接接入到"一直播"平台。又如中央电视台设计推出移动报道专业生产内容软件（PGC APP），该应用程序可将拍摄的视音频、图片便捷高效地直接回传至混合制作岛进行制作。而大数据技术被广泛用于抓取新闻资讯与用户画像分析等。技术创新给媒体的发展带来极大便利，提高了媒体内容的生产效率及用户的体验满意度。主流媒体也将原来单一的直播新闻发展为全媒体新闻及全景直播，以更好地进行自身转型融合新媒体。

据艾瑞数据报告，2017 年直播的用户进入缓慢增长期，各平台发展的重点是从 C 端到 B 端，经过 2016 年资本与流量的竞争，2017 年以制作优质内容取胜，2018 年将进入商业模式化阶段，但贯穿始终的推力依然是技术创新。

（二）直播的"中心多元化"与"场景化"

中心多元化意味着"去中心"，所谓"去中心"最初是一个自然科学中的生态学原理，百科词典的定义是：在一个分布有众多节点的系统中，每个节点都具有高度自治的特征，任何一个节点都可能成为阶段性的中心，但不具备强制性的中心控制功能，节点与节点之间的影响，会通过网络而形成非线性因果关系。这种开放式、

---

① 杜骏飞：《泛传播的观念——基于传播趋向分析的理论模型》，《新闻与传播研究》2001 年第 4 期。

扁平化、平等性的系统现象或结构，称之为去中心化。[①] 网络时代是一个节点散布、无中心的时代，直播表现出强烈的"去中心化"的技术逻辑，并在此基础上衍生出传播主体的消解以及网民的"去中心化"思维，形成网状世界的群体共振。

1. 中心多元化

中心多元化就是任何人都可以成为中心，任何中心都不是永久的，中心对每个人不具备强制作用。每个人都可以去连接和影响别人，当自己的发声和价值主张吸引了别人的关注和支持，那么他就成了一个中心，也就是说每个人都可以成为中心，每个中心都依赖于每个个体的支持拥簇，离开个体便不存在中心。这种特点是互联网的本质决定，网络技术的特质就是对中央控制的消解，是一个挑战独断、权力、集中、控制的过程，如包切换、分布式网络、传输协议等互联网技术的发展，本身潜藏着一种摧毁中心的理念。在"去中心"的技术逻辑基础上，无数个体化的传播主体浮出水面。在网状的节点上，主体可以虚拟、不确定、多重，由集中走向分散，通过技术赋能释放话语束缚。网民们彼此不知道现实生活中的头衔和身份，更看重的是思想和观点本身的价值，表现出鲜明的"去中心化"的思维方式。"去中心化"表现在直播中就是人人都可以通过一台手机，参与社会话题的生产、制作与消费，个体的人成为衡量社会价值创新的核心度量标准，对人体功能的释放、对人的社会性链接的延伸、对人的政治权益的赋权与赋能的体现，成为衡量新的创新物体的价值标尺。直播丰富了人与人直接的链接，将传统的定位为精英阶层的、组织化传播体系、定制化事件报道的固定模式开放为泛层级的、草根化的、自我效能主张的、随时随地参与的社

---

① Reid, Alex (1995). "IT Strategy Review, Distributed Computing – Rough Draft". Retrieved 2013 – 11 – 06.

会全景传播。所以，"中心多元化"消解了主体的话语独霸、话题的定制、话风的自上而下，人人可以成为事件的中心，议题的焦点，直播的低门槛与零距离使得草根走向前台，人的自主性与空间链接构成全新的社会网络体系。正如喻国明教授所言，它以信息对冲的形态极大地促进了社会文化的活力以及阶层之间的理解和互动。①

2. 场景化

场景是人们生活的平台与展示自我的承载物，罗伯特·斯考伯等认为构成场景的原力无处不在，即场景五力。当你触屏时，他们就在你的指间；当你手持智能手机时，它们知道你的位置和前进的方向。当你驾车经过某物体过近时，他们便会发出警报，他们同样存在于交通信号灯、商店甚至药丸中。这五种技术原力：大数据、移动设备、社交媒体、传感器和定位系统正改变着你作为消费者、患者、观众或在线旅游者的体验。② 其后，吴声在 2015 年出版了《场景革命：重构人与商业的连接》并创办场景实验室，是专业化研究场景及场景商业化的第一人。他用 20 个字概括了场景的商业逻辑："产品即场景，分享即获取，跨界即连接，流行即流量"。并提出了场景的内涵，所谓的场景已经被碎片化，被深度碰触了。所以当我们讲场景时，它其实是一个以人为中心，以智能手机的器官化，社交网络的生活化所形成的对于碎片的一种深度重组。③ 视频直播技术提供了场景价值，能在最大程度上复原社会实景与民众的社会常态，在零距离接触中拓展了人的连接方式和体验空间。场景的价值

---

① 喻国明：《互联网发展的"下半场"：传媒转型的价值标尺与关键路径》，《当代传播》2017 年第 4 期。

② ［美］罗伯特·斯考伯，谢尔·伊斯雷尔：《即将到来的场景时代》，赵乾坤、陈继东译，2014 年 Kindle 电子书。

③ 吴声：《场景革命——重构人与商业的连接》，机械工业出版社 2015 年版，第 28－31页。

是未来媒介的重要特征，越来越成为承载人的需要、生活空间、市场价值的新的承载物，视频直播技术极大丰富了场景的构成形态与功能属性。直播节目除了内容是否有价值外，还有其形式所创造的种种场景价值。比如距离我们遥远的"煎饼姐"直播，一个普通民众的日常社会场景被直播捕捉与跟踪，根据镜头语言与符号叠加，揭示了普通民众生活其后的深沉、无奈、亲情与抗争，一个小小的煎饼摊承载的社会民众共识性的话题，如何在平凡中抗争不平凡，看似不相关的命运主体在直播场景中实现同呼吸与共命运。在惜惜相近中，场景为民众搭建了消解陌生与缔结共鸣的平台。在直播的传播形态下，人们可以透过某些直播所构建起来的场景，形成一种集体的宣泄和狂欢，从而获得情绪的减压。场景一方面可以释放社会动员能力，另一方面还可以实现价值变现，如商业平台的场景直播，从传统观点看是私人化的、休闲的、无意义的逛街行为，结合线上营销，能看到在远隔万里的米兰、巴黎等时尚卖场，观者可以自主掌握逛街的时长、可以随机按照自己的心愿点击购买、甚至可以集体在线砍价。所以，互联网时代，场景即生活，场景即消费。直播构建了未来消费和生活的种种新场景，是互联网的一大流量入口。

（三）流动化与"液态"新闻

移动化与短视频是 2017 年传媒创新发展的两大关键词，4G 网络及无限 Wi-Fi 的普及降低了流量门槛，让主播们更愿意在各种场景下直播。技术的优化升级降低了视频内容的生产成本和用户消费成本，为文字、语音、短视频、直播带来了发展的新机遇。移动互联网时代的新闻生产者通过直播应用，实时制作并同步播出多媒体格式的声像和影像，为用户提供全方位、身临其境的新闻视听体验，使用户可以在移动终端设备上随时随地观看新闻现场直播，这种新的新闻形态可称为移动新闻直播。这是一种流动化的新闻生产与消费，流动性地展示时刻新闻与生活场景，流动化的信息分享与参与。因而，传统的新闻业在流动时代，流动人群中演绎为液态新闻。齐格蒙特·鲍曼在《流动的现代性》一书中用"液态的"概念来理解当代的新闻业和社会，即一切并不是一成不变的、预先设定好的，而是充满了相互冲突、矛盾的戒律。简而言之，新传播形态下的新闻业的核心特征是"多维度的快速变迁"。① 本研究看来，所谓"液态"新闻是指新闻生产制作、推送方式、互动与消费是非固定的板块状，而是随时随地呈现的动态的、时空位移的、角色互换的、信息叠加的生产机制，这是移动技术与移动社群赋能的时代体现。在某种程度上，"液态"新闻颠覆了传统既定模式的新闻采编方式，以流动技术、不确定的全员生产模式、不定时的信息推送、多重技术张力的合作构建了新型的媒介生产方式。而且这种吻合"液态"新闻与移动写作的生产培训已经悄然开始，并逐渐成为一种趋势。

2011 年，法国布列塔尼《电视报》和西部本地电视台开始鼓励记者使用智能手机进行视频报道。2015 年起法国广播电台欧洲 1 台也通过智能手机创建视频节目，本地内容提供商对使用轻量级的移动设备来报道体育赛事和突发事件产生了浓厚的兴趣。欧洲一些本土电视频道通过欧洲区域广播电视台协会 Circom 培训移动报道专业记者。巴黎的新闻实践学院以及法国东部城市梅茨举办的新闻业务和数字媒体实践项目也开设了移动新闻报道的工作坊。同时，法国新闻网站 Rue89 开设了非常有用的在线课程"视频写作与生产：移动互联网报道新格式。瑞士公共广播电台 RTS 记者 Nicolae Schiau 用移动报道方式跟踪了 5 名从叙利亚边境逃到欧洲的难民，他在采访

---

① ［英］齐格蒙特·鲍曼：《流动的现代性》，欧阳景根译，中国人民大学出版社 2018 年版，第 2 - 3 页。

中配备了智能手机和运动相机来实时拍摄难民转移的过程。这次采访也是对移动报道设备综合、高强度运用的实战，更是对移动报道理念的最好体现方式。

二　主流媒体直播创新的用户思维

互联网时代，用户逻辑主要以"用户中心"的内容传播规律的创新为主，从消费时代的"受众中心"到市场逻辑导向的"用户中心"。内容生产者的角色也从大众传播时代的"内容编辑者"转变为"产品服务者"，面临着传播思维的创新，他们在制定内容创新策略前必须回答用户是谁？他们的行为特点？媒体接触习惯（时段，场景，渠道等）？内容产品的偏好？这样才能精准定位产品和用户，把直播产品创新的风险降到最小。"用户中心"引入到直播产品生产中，主要表现为两点：一、私人定制。高度聚焦用户需求，精准定位目标用户群体。二、互动参与。用户是内容产品的参与者和使用者，参与内容产品生产的过程。强调用户体验。①

（一）直播用户的心理图谱

正在逐步勃兴的全民直播缘起于个人秀场直播，在虚拟的时空舞台，个体的生活内容与艺术特长被全民关注，并引发热点，形成同一场域的集体表演。智能手机提供的个人电视台与各种交流符号的随意切换和暗喻保证了传播主客体之间互动的同步，宽带成本的低门槛与信号渠道的畅通成全了表演者与观者在空间上的同框出镜。直播技术赋能带来的话语赋权不仅空前释放参与者的主体与能动，在视觉狂欢中舞者的身体机能被空前调动，以多模态与体态语言挤压观者的每个符号接受系统。要理顺直播的用户思维，必先洞察其参与心理轨迹与动机。2018年网易推出一个H5产品《你的荣格心

①　陈力丹、李熠、祺娜佳：《大数据与新闻报道》，《新闻记者》2015年第8期。

理原型》，以荣格心理学的 12 种人性特点为产品诉求，迅速走红网络，成为一款爆品。其爆红的原因之一就是这款产品满足了用户心理特质：情感发泄的需求、认同的需求、炫耀的需求、个人整合及社会整合的需求，而且这 4 种心理动机是用户参与活动分享转发的重要动机。本研究根据用户心理的基本特点与直播成本特性，归纳直播用户的心理表现大致为：

1. 好奇与窥视心理

心理学家说，偷窥源自于人类天生的好奇心，是人人都具有的欲望。根据百度百科好奇心是动物处于对某事物全部或部分属性空白时，本能的想添加此事物的属性的内在心理。表现为：①对一些事物表示特别注意的情绪。②喜欢探究不了解事物的心理状态。③对于怪诞的嗜好或热情。对于人类，好奇心意味着个体遇到新奇事物或处在新的外界条件下所产生的注意、操作、提问的心理倾向。菲利普·鲍尔在《好奇心》中描绘了人类好奇心的进化史，认为好奇心现在是一种优良的品质，然而它也曾因对"圣洁"的亵渎而备受谴责。① 好奇心的两面性体现在：积极性是进取开拓，保持高度的学习精神与兴趣，是创新动力的源泉；消极面则是好奇驱动窥视，以揭示他人的隐私为满足好奇的愉悦，并进而施以行动的揭短与炫摆。窥视分为个体窥视，如对他者身体或生活隐私的追逐与行为的关注，这种窥视被消极地认为是心理的阴暗促成的变态。还有一种是集体窥视，也是社会大众围观或者参与事件的捕捉与探究，以集体的视觉对特定事件层层剖析，以细节的曝光佐证事件的本来面貌。集体偷窥行为是指将个人偷窥或部分人的偷窥公开化、大众化，热烈地追逐着可以激起和满足人们欲望的东西，它是一种社会现象，

---

① ［英］菲利普·鲍尔：《好奇心——科学何以执念万物》，王康友、朱洪启、王黎明译，上海交通大学出版社 2017 年版，第 424 – 426 页。

不一定意味着心理上的变态。本文更多注重于集体的窥视，这种窥视体现着一种揭露与告示的社会交往。如在直播的语境里，个体的生活琐事或区域化的社会热点能引发全民参与并争相陈述观点，形成意见市场，实质是一种集体窥视导致的全民狂欢。以 2018 年"昆山龙哥"事件为例，江苏昆山市发生一起砍人事件。宝马车主刘海龙与电动车主于海明在行车途中发生碰撞，随后事态升级为肢体冲突，刘海龙在持刀砍人过程中不慎刀落，被于海明夺刀后反杀致死。这一案件受到全国性舆论关注，于海明行为是否属于正当防卫引发争议。

"宝马男被砍事件"、"昆山龙哥"等微话题阅读量累计超 4.8 亿次，微信文章超 2.3 万篇。在好奇心驱使下，"纹身男"宝马龙哥的复杂背景被深挖掘：多年惯犯、牢狱、欺凌、无正当职业、所谓"见义勇为'等等标签解构了倒地龙哥的身份识别；而于海明呈现的是朴实厚道、社会边缘、家庭困境等关键词，这些标签为双方的防卫之争起到导向作用。而窥视驱赶的揭示事实心态，无数网民们一遍遍回看视频，解析细节，致命的七刀，五刀发生在"纹身男"倒下爬起前，两刀发生在两者的追逐中，这个追杀成为构成防御过当的交织点。视觉的审视与细节的法律解析，促使案情向民意方完全倾斜，最后的定案可谓民心所向。这是一则典型的好奇心与窥视心驱使的视觉场域的话语呈现与表达的力量。因此，直播这种独特的媒介呈现形态正好吻合了全民视域的求新求知心理。

2. 炫耀与表演心理

美国著名社会学家戈夫曼在《日常生活中的自我呈现》一书中写到："社会成员作为表演者都渴望自己能够在观众面前塑造能被人接受的形象，所以每一个人都在社会生活的舞台上竭力表演。在人际互动中，他的兴趣始终是控制他人的行为，特别是控制他人对他的反应。"① 所谓炫耀心理是指通过展示自身比别人的某些长处从而获得满足感，是爱美心理与时髦心理的具体体现，展示者希望以自身的与众不同之处，如外貌、才艺、诗情、身体夸张、人脉、专业水准乃至具象物质的高人一筹，并伴以刺激与挑衅以表演者的态势博取眼球，炫耀中个体虚荣极度满足。直播赋予个体表演的舞台与机制，每个人可以通过自己的特色演出霸屏移动端，智能手机的即时通讯与传送同步，可以让其他人瞬时参与表演者的舞台，或围观或互动或配合生产。在直播的时空语境中，表演者与观看者之间的界限消除，而正是由于围观的群体化，表演者更能成功炫摆特技，放大事件。在直播中，表演者与围观者拥有了开通个体电视台的权限和消费节目的权力，在群体共演的机制下，个体能量被深度挖掘与释放，表演者与围观者角色常常互换，在价值同框中，以多模态话语符号，解读自身与社会。约书雅·梅洛维茨认为："对个体的交往性质起决定作用的，不是物质场地本身，而是"信息流动的模式"。电子媒介最根本的不是通过其内容来影响我们，而是通过改变社会生活的"场景地理"来产生影响。② 直播的流动性、碎片、全景同步恰当地复原了社会议题与个人生活的某个片段和亮点，使得话语的表达与消费能在同一时空随意切换，表演欲与存在感的同步引发对社会公共价值的重新审定与内容增减，每个"摄影机"可以从自身的角度解读公共议题，并极力劝服他者的认同与行为参与。对社会话题的讨论与推动是围观群体内在思考获得宣泄的方式和需求所在。因此，洞察用户的炫耀与表演心理，可以合理规范与满足需求。

---

① ［美］欧文·戈夫曼：《日常生活中的自我呈现》，黄爱华译，浙江人民出版社 1999 年版，第 1 - 17 页。

② ［美］约书雅·梅洛维茨：《消失的地域：电子媒介对社会行为的影响》，肖志军译，清华大学出版社 2002 年版，第 22 页。

3. 求同与求善心理

直播能在异域空间掀起时间同步的群体狂欢，意见交锋后形成舆论的一律性，一个很大的动因就是表演者与围观者秉承的求同心理。都希望自身的舞台展示与行为能获得更多人的赏识和认同。这种认同心理很大程度上又推动了直播围观者的从众心理，所谓从众心理即指个人受到外界人群行为的影响，而在自己的知觉、判断、认识上表现出符合于公众舆论或多数人的行为方式。表演者的从众是迎合与取悦，从选题到生产内容的全过程，必须以围观者的需求与痛点为立足点；围观者的从众心理是担心隔离舞台的内心恐惧促成的意见一致。上个世纪70年代伊丽莎白·诺依曼提出"沉默螺旋"理论，认为大多数人在用自己的态度做出选择时会有一种趋同心态，当个人意见与其所属群体或周围环境的观念发生背离时，个人会产生孤独和恐惧感。于是，放弃自己的看法，逐渐变得沉默，最后转变支持方向，与优势群体、优势意见一致。[①] 直播提倡的在现场感加深了围观者观点表达的欲望与实现的可能，人人都能发声，都希望从自己的视角，以自身的理解解析信息内容能被他者接受并得到点赞，多种意见交织于直播平台，在交锋中，主流的、占多数的意见必定会逐渐形成气势，成为一种压倒性的意见被认同并施以执行，在信息漩涡中，不同的意见被逐步弱化，并消失，沉默的螺旋由此生成。从众心理是担心被社会大众遗弃而放弃自我，其本质还是希望获得认同采取的心理规避。这种求同心理要求表演者与围观者在直播的共同画面中达成某种共识，认同由此形成。直播舞台中，每个人的角色背景不一样，主播者希望通过自己的各种符号叠加显示其与众不同，把控直播生产的节奏，调配围观者互动的节点

---

① ［德］伊丽莎白·诺尔－诺依曼：《沉默的螺旋·舆论：我们的社会皮肤》，董璐译，北京大学出版社2013年版，第5页。

与热度，获得持续关注与赞许。围观者通过积极参与场景的设置，议题高潮的推动，个体意见的表达，希望的是个体权力在虚拟世界里得到张扬，意见的趋同和采纳意味着个体价值感的认同。直播赋予生产者、参与者共识追求与达成协议的平台和实现机制，在中心多元化与赋权平等的共舞界面，能够促使多方求同与趋从实现的基础一定是能展示人性中最朴实的人格特征，从而推动议题在发酵中趋于求同。如求善心理，善心乃是人之本性，表现为对他者的爱、关怀与行动支持，在互联网的空间里表现为明显的弱势关怀与代表正义的伸张。从心理学角度来看，人的弱势倾向心理是基于现实中个人力量、主张无法完全实现，而不得已在网络中以对弱势的关怀作为善之本的心理补缺，人性中最朴实的闪光点往往能够以对事件议题的不对称的呐喊与行动支持来绽放。比如"于欢案"，一则典型的刑事诉讼，最后能以符合法律与民众心愿的方式结案，与事件过程的公开讨论和民意的趋同无不关联。在二审审理期间，法庭用图文加阶段性视频的方式，把庭审的事实细节、证据认定、控辩双方争议焦点全程网上直播，先后发布 165 条微博，有 1 亿 7000 万次点击量，庭审不仅使犯罪得到了应有的惩罚，公正得到了即时伸张，更重要的是庭审给全民上了一场生动的公开法治课，真正实现了法律效果和社会效果的有机统一。一则异域的刑事案件能激发如此大的社会反响与互动，得益于直播平台的全程开放赋予民众话语权释放的能力，在善心彰显中，议题生产者与参与者很容易达成共识。

在直播的平台里，直播内容或者活动能够帮助用户展现专业知识、专业能力，促使用户积极地参与转发分享。如果说积极参与是个人自由度的向往与话语权体现，那么乐意分享并邀请朋友参与，将自己的认同感呈点状辐射则是基于个人需求与社会需求的一种整合需要。

（二）直播用户的产品思维

从产品的角度看，直播作为特殊的融媒产品是以用户特定的心理需求满足为立足点。因此，首先需要洞察用户需求，给其做立体画像，然后将用户需要的产品功能设计能够被其感知，把产品当做功能加上服务来打造，以能够感知的特性满足来打造极致体验。

1. 突出个体自主的产品定制

用户定位是传媒创新策略制定的基点，针对个性化的用户，采取差异化的传播策略是互联网时代的必然。技术创新为内容产品私人化定制提供可能，对直播而言，视频直播技术增加了社会的流动性。一方面，以草根为主体的直播形式是对传统视频中由精英主导、组织化传播体系、报道重要事件和重大场景的传播形式的颠覆。在传统视频报道中，普通老百姓的视角与表达严重缺位。直播的出现有益于社会生活中精英文化与草根文化的多元对话，它以信息对冲的形态极大促进了社会文化的活力、阶层之间的理解和互动。另一方面，经过"文字－语音－图片/表情－短视频－直播视频"的演变过程，社交媒体时代，网络场域中人人都成为拥有"麦克风"和"摄像机"的传播者。比如，在巴黎暴恐袭击发生后，第一时间呈现到我们面前的现场视频，是来自于 Twitter 旗下的直播 Periscope，这期间巴黎地区大量的访问量导致其服务器停机。同样在火灾现场等重大事件发生时，也是网友通过直播第一时间展示现场情况、灾情变因、涉事人境况、灾难影响等。因此，直播打破了围观与参与表达的界限，扩大了人的自主性。那么，针对直播突出的个人秀场特性，主流媒体直播也应该遵循这一特定规律，展开有效产品开发。如长城网推出的《燕赵逐梦》视频产品，通过邀请网民搭乘"逐梦号""高铁列车"领取专属车票，观看"砥砺奋进，燕赵逐梦"等视频节目，以莅临其境的方式，让用户即刻观看与互动，将自己对燕赵发展的直观感受同步分享于朋友圈，个体的自我主张与主流媒体正面能量释放在直播中很好地对接。

2. 突出交互性的全民直播

与传统媒体强调"内容为王"的传播逻辑不同，在互联网时代必须基于"用户导向，参与分享"的传播理念。这种媒介与人之间的互动模式，实现了从吸引用户注意到经营用户体验的转换。直播正是最具有现场真实感的媒介形态，是人们最常见的娱乐社交手段，带来了自我表达门槛的降低和表达效果的大幅提升。全民直播正是全民参与、狂欢、互粉的最佳表达平台，全民直播平台的搭建首先是基于要找到能引发大多数用户共鸣的选题，能满足用户各种心理图谱需求，继而要有一定的策划能力与议题的掌控力，能吸引关注，热衷参与、分享的同时，推动事件走向直播组织者能预期达到的社会行动力。如 2016 年 8 月 3 日晚发生的"广州交警接力广西梧州宝宝来广东省人民医院治疗"突发事件为例，网易新闻从广州交警微博看到消息后，半小时内赶到医院，手机直播抓拍到了救护车进医院、宝宝被送进儿童重症监护病房的全过程，并采访到孩子的家长。而当广东电视台的记者摄像赶到时，孩子已经被送进病房。在这样一个突发新闻中，网易新闻凭借网络直播成为了第一家报道这一事件的媒体，当晚的点击率达到十万次。

这是一则典型的社会大众求司与求善心理得以实现的直播策划，以爱心接力的方式正面弘扬了社会主旋律。

3. 优化用户体验

所谓用户体验是他们使用产品后获得感知与感受的总和，意味着一款产品能在多大程度上满足其心理需求的层级，重叠率越高，其兴趣点越多。直播的媒介形态极大地满足了人们渴望进行自我展示以及了解他人生活的愿望，甚至是炫摆与窥视。主流媒体直播产品不仅要注重内容庄重与宏观视点，立足国家大方向、大政策，同时，还要从微观层面释放社会大众的政治热情，以接地气与代入感的方式培养社会大众的政治素养。现时代，大数据越来越多应用在各个领域，通过数据平台筛选用户青睐的信息作品，并投其所好设计、推送新产品，从而加大用户粘性已经成为直播产品设计的重要思维导向。如《人民日报》在 2017 年 2 月 19 日主办了以"全面创新、移动优先、深度融合"为主题的移动创新传播论坛。在论坛上，"人民直播"上线，它整合了党报、机关、自媒体、文体名人等资源，希望将直播作打造成平台级产品。而同一天，央视网和新华社也发布央视新闻移动网和"现场云"。央视新闻移动网整合了 37 家广电机构的资源，还专门为记者打造了移动直播系统"正直播"，"现场云"整合了中央媒体、地方媒体、机关的资源，诸多直播新产品的迭代呈现其根本点是用户需求的满足。截至 2018 年 6 月全球移动用户达到 33 亿，中国的智能手机用户达到 15 亿，位居世界第一。而移动端用户群体随时随地随意实现"在现场"的前提是不仅充当事件的当局者，更是评论家。因此，直播新闻信息从选材、生产、推送、互动、分享等层面都需要借助数据分析，以技术匹配的方式提供个性化服务。

三　主流媒体直播创新的产品逻辑

　　媒介融合的过程本身就是改革，需要激发创新活力。从舆论喉舌到传媒产品经营，主流媒体的市场化与产业化历经了多个阶段，多重思维导向。传媒产品被视为精神层面特殊产品，具有强烈的公共产品属性和外部属性。保罗·萨缪尔森在《公共支出的纯理论》中界定了公共产品，他认为纯粹的公共产品是指每个人消费这种产品不会导致别人对该种产品消费的减少。也就是说："一些商品表现出在同一时间中可使多个个体得益的特性，即它们是被共同消费的。由特定群体同时消费的物品的典型例子是国防、法律执行、广播电视，以及为控制洪水所提供的服务。"① 而外部效应（externalities）是指私人边际成本和社会边际成本之间或私人边际效益和社会边际效益之间的非一致性。某些个人或厂商的经济行为影响了其他个人或厂商，却没有为之承担应有的成本费用或没有获得应有的报酬，此时就存在外部效应。② 中国媒介产品营销的开端发轫于以《申报》《大公报》《新闻报》等为代表的民营报刊，其完全市场化的经营模式为中国媒介产品营销史开启了市场专业化、产品多元化、资本运营的积极探索之路。其后媒介产业化被历史中断，直到 20 世纪 50 年代中国传媒推行"邮发合一"，允许报社自办发行，推动媒介企业化运作，但这只是昙花一现，很快媒介市场之门被封闭。真正现代意义上的媒介产品营销是 1978 年以《人民日报》为代表的八家媒体要求政府放开政策，允许报业事业编制、企业化运作，在"双轨制"下，媒介产品营销得以实现市场试水。期间三十年变革与拓展，媒介产品经营历经了从产业化、市场化、品牌化与资本化的四个发展历程，到 21 世纪初期开始的数字化浪潮，面对用户分流，传统媒体积极向数字化转型，媒介产品营销进入数字化时代。

所谓媒介产品逻辑就是将传媒产品视为特殊的准公共产品，在考量其社会效益的同时，从经济效益的视角获取其经营绩效。主流媒体直播是传媒产品线中的新形态，其营运同样遵循产品经营法则，拥有自身独有的定位、定价、渠道与推广，也就是运用专业的内容生产能力、传播能力和影响力推送直播产品，在不断优化中满足用

---

① Paul A. Samuelson, The Pure Theory of Public Expenditure, The Review of Economics and Statistics, Vol. 36, No. 4, Nov1954, p. 387 –389.

② ［美］鲍德威·威迪逊:《公共部门经济学》，邓力平主译，中国人民大学出版社2000年版，第44页。

户需求。因此，无论是在全国"两会"上亮相的记者"钢铁侠"，还是视频、H5、二维码、VR 等多种传播形式都是直播产品不断升级的产物，主流媒体直播正逐步融合移动端、全景、VR 等为一体，积极向全媒体产品线布阵。

直播产业勃兴的根本点是以技术为先导开辟新市场，以技术升级与迭代推动主流媒体发展为全媒体。先进技术打破了传统直播的常态，让全民有了可以发声的窗口，打造了一种新的媒体传播形态与方式。新闻直播的"在现场"可以充分发挥主流媒体的两大优势：权威性与客观性，使得新闻直播能够在众多的直播产品中独占鳌头，形成新的发声通道。

四 组织创新的直播生产流程再造

直播融媒体的出现要求其生产组织结构重新调配资源，以吻合其产品特性需求。而组织创新是要全面系统地解决组织结构、运行、企业间联系等方面存在的问题，使之适应传媒发展需要。随着传统媒体对信息渠道垄断的终结，新闻聚合产品甚至智能算法都已加入新闻生产传输中，全媒体时代的"中央厨房"应运而生，它是移动互联网时代传媒组织结构再造的全新模式。以《人民日报》"中央厨房"为例，开放与包容成为其主要特色，一切皆可融合、一切皆为我用。在各项创新实践中，"中央厨房"着力打通媒体供应链上游，所有参与者在"中央厨房"物理空间平台——全媒体大厅协同作业，高效完成全媒体产品的采集、制作与发布。2016 年，《人民日报》"中央厨房"创新机制组建了一条崭新业务线——融媒体工作室，鼓励报、网、端、微采编人员按兴趣组合、项目制施工、资源嫁接、跨界生产，从而充分释放全媒体内容生产能力，这也是"中央厨房"从重大事件报道迈入常态化运行的全新尝试。工作室不仅基于《人民日报》版面原有内容进行拓展延伸，生产了音视频脱口秀、H5、图解等各类融媒作品，大大提升了选题的丰富性和内容可读性。而且改变传统媒体的报道流程，把"单链"模式变成"网状"模式，做到优质内容移动端优先发布，优化供应链流程。同时，"中央厨房"还打造了全新的直播产品——"人民日报直播厅"，只需一段代码，就可以让所有的媒体客户端连接上视频直播工具，具备直播能力，后台系统支持5路信号接入，可以使用导播台控制设置时间延迟，从而对内容进行导向把关，避免播出风险。[①] 直播作为一种新型传播形态促使传媒产业结构更加多元化，形成网状模式的新节点，通过组织结构的流程再造，推动新闻直播的全媒体化与平台共享化。

五　体制创新的直播平台新风向

制度创新是产业创新的重要维度，所谓制度创新是指在约束与影响某一特定行业发展的一系列规则上的突破与创造。融媒时代，应着眼建构基于数字信息平台、舆论互动平台、公共服务平台、个性化订制平台等为基础，以用户信息消费和传播权为主导的新的传媒运作机制，而这种运作机制又必须受制于传媒特定规制的影响。直播作为一种特殊的媒介形态，其生产与运作同样需要传媒的制度供给，制度供给的根本点是体制创新，在现行的传媒机制框架下，根据市场与媒体自身优势发力。

2013年底，北京市委宣传部决定，按照"一个平台、多点突破"的新媒体发展思路，以北京广播电视台已经形成的新媒体板块——北京网络广播电视台为基础剥离转制，与文资办共同出资组建

---

① 叶蓁蓁：《人民日报"中央厨房'有什么不一样》，http://media.people.com.cn，2017年2月23日。

北京新媒体集团。其旗下全资子公司——北京时间新闻公司作为内容生产平台和原创内容的唯一出口，以传播正能量和主流声音为己任，致力于有速度、有尺度、有深度、有温度、有角度的五度新闻生产。在此基础上，与平台级互联网企业奇虎360合作，共同推出直播平台——"北京时间"品牌，借助其庞大流量以及强大的技术和渠道分发能力，形成全新的全媒体工作系统。"北京时间"首创云记者和云媒体理念，重构新闻生产传播全链条。董事长兼CEO齐向东表示，北京时间打造了一个内容生态闭环，从内容生产到分发再到消费都可以在平台上完成。① 依靠"北京时间"的原创深度采访、多形态直播、众多的签约云记者以及地方媒体合作构建出最大的内容生产平台，提供优质的原创内容，并根据人工智能手段对内容进行个性化推荐和分发，供消费者选择，促成内容消费的完成。截至目前，"北京时间"已经达到十几亿网上活跃用户，覆盖了超过96%的中国网民。

"北京时间"的成功在某种程度上是传媒体制创新的果实，一方面坚守了主流传播阵地，集合多种传媒资源为一体，展示传统媒体强大的生产能力与资源储备。另一方面又突破既有的传媒体制局限，启动新思维、运用新方法、开发新技术、整合新能量，树立新品牌，在直播领域有所作为，成为主流媒体直播探索的标杆。

六　市场创新的人才与资本推动

全媒体时代，传统主流媒体转型的关键是人才改革，培养集采、写、编与技术融合的全媒体记者，利于新闻资源的整合，从而提高新闻采写编效率。直播载体的特殊属性对生产者的技能提出了更高

---

① 齐向东：《北京时间为媒体融合开创出一条新路》，http：//science. china. com. cn，2016年11月30日。

层面要求，不仅要掌握基本的"采、写、编、评"等技能，重要的是能熟练运用各类新技术工具，如移动载具、VR 工具、直播设备等硬件设施的掌握。同时，还需要较以往的信息生产更为敏锐的洞察力，能随时发现身边能进入现场直播的选题与典型事件人物，展开直播报道。因此，在某种程度上，直播人才的培养、孵化较之传统媒体是一种跃升。作为直播生产者的另一个重要构成—UGC（用户生产）是直播的信息构成者、参与者与评论家，如何适度培养庞大的粉丝群体转为专业的信息生产者是当前直播亟待解决的问题。综观目前，现有直播平台培养了大批"网红"群体，但他们的素质良莠不齐，主流媒体加入直播行列必须培养"网红"＋专业型的人才模式，既充分释放"网红"的规模与品牌效应，同时，又能坚守主流媒体的"三观"指导。如央视新闻移动网既提供了基于位置信息的全新新闻生产方式，鼓励全民生产，同时，又为记者量身打造了"正直播"系统，推出"直播＋网红记者"的人才观，实行两种生产模式的有效对接。

　　同时，主流媒体直播拓展是依赖技术上的媒介资源重组，大量的仪器设备需要庞大的资金支撑，而媒介组织的资金是有限的。而且直播尚没有形成清晰的盈利模式，对资本的渴求是做大直播市场不得不考虑的必要条件。目前直播的资金来源主要有三大板块：依傍母体的全资供给、部分的行政拨款和业外资本融资。其中，大部分依靠的是与民间传媒巨头的合资推动直播产业化。如 2014 年 4 月，湖北广播电视台新媒体集团与腾讯微信合作成立广州微摇软件科技公司，在湖北卫视 6 月 29 日播出《如果爱》节目中，广州微摇完成了"微信摇一摇"电视互动的全国首发，仅仅一年公司估值增长了 14 倍，为近百家卫视、地面频道提供"微信摇一摇"跨屏互动服务。目前，微摇公司已完成 A 轮融资，启动"百台计划"与"千县计划"为 100 家省市频道与 1000 家县级电视台提供跨屏互动服务，盈利前景广阔。2014 年 7 月 1 日，整合了《湖北日报》旗下新媒体方阵的荆楚网成功挂牌全国股转系统（证券代码 830836），成为全国首家登陆资本市场的省级国家级重点新闻网站，同时也为《湖北日报》媒体融合发展找到了新的资金杠杆。拥有了资本的不断输血，直播市场完成了从秀场直播、VR 直播到全景直播的全过程，从产品形态到平台升级、从内容经营到产业发展，直播正在资本的推力下逐步向产业化迈步。有数据表明，截至 2017 年国内已知直播平台有 116 个，其中 108 个项目都获得了融资，预计到 2020 年网络直播行业市场规模将有望突破 1000 亿元，在资本的推波助澜下全民直播的时代俨然已经到来。

第三节　媒介融合与融合媒体的现实

从报纸、广播、电视、PC 到手机，每一次媒体革新都深深地打上技术进步的烙印，尤其是数字化技术催生新媒体，改造传统媒体，融合全媒体。数字化、网络化使文字、图像、视频、音频等形态的媒介内容都可以转化为数字形式来传输和存储，并依托互联网在同一平台上呈现，从而模糊了不同介质之间的物理界限，统一为某一数字终端的"融合媒介"。主流媒体直播已经全面进入以移动直播布局终端时代，是其全媒体转型的又一个"风口"。移动端的特殊属性要求直播更能体现平台的交互性，呈现内容、平台、用户关联的深度融合。媒介融合的归结点是实现传统媒体和新兴媒体在内容、渠道、平台、经营、管理等方面的深度融合，着力打造一批形态多样、手段先进、具有竞争力的新型主流媒体，形成立体多样、融合发展的现代传播体系。直播正是融合了多元平台、内容聚合、虚实技术为一体的新的全媒体产品。

一　媒介融合的实质

"媒介融合"概念最早源于计算与通信系统的聚合，其后延伸到媒介领域，它是指各种媒介呈现出一体化多功能的发展趋势。从本质上讲，融合是不同技术的结合，是两种或更多种技术融合后形成的新传播技术，融合技术产生的媒介新功能远大于原先各部分的总和。早在1999年，中国学者崔保国在《技术创新与媒介变革》中就提到了媒介融合一词，但公认是蔡雯教授在2005年的《新闻传播的变化融合了什么——从美国新闻传播的变化谈起》中，将媒介融合概念引入中国。她认为融合媒介不单纯只是将不同类型的媒介聚合在一起，而是要使媒介形成"你中有我""我中有你"的合作融合关系。[①] 其后蔡雯进一步丰富了媒介融合概念，指出媒介融合是指在以数字技术、网络技术和电子通讯技术为核心的科学技术推动下，组成大媒体业的各产业组织在经济利益和社会需求的驱动下通过合作、并购和整合等手段，实现不同媒介形态的内容融合、传播渠道融合和媒介终端融合的过程。

美国西北大学李奇·高登教授则提出了"五种融合"说：1. 所有权融合，大型传媒集团拥有不同类型的媒介，实现不同类型媒介之间新闻资源与内容共享；2. 策略性融合，指所有权不同的媒介之间合作共享；3. 结构性融合，这种融合同新闻采集与分配方式有关，能够在不同类型媒介平台上进行传播；4. 信息采集融合，当今的信息采集技术与传播技术完全能保证新闻从业者以多媒体融合的新闻技能完成新闻信息采集；5. 新闻表达融合，主要指记者和编辑综合

---

① 蔡雯：《新闻传播的变化融合了什么？——从美国新闻传播的变化谈起》，《采写编》2006年第2期。

运用多媒体的、与公众互动的工具与技能完成对新闻事实的表达。李奇·高登教授从这五个层面较为全面解释了媒介融合的内涵。①

国内学者对"媒介融合"的概念，包括狭义和广义两方面。狭义的媒介融合是指将不同的媒介形态融合在一起产生质变，形成一种新的媒介形态。如电子杂志、博客新闻等。而广义的媒介融合则范围广阔，包括一切媒介及其有关要素的结合、汇聚甚至融合。不仅包括媒介形态的融合，还包括媒介功能、传播手段、所有权、组织结构等要素的融合。丁柏铨教授指出媒介融合的层面即物质层面的融合（工具层面的融合）、操作层面的融合（包括传播业务和经营业务层面的融合）和理念层面的融合（意识层面的融合）。②

综上所述，媒介融合的实质不仅是技术、业务层面上的简单相加，还是传播渠道、传播内容、组织机构等更广泛的融合。但目前来看，主流媒体的融媒发展还处在探索期，产品形态日益丰富，具有长远生命力与盈利能力的全媒体产品尚不多见。

二 媒介融合的现实取向

目前，传媒在产品、通道、组织架构上都取得一些实质性改变，但依然存在诸多问题。如孙双玉等认为，从初步建构的媒介融合组织运营看，多数只是在一定程度上具备了媒介融合的基本框架，融合的深度和广度不够，在产权融合等方面行不通。③ 庞亮等也认为相对于西方国家媒介融合的程度，目前我国的媒介融合还处在平台和

---

① Rich Gordon：The Meanings and Implication of Convergence，Digital Journalism：Emerging Media and the Changing Horizons of Journalism，New York：Rowman&Litdefield，2003，p. 57 – 73.

② 丁柏铨：《媒介融合：概念、动因及利弊》，《南京社会科学》2011 年第 11 期。

③ 孙双玉、孔庆师：《中国媒介融合的现状、表现形式与未来》，《科技与出版》2011 年第 4 期。

技术融合的阶段。① 面对如此现状，朱春阳提出，我国现有产业格局有两个层面的问题：一是技术层面；二是制度层面。二者交互作用，使得我国传统媒体融合发展十分困难。② 靖鸣、臧诚认为媒介融合会将出现以下几个变化：第一是媒体内容互相嵌入，报道形态的多媒体化；第二是媒介出现垄断组织垄断经营；第三是媒介融合催生融媒的产生，媒介化社会日益明显。③ 李燕指出媒介融合的问题是：立法缺位、政府职能不清，融合要素不同步。④ 王辰瑶对77个新闻融合案例进行了类型划分，分别对媒介拓展、组织联合、成员合作和参与式新闻等四种新闻融合类型的实践展开了再分析，认为新闻融合尚没有真正"开放"，仍处在初级探索阶段。⑤ 这些学者从宏观角度具体剖析了媒介融合进程中涉及内容、经营、立法、政策等现实取向。

三　媒介融合的路径选择

媒介融合成功与否的一个制高点是融合路径的选择与实施。胡正荣在《传统媒体与新兴媒体融合的关键与路径》中指出，目前传统媒体融合主要采取三种路径：一是坚守传统媒体不开发新媒体；二是传统媒体开始尝试发展新媒体；三是面对互联网的发展与冲击，媒体人开始改变思路，大力发展新媒体。⑥ 事实上，媒体融合的路径

---

① 庞亮、郭之恩：《进程与变迁：基于媒介融合政策视角下的观察》，《现代传播》2011年第11期。
② 朱春阳、张亮宇、杨海：《当前我国传统媒体融合发展的问题、目标与路径》，《新闻爱好者》2014年第10期。
③ 靖鸣、臧诚：《传媒批判视野下媒介融合过程中的问题与思考》，《现代传播》2011年第4期。
④ 李燕：《中国媒介融合的问题及未来》，《中国广播电视学刊》2011年第8期。
⑤ 王辰瑶：《新闻融合的创新困境－对中外77个新闻业融合案例研究的再考察》，《南京社会科学》2018年第11期。
⑥ 胡正荣：《传统媒体与新兴媒体融合的关键与路径》，《新闻与写作》2015年第5期。

可归纳为三个阶段：首先是传统媒体建立新兴媒体，然后是传统媒体与新兴媒体产生互动和初步融合，最终是传统媒体与新兴媒体达到深度融合，实现线上线下媒体融合的深度交互。基于对互联网进化路径的分析，党东耀认为媒介融合经历了以传者为核心的融合模式，到以个体为主导的融合模式，到以数据为核心的融合模式，传受融合是媒介融合的最终追求。[①] 而郭全中认为，媒介融合提出后形成了自建平台式、自建终端式、倒融合式、U 盘式生存与跟进式五条路径。[②] 这五条路径较为全面客观准确地反映了媒介融合的基本路径，对现行正在推进的媒介深度融合具有一定借鉴作用。

四　媒介融合的人才培养方式

媒体融合发展需要专业型的人才推动，孙宜君在《媒体融合环境下广播电视新闻专业人才培养的思考》中提出，人才既要掌握扎实的新闻理论和广播电视业务知识，又要掌握必要的技术技能，尤其是包罗万象的新媒体技术。如虚拟影像合成技术、数字合成技术、摄像技术等，从而更好地适应多媒体融合环境下的广播电视新闻传播的需求。[③] 余秀才认为，面对新媒体挑战，应积极探索新的教育模式，引入新媒体作为新的教学工具与手段，积极构建新一代 Web2. 0版教育。提升教师的新媒介素养，在新闻教育中形成高效的资源链接、利用与分享，并同学生共同研究信息网络以及实验不同类型的新闻组织、创作和传播。[④]

---

① 党东耀：《互联网进化路径与媒介融合模式的变迁》，《编辑之友》2015 年第 11 期。
② 郭全中：《媒体融合实践的五种路径》，《新闻与写作》2016 年第 11 期。
③ 孙宜君、刘进：《媒体融合环境下广播电视新闻专业人才培养的思考》，《现代传播》2010 年第 11 期。
④ 余秀才：《新媒体语境下新闻传播教育面临的困境与革新》，《新闻大学》2015 年第 4 期。

综上所述，媒介融合不仅需要技术为先导，"人"也是重中之重，只有媒体工作者提升自身综合素质，掌握全面知识，才能进一步更好促进媒介融合进程。

第四节　主流媒体直播融合的制度供给

传统媒体向全媒体融合与转型已经是国策大计，近年来，国家连续出台多项政策为媒体融合提供制度供给，实现其在体制内的推动与完善。如2016年国家新闻出版广电总局发布了《关于进一步加快广播电视媒体与新兴媒体融合发展的意见》，强调要把握媒体融合发展大势，增强广播电视媒体与新兴媒体深度融合的紧迫感。主流媒体直播是典型的内容、平台、技术结合的融媒产品，而且涉及传统纸媒、网络电视、商业门户网直接的融合与渗透，人人为"麦克风"与"摄像机"的赋能与赋权，使得直播意识形态功能必须始终贯穿其中，政府的制度供给在某种程度上也决定了直播融合产品的成功与否。

一　直播管理的政策

2016年12月1日起实施的《互联网直播服务管理规定》是目前直接针对直播的较为完整的法规。该规定第一次明确界定了互联网直播的定义，即"指基于互联网，以视频、音频、图文等形式向公众持续发布实时信息的活动。"此次规定在以下方面尤其需要注意：

一是网络直播准入方面。该规定首次提出了"双资质"要求，即互联网直播服务提供者和互联网直播发布者在提供互联网新闻信息服务时，都应当依法取得互联网新闻信息服务资质，并在许可范围内开展互联网新闻信息服务。因此，互联网直播平台和直播发布者都该知道并区分什么属于"新闻",什么不是"新闻"。根据《互联网新闻信息服务管理规定》规定,新闻信息是包括有关政治、经济、军事、外交等社会公共事务的报道、评论,以及有关社会突发事件的报道、评论。也就是说"新闻"基本分为三类,一是时政,二是突发事件,三是新闻评论。所以如果城里哪里突发大火,不具备相应资格的人士就不能随便直播。但像电影新书发布会、dot2直播、吃饭睡觉唱歌直播以及公司或一般行业的"新闻"可以播。该规定特殊点是双资质问题,以往只要求平台有相应的资质,发布者就可以发布了,例如网络出版服务,在微信公众平台上发文就不需要个人也有这个资质。此项规定颁布意味着在新闻领域,确定直播平台和直播发布者都必须有《互联网新闻信息服务许可证》,这就要求直播平台在前期合规时严格审查发布者资质,否则应承担责任。

二是网络表演、视听和直播三者关系有待界定。新规第六条规定:通过网络表演、网络视听节目等提供互联网直播服务的,还应当依法取得法律法规规定的相关资质。这仍然是需要厘清网络表演、视听节目和互联网直播之间的关系,如果要开展网络直播,要拿双证还是其中一证即可。2016年9月,国家新闻出版广电总局还下发了《关于加强网络视听节目直播服务管理有关问题的通知》,重申相关规定:要求网络视听节目直播机构依法开展直播服务。该通知要求的核心在于:未持有《信息网络传播视听节目许可证》的机构和个人,不得通过互联网直播间以个人网络演艺形式开展直播业务,也不得利用网络直播平台开办新闻、综艺、体育、访谈、评论等各类视听节目。

三是网络直播审核规范方面。《互联网直播服务管理规定》对直播平台提出了很高的审核要求,其第七条要求"互联网直播服务提供者应当落实主体责任,配备与服务规模相适应的专业人员,健全信息审核、信息安全管理、值班巡查、应急处置、技术保障等制度。"在系列审核义务中，有几点比较重要。

1. 进行分类管理。对图文、视频、音频等直播内容加注或播报平台标识信息，对互联网新闻信息直播及其互动内容实施先审后发管理。

2. 互联网直播服务提供者应当加强对评论、弹幕等直播互动环节的实时管理，配备相应管理人员。

3. 要具备随时"断网"的能力。即应当具备即时阻断互联网直播的技术能力。

4. 用户准入审核要求。互联网直播服务提供者应当按照"后台实名、前台自愿"的原则，对互联网直播用户进行基于移动电话号码等方式的真实身份信息认证，对互联网直播发布者进行基于身份证件、营业执照、组织机构代码证等的认证登记。

5. 用户黑名单制度。互联网直播服务提供者应当建立黑名单管理制度，对纳入黑名单的互联网直播服务使用者禁止重新注册账号，并及时向所在地省、自治区、直辖市互联网信息办公室报告。

二　网络电视的牌照政策

2008 年 1 月 31 日《互联网视听节目服务管理规定》宣布实施。此规定指出互联网视听节目服务是指制作、编辑、集成并通过互联网向公众提供视音频节目，以及为他人提供上载传播视听节目服务的活动，并提出申请互联网视听节目服务应具备的条件。目前，广电总局一共发放了两批互联网电视牌照。第一批落户于中国网络电视台（CNTV）、上海文广新闻传媒集团、浙江电视台和杭州广播电视台合资公司华数。第二批有南方传媒（优朋普乐为其提供运营支撑）、湖南电视台、中国国际广播电台（CRI）以及中央人民广播电台（CNR）。

2011 年国家广电总局发布了 181 号文件，根据该文件规定，电视盒子、智能电视等产品所提供的内容必须在 CNTV、华数、上海文广、南方传媒、湖南电视台、中国国际广播电台以及中央人民电台这 7 家国有广电系牌照商的集成播控平台上呈现，并接受上述机构的监管。与此同时，互联网电视产品也不得设有其他访问互联网的渠道。之后由于互联网电视发展迅速，不少企业未按照相关规定执行，2015 年广电发布 229 号文《关于依法严厉打击非法电视网络接收设备违法犯罪活动的通知》，此次行动严厉打击了网络电视不合法行为，明确表明了国家对网络电视牌照管理的态度。

三 纸媒直播的跨界政策

2017 年 6 月 1 日开始实施的《互联网新闻信息服务管理规定》是目前对互联网新闻信息服务的最新政策。该规定指出新闻信息，包括有关政治、经济、军事、外交等社会公共事务的报道、评论，以及有关社会突发事件的报道、评论。该规定的"许可"部分，指出申请互联网新闻信息服务许可，应当具备的相关条件，这些条件对于纸媒是安全符合的。规定第五条"通过互联网站、应用程序、论坛、博客、微博、公众账号、即时通信工具、网络直播等形式向社会公众提供互联网新闻信息服务，应当取得互联网新闻信息服务许可，禁止未经许可或超越许可范围开展互联网新闻信息服务活动。"可以说，此项规定在某种程度是提高了网络新闻信息服务的门槛，有利于规范当前市场上小机构以及个人行为。而这一切都有利于纸媒进军直播市场，因为纸媒资质的符合要求，组织结构较为稳定，其奉行的职业道德标准能使其在一个法律法规日益完善的市场立足。

第五节　作为特殊融媒产品的直播

主流媒体直播作为一种特殊的融媒产品已经完成了从 PC 端到移动端的布局，各种新型的技术手段促成了直播产品的更新升级，其后推动的是不断提升的用户满足与需求。据艾瑞咨询 2017 年发布的报告称，接近 50% 的网民表示收看过在线直播，从观看内容看，娱乐化的直播内容最受欢迎。"90 后"和"95 后"成为了直播的主力军，直播时间以及观看时间的共同活跃峰值均在晚上 8 点左右。接近 40% 用户的观看时长在 20 分钟以上，且二三四线城市的观众更容易打赏。通过用户参与与付费，凝聚了庞大的资本力量，促成了直播产品与产品之间、产品与平台之间、产品与市场之间的不断完善。①

一　边界消解的产品融合

主流媒体直播探索的立足点是借助技术力量张大自身的权威性与重大性，因此，内容品质始终是第一位。生产、提供、分享能反映当下国家大事、社会热点、民众呼声的信息资讯是媒体的责任所在，也是新闻专业主义的必然选择。直播是平台与窗口，也是主流媒体移动端的舆论高点，承担普及社会大众政治认同与使命的重责。它从社会传播和人际传播两个层面，以微内容方式、口语化、生活化的特质，更广泛地展现社会大众生活，加强了社会大众自我表达和维系情感的需求，同时也创造了沟通交流的生活化情景。主流媒体直播端口的建设一方面需要展示自己的内容价值，另一方面还需

---

① 《2018 年中国网络直播营销市场研究报告》，https：//www. sohu. com，2018 年 4 月 8 日。

要成为共通的信息平台，与各级党媒形成合力，通过"双点落地"实现媒体间渠道的融合。新华社的"现场云"是基于现场新闻的技术平台向全国新闻媒体开放功能应用，提供"一站式"整体解决方案。目前，新华社已经完成"现场云"采集 APP 的技术开发，只需在手机上一键安装，媒体记者就能瞬间拥有这一全息直播报道的利器。"现场云"产品可在媒体用户自有终端和新华社客户端双向落地，媒体用户发起的现场新闻既可在自有终端展示，也可进入新华社客户端同题的现场新闻。这意味着地方媒体报道资源可直接进入国家通讯社的传播平台，大大提升报道传播力和影响力。边界消解的产品融合可以将国家大事与本地民生事件很好地在平台端口对接，以大事件吸引用户关注，以民生贴近与地域特色留住用户持续关注与参与。

开放和共享是融媒时代的典型特征，通过各种资源融合，超越媒体边界，实现传播效果最大化，主流媒体直播探索更是融媒产品积极与互联网资源共享的结晶。如"人民直播"由《人民日报》新媒体中心与新浪微博、"一直播"合作建设，目前已有百余家媒体机构、政府机构、知名自媒体、名人明星等首批加入"人民直播"平台。还有北京电视台与 360 公司进行深度合作，共同打造移动互联网环境下的视频直播平台，融合双方内容和技术的优势，构建用户视频内容的入口级平台，合力打造"北京时间"。现在"北京时间"已与《中国青年报》、扬州广电、徐州广电、武汉广电等展开各种形式的融合发展。资源效应化的强强联手能在最大程度、最快时间上促进了传统媒体的转型，促成新型主流媒体的形成，突破了媒体自身的能力极限，实现了媒体功能的最大发挥。

二 交互关系的融合

随着技术因素越来越多地应用到新闻直播中，它改变了用户与现场的新型关系，新技术可以从不同方面推动用户在新闻事件中的"临场感"或"进入感"。创造当事人与观看者的面对面感，或将当事人体验传递给观看者。"在现场"是新闻生产中重要的核心概念，主流媒体直播在某种程度上改变了原有的"在现场"定义，实现直播的泛资讯化，将任何能产生公共价值的事件都纳入直播的选题中。用户参与传统的资讯互动，通常只能够在某一篇文章下发表自己的观点，然后有了回复之后再去看，这种异步尽管能够创造大量的UGC，但用户并没有获得即时参与的感受。相比之下，主流媒体的资讯直播显现出新优势，用户每一次参与发言完毕都能在瞬间被其他无数在线用户瞬时看到，并可能得到及时回应，这种弹幕式参与为用户创造了全新的即时体验，丰富了"在现场"的内涵，以场景化、强互动、瞬时化的现场传播实现政治议题的公共化和民意的对等传播。

VR直播的出现是技术与平台融合的创新之举，缔结了新型的传播关系，因而被更多应用在主流媒体的直播探索中。如光明网、中国经济网、中央人民广播电台等媒体在"两会"期间纷纷推出VR新闻报道，全方位地展示现场全景，让用户在三维空间里直接"到达"现场，360度沉浸于现场，而不是由媒体用二维平面"再现"现场，这意味着"你所见即是你所得"。用户的互动可能会影响直播的进程，他们可依据自己的主观视角，从现场发现更多的个人兴趣点，其对于现场的理解与认知，也是基于他们从现场观察中所获得的信息。

因此，媒体融合改变了主流媒体与用户间的关系，多种资源的合作形成了强大的矩阵，能更好地主导社会舆论，贴近党民关系。

三　终端渗透的融合

随着移动互联网成为社会主流的消息接受服务器，越来越多的主流媒体将直播的中心聚焦在移动直播，以立足新闻资讯凸显自身独特的价值点。所谓移动直播是新闻生产者通过直播应用，实时制作并同步播出多媒体格式的声像和影像，为用户提供全方位、身临其境的新闻视听体验，满足其在移动终端设备上随时随地观看新闻现场直播。所以，移动直播产品在本质上是直播内容在移动平台上的融合体现，也是一种终端渗透。与传统电视台直播不同，移动客户端的新闻直播能够在视频之外增加更多信息形式，例如图片、文字、图表，还能以信息流方式不断更新事态进展，并且辅以 VR、H5、弹幕等技术功能。2018 年 3 月全国"两会"期间，主流媒体竞相在移动传播、移动视频、微视频、短视频直播上发力，坚持移动优先、传播快速原则，第一时间向移动端供稿。用户只要扫描主流媒体客户端二维码即可进入移动直播画面屏幕，直接与大会设立的"党代表通道"面对面、与新闻记者"零距离"，直接询问社会普遍关心的话题，第一时间掌握最新消息，从而为网民提供一个更加生动立体、形象直观的全国"两会"盛况。主流媒体将热点新闻与直播形态相结合更符合用户在碎片化时间获取新闻资讯的需求。如"北京时间"独家报道《看真实的世界》，记者们奔赴广阔的真实新闻现场，直播报道盐城的龙卷风、邢台的大雨和洪灾、甘肃白银的杀人案、浙江宁波动物园的"老虎吃人"事件、安徽铜陵的化工厂爆炸等。通过第一现场的直接呈现，唤起用户融入事件现场中，以临场感、镜头感、参与感展示新闻的本质，通过融媒间的终端渗透，凸显主流媒体在新闻资讯领域的权威性与重要性。

移动端直播增强了用户看新闻时的互动感，在一定层面上满足了用户随时随地随意参与信息生产与发布的全过程，对重大事件与社会议题的讨论可以释放其政治热情，培养国民政治素养。

四　技术落地的多点融合

当下，技术推动直播进入全景时代，所谓全景（panorama）来源于希腊语，它的意思是"都能看见"。从广义上讲，360度全景是基于图像处理的虚拟漫游，也叫虚拟现实全景。360度全景是一种基于图像的虚拟现实技术，它用真实的照片得到三维立体的感觉，这是一般图片和三维建模都无法实现的，让观者犹如身临其境。所谓全景直播是以多点发起、同步推进、多维视角为主要特征，用镜头将用户零距离置于事发现场，使其成为每一件重大新闻事件的深度卷入者，以技术魅力直击360度无死角现场。全景早已在主流媒体的新闻报道中广泛应用。如李克强总理在"双创周"与群众进行的VR全景自拍，这样的形式不仅增加了互动的趣味性，也增强了用户的临场代入感。"北京时间"在G20峰会报道中，突破媒体想象空间以多点同步直播为特征的多视角、立体化全景直播，成为媒体业界公认的一种现象级报道模式。2016年全景直播进入"两会"，腾讯新闻携手《新京报》为千万网友呈现了一场别开生面的"两会"大直播——全景"两会"。据腾讯后台统计数据显示，历时半个月的全景直播堪称史上最强的"两会"直播项目。从3月1日至3月16日腾讯新闻直播专题收获播放量超6000万次，仅在3月6日首个"开放日"直播中，全天播放量超过400万次。2017年全国"两会"期间，"北京时间"开启全景直播报道模式，以不同形态的报道内容同步呈现在其专题页《定力·中国》和合作媒体的相关页面或版面上，提升了"两会"报道的传播效果。同时，集中精锐力量在新闻短视频上探索，制作各类短视频128部，几乎达到了各媒体"两会"短视频总量的近三分之一。在"神舟十一号"和"长征五号"发射全景直播中，"北京时间"独家现场直播"神十一"发射、独家策划的直击宇航服 3D 打印技术、独家专访景海鹏父母、杨利伟等六大独家亮点展示其独特的原创直播报道能力，40 多场现场直播与演播室直播相结合形成的全景直播赢得同题材全网流量第一的成绩。全景直播给用户带来的现场感超越了传统电视直播的线性模式，克服了互联网平台上用户生产的零星信息所带来的碎片感，全方位事件报道给予用户全景带入感，以技术落地的方式实现多点融合。

总之，直播带来的不仅是产品形态创新，更是一种组织结构的重新组合，是传媒深层次融合的现实表达。创新是一个产业兴旺发达的不竭动力，能确保传媒产业永葆活力，提升自身竞争力，主流媒体的融合发展需要传媒产业提高创新力。

第三章 主流纸媒直播的全媒体突破

网络直播在形态上经历了从文字、图片、视频到全景,内容经历了从政治主张宣讲到政治大众化普及,不断以创新开拓全媒体市场。主流纸媒开辟直播市场,推出直播产品本质上是一种跨界融合,是纸质媒体向移动互联网转型与拓展的全新突破。本章节重点探讨以"人民直播"代表的央级纸媒和以《新京报》等代表的地方纸媒直播探索的理念、生产特点、运作机制等,并运用话语理论为研究手段探寻其中典型案例,以分析其话语传播实践机制。

第一节 作为转型突破的全媒体直播

2018年6月6日,全国50多家主流媒体齐聚郑州深入探讨主流媒体如何创新移动传播,共同推动深度融合发展之路,两个基本共识就是:移动化与视频化。直播作为一种实时性、互动性显著的传播形态,紧密地将用户与内容交互在一起,用户本身也是内容生产的重要组成,其中主播承担着主要角色,可以自我生产内容与展示,主流纸媒的直播转型既要求在内容上突破原有的生产机制,又要求在形态上超越载体束缚。

一 主流纸媒直播转型的理念突破

2015 年中国主流纸媒开始零星试水直播，2016 年以央视新闻为标志进入直播元年，2017 年 2 月 19 日，《人民日报》与微博、"一直播"共同推出的全国移动直播平台上线，用实际行动指明了直播行业的转型方向。短短几年时间里，主流纸媒直播经历了从起步到流量竞争到内容取胜，再到商业模式探索的全过程。直播与视频化已成为中央与地方各级党媒向移动化、场景化转型与突破的新领域。

（一）布局"微直播"，纸媒渠道延伸的开启

纸媒与直播看似不搭界的两种传播介质，一个以文字为主打，辅以图片，以静态的符号语言，浓缩事实形成短平快的陈述，或者以浓厚的背景资源支撑深入洞察事实背后的逻辑关联，揭示事实的真相。是一种客观主导、陈述式的静态符号传播，通常要求传播者处于中立地位，秉承事实为王的原则，洞悉新闻，反映社会实情。而直播则是传播者为核心，允许其主观发挥，运用视觉、动漫、游戏等动态符号，融入当事者肢体符号、面部表情，以动态的、实时同步还原现场事实，以"在现场""带入感"让用户自己接近事实，以自身的理解，洞察真相。所以，直播的媒介形态与传播方式基本上是对传统纸媒的颠覆。在某种程度上，纸媒向直播的靠拢与选择不仅是一种"跨界"之举，更是一场从传播者、传播内容、传播渠道、传播对象的自我挑战，其释放的信号是纸媒向互联网的延伸与拓展，实现全媒体转型与升级，夯实竞争力。

纸媒对直播的介入起步于"微直播"，即微博直播。2010 年始，中央级官媒对"两会"、博鳌论坛、电影节等重大活动及事件以文字、图片、视频等多种形式，通过手机、笔记本电脑或者 IPad、IPhone 等各种移动终端实现现场直播。2013 年夏季达沃斯期间，

《大连日报》首次尝试了"达沃斯微直播"——"你准备好了么?"是传统媒体试水直播的有益探索。2016年12月28日对湖北纸媒是一个尤其值得记忆的时刻,武汉地铁6号线、机场线、雄楚大街BRT通车、天河机场T3航站楼基本建成、世界级东湖绿道开通、百年中山大道改造后重新开街。这六大事件吸引了《湖北日报》荆楚网、广播台、电视台、长江云、《楚天都市报》《长江日报》《武汉晚报》《武汉晨报》等媒体纷纷加入直播大战。《长江日报》是首次大规模实践视频直播,共派出10路30位记者,分别通过今日头条、新浪微博"一直播"、斗鱼、长江网等平台,对六大工程进行了直播。与此同时,还用多个版面对直播情况进行了大篇幅报道。

在起步阶段,纸媒直播呈现的特征是:(1)在内容上:基本围绕政治事件如"两会"议题、政府重大事件、社会重大项目建设展开等展开直播,以重大性与重要性作为直播选择的价值准则,突出国家利益需要。(2)在平台上:通常集中在微博端口与第三方流量聚集的网络平台如网易、斗鱼等,自我直播通道尚没有完全开启。(3)在形式上:基本是处于与纸媒相互呼应,以可视化展示信息供传统媒体深度挖掘与剖析。

总之,以"微直播"代表的起步阶段直播量少、形式较为单一,用户影响力还待提升,但对纸媒困境突破的意义超越其产品表现。

(二)以质量获取流量:纸媒直播回归价值本

纸媒开拓直播市场是希望以新的技术形式吸引被分流的核心群体,吸纳伴随读图时代长大的、以自媒体为生活轴心的"新新人类"。传统的文字、图片被视频、动作取代,用户的视野不再停留静态的版面,他们需要点击、互动体现存在感与主体性。在移动互联网时代,人人都是Web端的小"Cookie",以流量折射自身的喜好与偏重,从而在互联网上形成一个个节点,打通现实与虚拟的边界。

直播主导下，纸媒的传播效果衡量已从崇尚阅读率、传阅率转向流量获取。流量（traffic）包括两层含义：一是用户点击、打开、停留网页的时间；二是用户愿意为自身喜爱的互联网产品支付的货币支出而得到的使用时间。在当下，绝大多数互联网产品都是免费的，用户支付的只是时间与关注成本。在直播产品中，流量意味着有用户的点击率与跳出率的关系，点击率代表着用户对直播产品的兴趣点、偏好与好奇心。跳出率则是指用户对直播产品内容信息是否认同的选择，它是通过用户停留网页时间的长短度量。与传统媒体的订阅率衡量传播效果与影响力的价值标准不同，流量是变动的，与用户能否参与、持续热度升温、是否有态度的形成直接相关。它是通过点击、回应、参与来实现流量贡献。与传统纸媒依靠信息质量作为评判新闻价值的标准不同，直播流量获取依靠的是议题选择，经过策划确定选题，选择直播方式，厘定直播环节，控制直播风险等完成直播生产的全过程。议题的确定标准不再是信息本身的重大性、及时性、新鲜性等，很大程度上取决于用户兴趣，能否引起信息生产者与消费者之间的共鸣与认同。如2016年荆楚网报道的"煎饼姐"直播，全程直播了一个以卖煎饼维系全家生计的弱势群体形象，引起极高点击率与话题延伸，很多观看者从线上参与到线下实际体验"煎饼姐"生活到展开积极援助，在帮助他者的过程呈现人性的善良与社会柔情，直播信息生产过程从推送、参与到问题落地，用户参与完成整个流程。

以订阅转向流量都是注意力变化的表征，但存在实质性差异，那就是用户需求向度的转移。直播消解了传授边界、融通了平台节点，发酵与放大事件后续过程，信息不再只是止步于被用户接纳与态度改变，直播以时空消解将事件发生与使用的同步，以体现现场感与代入感的视觉化、动态化的符号编码冲击用户信息感应层，以直播议题的直观与全景呈现直击用户的社会责任痛点。对直播而言，系统化的议题策划与团队组织是流量保证的基础，而纸媒的价值点是强大的信息生产能力与优质的信息质量，这为纸媒开展直播解决了关键的流量锁定。如 2016 年跨年之际，《大河报》直播团十多位记者从 2016 年 12 月 31 日下午 3 时至 2017 年 1 月 1 日凌晨 1 点多，连续 9 个多小时直播不停，穿越"两年"时光、横跨郑州至洛阳 100 多公里。据统计，"跨年直播"《大河报》官方微博、微信、客户端共有 32 万次播放量，收获了 6 万多个点赞。创造了《大河报》连续直播时长最长纪录，也是其首次推出的"跨年直播"。因此，直播通过其原创团队、优质的内容生产能力爆发出惊人的能量，扩宽了纸媒的视野，满足了用户的多点需求。

二　跨界聚合的平台突破

主流媒体直播开拓的本质是一种"跨界"探索，传统媒体试水做直播、做视频，某种意义上是革自己的命。《河南日报》王自合说，试水中碰到的困难前所未有，痛点也非常明显，包括技术思维缺乏、市场发育的畸形、投入和产出失衡等困难。[①] 移动互联网时代，传统纸媒最大的挑战来自受自身时空传播的制约，固定的生产时间、固定的版面、固定的消费场域、固定的阅读方式与群体，无法满足信息快消时代，变动的、瞬间位移的、参与的、共享的信息需求。从 2008 年"中国数字化报业实验室"成立，十七家主流报业参与标志着中国报业正式启动数字化战略。十年的时间里，中国报业经历了报纸网络版，获得信息渠道延伸；开通手机报，与终端的融合；布局移动矩阵，以"两微一端"抢滩社交媒体与自媒体阵地。

[①]　王自合：《传统媒体要做视频和直播平台的一股清流》，http://baijiahao.baidu.com，2018 年 6 月 9 日。

在内容形式上，传统纸媒早已突破文字、图片的局限，逐步向视频、音频、动漫、H5、GIT 等传播符号的依次递进与融会贯通。而直播相对于传统纸媒其他的新媒体的优势是：新闻与生产的同步和不可分割、网红型记者与网民参与的同步和角色转化；现场感与背景挖掘的同步和详实互补；信息厚度与口语风格的粘合和不可取代；直观性与可视化的渗透与多元组合；多平台的同步与异域扩散；地方性与垂直化的信息交互等等。直播正以其独特的价值属性成为主流媒体全媒体转型融合的新的突破口，但是它同样也给传统纸媒带来新的挑战。

三 新闻生产机制突破：信息本位的真相到"在现场"的真相

所谓真相是传媒追寻的终极目的，是对事件本源的厘清与复原，信息快消促使我们进入"后真相"时代，"后真相"最根本的变化是：辨别真假的责任更多地落到了我们每个人的肩上。我们正成为自己的编辑、自己的把关人、自己的新闻聚合器，这一巨变在某种程度上重新界定了公民权的内涵。移动互联网时代，新闻变得随处可得，久而久之，人们习惯于拥有新闻选择权，我们面临的问题是：掌握新工具和选择权后，我们该如何辨别哪些信息值得信赖？比尔·科瓦奇、罗森丝蒂尔主张，应该秉承怀疑性认知方法，鉴别新闻报道的好坏、辨别什么是随身携带的无知，什么是办事员风格，把新闻报道与空话区别开来。[①] 传统媒体最大的资源是强大的信息生产能力与数据库资源，专业主义孵化下的专业、专职的信息生产者。传统的新闻生产理念是在纸媒定位主导下，在编辑方针指导下，根据事实能否成为新闻的价值标准：重大性、及时性、新鲜性、接近

---

① ［美］比尔·科瓦奇、汤姆·罗森丝蒂尔：《真相》，陆佳怡、孙志刚、刘海龙译，中国人民大学出版社 2014 年版，第 8－25 页。

性与娱乐性来选择适合自身媒介特质的信息，这种取向是信息本位的价值选择，以是否能成为新闻作为价值向度。这种生产理念的利好是尊重客观事实标准，通过把关人的承诺与筛选，将他们认为有价值的信息实施加工与推送，在少许的反馈与互动中，完成整个生产流程。移动互联网时代，传播的角色早已从单向度、自我封闭的"我说"到参与性的"他说"到全民化的"一起说"，传播学范式的转移要求传播内容生产主体的多元化与可接近性。单一专业生产者"自说"揭示的真相已经无法让全民化的集体生产者信服与满足，走近现场、参与现场、眼见为实的信息图景取代人为加工的信息取舍。直播臆造的在现场、零距离、可视化传播呈现正好对接了"一起说"的共需表达，传统纸媒的有图有真相不得不让位于有直播有真相。

这种新闻理念的转移首当其冲表现在直播生产新闻题材的选择上，传者兴趣变为大家兴趣，直播呈现的新闻素材一定具有某种观赏性与话题延伸性，便于参与讨论和持续跟踪。具体表现在：

（一）选材的观赏性与文本的舞台化

由于直播的信息推送与生产同步进行，因此，会蛰伏很多风险与不确定性，相比以前的"写一段文字""拍一组图片"，现在视频报道的意识，特别是直播的意识在强化，生产者必须随时思考选择的新闻有没有拍摄视频直播的价值和可能。议题的观赏性尤其重要，它意味着生活的贴近与场景的相似，能否吸引观众点击并积极参与其中的新闻跟踪。而文本的舞台化是指直播脚本的设计必须针对镜头语言的一镜到底，考虑到介入、语言资源、视觉资源、声音资源的多模态协同，符合舞台展示的需要与完美配合。以《新京报》"两会"直播为例，直播组提前准备了几十页的脚本和预案，每一场直播事先制定周密详细的计划，包括直播开始时间、安排几个直播机位、明确到每一个时间点和每一个人，直播什么内容、画面如何切换调度等。直播前，前方记者和后方编导团队一起反复讨论推演，制定备选预案，有的还提前到现场去勘察踩点。在直播过程中，后方编导和审核团队，随时监看后台，遥控指挥前方记者，调度视频画面。同时，设备采购问题，直播设备的性价比及如何配置，信号传输问题，测算直播一天需要多少流量，哪个运营商的无线信号更加稳定。直播设备的电池续航能力问题，手机拍摄和直播云台的电池能持续多长时间直播。视频画面和声音质量问题，如何在移动拍摄中保持画面平衡、不抖动，用什么话筒收音效果更好。把这些问题梳理出来后，做了非常充分的评估和预案，并逐一讨论商定解决方案。前方 20 名一线记者，其后拥有近 50 名人员的后备团队。实现了视频直播、即时快讯、高端访谈、热点专题、纵深解读、数据新闻等全媒体整合，在《新京报》及腾讯新闻的各个平台上，累计播放点击量达到过亿次。①

（二）生产者的个人魅力与文风的接地气

传统纸媒的生产机制是根据信息内容类别分为不同的报道组别，各自对应所属的信息源端口。而直播不同，它需要团队合作，打破了传统的信息类别，以机动项目组的方式实施直播生产。直播中有一个重要的信息生产者是直播者，直播者自身的个人魅力、品牌影响力、对直播议题的敏感性、对用户参与感的捕捉都会影响传播效果，直播生产的过程更复杂，"网红"记者就是适应直播生产的一大特色。以《浙江日报》直播为例，通过"网红"记者展示自身生活场景，制造"在现场"的直播氛围，打通生产者与传播者的平台界限。如帅气小鲜肉吉他独奏，与著名歌王杨宗纬远程连线讨论音乐；成熟型男一边做菜一边讲述自己在地震采访中的感受；网络上小有

---

① 《纸媒也玩视频直播！新京报在下一盘多大的棋？》，http：//www. a – site. cn/article/144996. html，2016 年 5 月 5 日。

名气的摄影师首次露脸，直播自己在街头拍下一幕幕动人瞬间的场景等。镜头前，主播们还为观众送出了提前准备好的互动礼物等都是浙报集团"网红"记者们的直播景象。在时长9个小时的直播里，共计17名"网红"记者通过直播镜头展现了自己的工作场景。事实证明，他们的影响力不容小觑。当日观看直播的人次达到48万，也给浙江新闻客户端带来了新增用户同比提升56%的成绩。[①] 无独有偶，南方报业传媒集团启动了一个名为"南方名记培育工程"的项目，项目的目标是培养一批具有新媒体采编运营能力的全媒型专家型生力军，打造新媒体时代的主流媒体"网红"。这些"网红"名记凭借自身的人格魅力与才情，结合特定的工作场景，通常以第二人称的表述手法，紧跟时代臆造的种种流行语如"撸串""大虾"等频频出自直播。将既往高端的传递式文风转化为日常场景化的群体脚本，以生活化的台词镶嵌其口，将观众拉入到事件场景中，增强事件与议题的契合度。

"如今当记者，不光要拿得起笔杆，还得玩得溜自拍杆，有颜值、有素质、有气质！"这番写照可以说是对当下纸媒直播生产的时代呼应。

四　内容与平台交融的商业模式突破

随着绝大部分纸媒迈向移动端，布局直播平台，完成内容立世，开发多层产品，满足多元需求，直播定位指导下的商业模式确立成为现实问题。以"人民直播"代表的央级党媒直播依靠的是政府强力支持，自身品牌权威性与多年积累的公信力，成为自身直播平台的典范，同时也积极与第三方平台合作，实现内容信息的多端口同

---

① 《浙报17个网红记者连续9小时高能直播！》，http://www.sohu.com/a/118494746_114826，2016年11月9日。

步，最大化释放其影响力。一种是以《新京报》"我们直播"为代表的介于体制内与体制外合作模式的纸媒直播，他们与腾讯合将资本、平台、技术、生产资源进行优化组合，定位是"只做新闻，不做其他"。渗透传统纸媒思维观的"我们直播"并没有放弃传统的新闻报道流程制作，只不过在过程中加入了直播的元素。从华北暴雨到新宫火灾；从北京疯狗伤人事件到蔡甸监狱雷军逃脱案等，这些直播可以直接从腾讯新闻客户端上收看，经过剪辑的新闻视频同时在腾讯的多个渠道上分发。还有一种是以"梨视频"代表的体制外的直播开拓，2016 年 11 月 3 日，原东方早报社长、澎湃 CEO 邱兵的创业项目"梨视频"APP 正式亮相，定位于资讯短视频，上线两周就成爆款。"梨视频"的投资方是由黎瑞刚执掌的华人文化产业基金，融资金额近 1 亿美元，截至 2016 年 11 月项目团队已近 300人，仅技术人员就有大约 50 名，此外，还有遍及全国每个区域和国外 520 多个城市的 3100 多名拍客队伍。为了提高内容生产的效率，邱兵还在美国寻找技术合作，引进智能化的视频剪刀手。

与体制内纸媒融合转型的直播不同，"梨视频"是在资本的强推力下，以专业化的直播团队、直播技术面向大众市场。虽然他们的定位与运作模式不同，但相同处就是懂内容、做内容，做好专业性内容。体制内的直播定位是以内容带动平台，内容是核心，商业模式建立在优质内容分发上。体制外的直播形态定位就是做平台，先把自己做大，烧钱使自己成为平台级产品，进入行业前几名，再上市募集市场资金，通过规模化生产形成良性循环，实现影响力变现。但不管何种定位模式，目前纸媒直播几乎都看不到赢利的曙光。

第二节　主流纸媒直播的产品布局与生产方式

纸媒直播突破的重点是引导主流媒体完成从"相加"到"相

融"的转变。移动互联网已经是传媒话语的主要生成地与传播中心，直播也从 PC 端转向移动端，直播场景的变化与用户需求的更新，要求纸媒在生产流程与组织结构做出相应地调适。

一 央级纸媒直播的生产方式洞察

2017 年 2 月 19 日"人民直播"上线，聚拢全国各类媒体，致力于做一个视频直播平台。新闻报道视频化带来的是工作模式、思维方式的转变，做到移动端优先、"先网后报"。相对传统的"写一段文字""拍一组图片"，视频报道需要思考选题是否具有直播的价值和可能，能否引起同向度的共鸣。从静态的"点、线、面"式传统生产方式到视觉主导"瞬时图像、同步传声、动态交互"的直播生产，不仅是思维定势的转移，也是生产模式的一种颠覆。不同的纸媒根据自身定位与资源优势，推行不同的生产方式，展示各自特色。

（一）"人民直播"的原内容生产方式

作为中国纸媒翘首的《人民日报》是最早转型进入直播市场的央级媒体，其影响力、公信力、品牌力背后支持的是优势的政策资源、人力资源与信息数据源，原创内容生产是其主要特色。"人民直播"内容生产主要有两大板块组成：记者原创与用户原创。在用户原创上注重平台分享机制的提供，不仅免费为用户提供技术支持、云存储和带宽支持及分发服务等，同时也希望用户能够提供原创的优质内容。用户可以在"人民直播"平台上自行创建直播内容，这些内容不仅会在《人民日报》新媒体的相关页面上呈现，也会在微博、"一直播"等平台进行展播。更甚之，用户还可以通过平台获取其他成员可供分享的直播内容，并通过内容分发获取一定收益。

"人民直播"的定位非常明确：内容与平台。前者是"人民直播"作为央级党媒的使命所在，发挥主流媒体高屋建瓴的作用。后者是"人民直播"优势资源与政策倾向的推动所为，搭建一个视频直播平台，把全国的媒体都聚拢进来，让视频直播往平台方向发展。"人民直播"双轨并行是一种机遇也是挑战，目标的实现需要强力的组织架构支撑，内容层面的实现依傍的是"中央厨房"的顶层设计。"中央厨房"组织架构率先在《人民日报》传媒组织中运营，在整体架构中，总编调度中心是指挥中枢，是策、采、编、发行网络的核心层，负责宣传任务统筹、重大选题策划、采访力量指挥。采编联动平台是常设运行机构，由采访中心、编辑中心和技术中心组成，负责执行指令、收集需求反馈，进行全媒体新闻产品的生产加工，所有产品直接进入后台新闻稿库。报社总编室、人民网总编室、新媒体中心总编室主要负责从稿库取用稿件，这些稿件既可作为成品直接发布，也可作为素材进行二次加工，所有产品在社交媒体首发后，再向国内外合作媒体推广。目前，《人民日报》"中央厨房"供18个语种的新闻产品，向全球500家主流媒体在新闻网站供稿。①

在平台层面的实现，依靠的是《人民日报》"四跨"＋"五支持"，所谓"四跨"即允许记者编辑跨部门、跨媒体、跨地域和跨专业组织直播项目组。所谓"五支持"是"中央厨房"作为孵化器，负责提供资金、技术、推广、运营、经营等五方面支持。② 技术体系全面开放，意味着"人民直播"搭建了全网通平台，可以按照各个媒体的需求完成产品交付。

作为平台层面的"人民直播"旨在聚拢全国的各类媒体，让视频直播往平台方向发展，使其成为视频直播聚合的大平台，实现视频内容的共享化。因此，其内容来源是丰富多样的，有自产内容、

---

① 赵新乐：《"50天"如何建成中央厨房？——人民日报社的实践带来启迪》，《中国新闻出版广电报》2017年5月2日。

② 张旸：《人民日报"中央厨房"构建行业新生态》，《青年记者》2017年第7期。

其他媒体的视频内容、自媒体用户的视频内容，属于 OGC（原创内容）＋UGC（用户生产内容）＋PGC（专业生产内容）相结合的内容生产模式。"人民直播"免费为用户提供技术支持、云存储和带宽支持及分发服务等，同时用户能够提供原创的优质内容。可以在"人民直播"平台上自行创建直播内容，而这些内容又会在《人民日报》新媒体的相关页面上呈现，并会在微博、一直播等平台同时展播。顶层设计的合理优化和资源优势的聚合化促成"人民直播"成为《人民日报》新媒体矩阵中的坚实力量。

（二）新华社"现场新闻"虚实结合的生产方式

2014 年 6 月 1 日新华社新闻客户端上线，是首家上线的主流媒体新闻客户端。2016 年 2 月 29 日发布了它的 3.0 版本，新开设了国际、财经、军事、体育、社会、科技、图片、视频等多个新闻频道，秉承"现场新闻"理念，以"加快构建舆论引导新格局"的责任和担当创新新闻样式，转型实现在线生产、在线编辑、在线分发和在线阅读，打造兼具文、图、音频和直播视频的"全息"新闻产品。"现场新闻"就是将"虚拟现实"技术与客户端匹配，使用户感官全面接入新闻现场，从单纯的"看"与"听"到"体验"与"沉浸"，其后是技术力量的展示。视频直播云终端、平衡车、VR、无人机、直播云镜头等应用到直播生产中，从传播主体到传播源到渠道形成颠覆之力。①

在直播中，新华社多路记者在同一时间、以不同视角对同一事件展开直播报道，综合运用视频、文字、图片、音频等多种直播形式还原现场，并在同一页面集成展示，使多媒体报道变成全媒体融合报道。2017 年 2 月 19 日，新华社正式启动"现场云"全国服务平

---

① 《新华社客户端推出崭新新闻样式"现场新闻"跃然"指"上》，http://www.xinhuanet.com/politics，2016 年 2 月 29 日。

台,旨在与国内媒体共享成熟的"现场新闻"直播产品,为国内媒体提供融合发展新平台。包含中央媒体、地方媒体、地方党政机关在内的首批 102 家机构同步入驻该平台。通过"现场云"系统,记者只需一部手机就可实现素材采集和同步回传,后方编辑部可实时进行在线编辑和播发,从而极大地增强报道的全时性和即时性。

(三)《光明日报》"沙龙定制式"互动生产方式

《光明日报》作为中国三大官媒之一,是通过对重大事件的陈述开启直播之门。在 2016 年"两会"期间推出了全景看"两会""炫融直播""微沙龙"等融媒体产品。对政协开幕会、人大开幕会和总理记者会进行了"炫融直播",在直播中,主持人坐镇后方演播室,根据节目进展随时与前方记者连线,介绍现场情况,进行实时点评。整个连线过程,没有转播车、没有卫星传输,甚至没有摄像机,是记者通过定制的"光明可视"APP 完成。"微沙龙"则是另一种直播模式,每场微沙龙主持人根据事先策划的主题,列出详细的讨论提纲,邀请好参加沙龙的代表委员和特邀专家后,在网上开设一个沙龙讨论室,用户就可以坐在电脑前,打开摄像头,与在会场驻地的代表委员、正在办公室或家里的特邀专家以及上百名网友进行视频对话。所有的对话都通过 Skype for Business 多方异地视频连线进行。沙龙进行过程中,主持人可以随时插播事先准备的与讨论话题相关的资料,或请在讨论室观看的网友发言。沙龙讨论的过程则通过视频直播机在光明网、光明云媒客户端、光明校园传媒等渠道同步直播。《光明日报》融媒体中心从架构、技术、内容、服务等方面对客户端进行了全面升级。架构上,《光明日报》客户端设置了刷新闻、看直播、问小明、学理论、赏作品五大板块。内容上,大量增加原创首发内容,加大了移动直播的力度,为用户提供更丰富、更靠近新闻现场的第一手资讯。技术上,《光明日报》客户端率先在媒体行业采用人工智能技术，推出国内第一个人工智能新闻信息服务平台——光明智能小明。服务上，提高针对知识分子的服务能力，增强社交属性，打造知识社群。[①]

《光明日报》以移动直播为切入采用两层架构，第一层为五大功能板块：刷新闻、看直播、问小明、学理论、赏作品。第二层根据各自特点设置不同的栏目和服务，提升客户端内容生产能力。"看直播"是其推出的一个全新板块，以接近每天一场的频率推出各类直播，内容既有实时新闻事件直播，也有专门策划的系列访谈，还有很多高端研讨会和学术活动直播。直播的形式既有视频直播，也有图文直播；既有演播室访谈，也有多方实时连线。尝试通过移动直播提升优质内容生产能力，再进行用户的培养与沉淀，通过庞大的用户量、浏览量吸引广告主。与此同时，开拓移动视频直播的相关市场，如视频制作、视频采集、数据监控等获得多点赢利。

2017 年"两会"期间，《光明日报》亮相"钢铁侠"多信道直播云台，该云台集新闻信息采集、发布于一体，现场只需一名记者即可快速实现视频、全景、VR 等内容的同步直播与录制，通过设备后台的云控制台、云存储及流媒体服务系统，记者还可以一键同步实现 PC 端、新闻客户端及 H5 页面等跨平台视频内容的分发与适配，实现多种媒体产品在同一平台快速生产聚合。实时直播和短视频的关键是创意与表现，纸媒的直播探索丰富了渠道内容，也为自身赢得用户黏性增强亮点。

（四）《中国青年报》"邀请式"生产方式

《中国青年报》是中国青年群体中的新闻标杆，多年来以深度报道，触及社会热点成为时事先锋的代言人，它的定位决定其直播用

---

① 《光明日报客户端：打造"知识分子掌上精神家园"》，http：//media. people. com. cn，2016 年 12 月 20 日。

户的对等性与渗透性。2016 年《中国青年报》以改版客户端为起点，与北京新媒体集团签订战略合作协议，合作产品"北京时间·中青报"宣布上线，G20 领导人杭州峰会是中青报直播的首次尝试，不间断的 58 小时直播带领读者认识了一个手机端呈现的峰会。推出的"24 小时中青报掌中看"直播产品，其生产特色是邀请用户入驻平台共同生产内容，尝试在一些重大新闻节点邀请用户一起生产内容。如邀请全国铁路团委的 700 多名团员共同对春运进行 24 小时不间断直播，由 72 场分直播组成，直播员都是铁路年轻人，他们首次变身"网红"，用自己手中的话筒展现了春运中的各种之最。直播员与观众之间也通过《中国青年报》客户端实现最直接的交流。2017年"两会"期间，《中国青年报》推出全媒体"融媒小厨"，以移动端优先，图文直播和视频直播为核心；以快讯、微视频、H5 提升"两会"报道在移动端的影响力和公信力。充分发挥了中国青年报·中青在线的资源、专业人才优势及直播技术和平台优势，突出了与其他媒体的差异化。①

　　《中国青年报》的视频直播是嵌入在其新闻客户端中，依靠流量经济，以推送免费新闻争取用户内存、增加客户端日活量，以数据促成广告业务实现流量变现。同时，他们正力求积极推出付费点播，以优质的直播内容开启赢利点。

二　地方纸媒直播的代表模式

　　传统纸媒试水直播的技术推动来自两个方面；一是技术臻熟，各种移动产品迭出，智能化设备层出不穷；二是入网门槛的低廉，软件发展突飞猛进，从 4G 到 5G 上网价格越来越便宜，网络通道越

---

　　① 刘世昕：《中国青年报，24 小时随手看》，《中国新闻出版广电报》2017 年 2 月 21日。

来越流畅，用户有能力有需求实现移动端视觉化。在此背景下，地方纸媒的直播跟进创造了自身辉煌。

（一）《新京报》扁平化的生产方式

《新京报》是国内较早开辟直播端口的地方纸媒，它利用自身的采编优势与腾讯新闻合作。从 2015 年春运报道起步到 2016 年全国"两会"报道全面铺开，从"雷洋案""魏则西事件""凉山悬崖村探访""南方洪灾"等一系列热点事件的现场视频直播报道，展示地方纸媒强大的直播生产能力。针对传统纸媒架构设置和内容生产流程系统庞杂、冗长，生产效能低下，而直播生产的指挥、统筹、系统体系架构需要扁平化，能及时响应信息同步生产。因此，《新京报》视频直播团队采取项目协作机制，由总编辑亲自督导，分管的编委、主编，以及参与视频直播报道的记者和编辑在一个工作群里，随时共享选题线索、展开讨论，从提出直播动议、拍板决策、确定具体直播思路、指派记者到达新闻现场，到发起直播、推出直播页面，通常一到两个小时左右就能够实现。以"魏则西事件"为例，获知患者家属讨要说法这一线索后，《新京报》视频直播团队即刻启动直播，半个多小时后即推出直播页面，直播报道迅速成为很多新闻媒体的线索来源和新闻信源。[①] 2016 年"两会"期间，《新京报》和腾讯联手直播——全景"两会"连续 16 天直播 98 小时，剪辑制作视频新闻 120 余条，累计播放量将近 7000 万，浏览量更是超过 1 亿人次，直播已经成为《新京报》媒体平台的最大亮点。2016 年，《新京报》与腾讯合作推出视频新闻项目——"我们视频"，定位是"只做新闻，不做其他"，核心产品就是新闻直播，"我们视频"在腾讯新闻客户端、天天快报、腾讯视频、腾讯网上同步推出，展现

---

① 全昌连：《视频直播给"新京报"新闻生产带来的改变》，《中国记者》2016 年第 8 期。

了《新京报》强大的新闻生产能力。

视频直播的价值和优势是能够向用户"零时差"同步呈现新闻现场，传递最新的资讯和进展，因此更加突出时效性，直播系统体系架构越扁平，其效率越高。从"我们视频"多样的分发平台以及丰富的视频内容形式来看，其赢利模式是通过广告、电商、视频制作、用户付费等多方面获取收益，同时开发相关市场如视频采集、后期制作、数据变现等，探索多点赢利。

（二）《华西都市报》话题开议的生产方式

《华西都市报》地处边陲，是中西部地方纸媒的佼佼者，作为中国第一张都市报，它创造了无数辉煌。在移动互联网时代，《华西都市报》紧跟潮流，根据自己的优势与特点立足纸媒直播前沿。直播是以地方内容直播为主，娱乐直播、垂直细分领域直播为辅的定位探索。倾力打造特色产品——"西妹儿直播"，不仅在微博建了"西妹儿直播"话题，而且在其他平台大力宣传"西妹儿直播"栏目。其生产特色体现在话题的开放与互动，可以是用户自创议题，开放在社交平台上，供观者点击与互评，根据参与热度反馈媒体，进入深入报道组织。也可以是在报道的同时，根据用户的积极回应程度做出跟踪报道与有效调适。在 2016 年里约奥运直播中，《华西都市报》派出记者飞赴巴西，专门为奥运会量身打造了长达 21 天的直播专题"西妹儿看奥运"。从 8 月 2 日到 8 月 22 日每天中午 13：00－14：00，邀请本土知名嘉宾与网友直播互动奥运话题，为推广直播，还在微博上创建了话题"我在里约奥运会"，与网友加强互动。截至 2016 年 8 月 22 日下午 17 时，"我在里约奥运会"微博话题阅读量超过 8.7 亿人次，话题讨论数 16 万次。"西妹儿看奥运"21 期微博阅读量达到 553 万，直播在线总人数超过 33 万人，获得网友总点赞 265 万次。直播期间，《华西都市报》官方微博粉丝数从

680 万增至 749 万。① 2016 年 8 月 26 日《华西都市报》首次实现了无人机直播，航拍成都浣花溪，7 分钟的无人机直播在微博上达到了45 万的阅读量，为地方媒体开辟直播新路径提供了有力借鉴。

（三）《杭州日报》"快直播"的糅合式生产

由《杭州日报》报业集团主办的《都市快报》是中国第一份四开异型加长报，日发行量曾经达到 154 万份，周出 360 版左右。2016年 6 月，《都市快报》着力打造的新闻直播平台——"快直播"正式上线，其特色是将直播、移动视频与纸媒报道相结合，形成一种糅合式生产机制。所谓糅合式生产是指生产体系中既有传统媒体的写作与传播方式，同时也结合直播新形态的生产流程与推送形式。直播内容丰富多彩，发挥短、平、快特点展示与社会大众感兴趣的名人轶事、热点事件，偏重于大众化路线。如电影《魔兽》首映式、中国首位亚洲足球先生范志毅的婚礼、2016 苹果全球开发者大会、NBA 总决赛第六场、上海迪士尼开园、《中国新歌声》发布会等，与民众口味对应的直播选择，极大满足他们的好奇心与窥视欲。在G20 杭州峰会来临之际，"快直播"连续推出 10 场"G20 倒计时、杭州欢迎你"等大型直播活动，全方位向世界展示美丽的杭州。还推出了阳澄湖大闸蟹开捕等直播，吸引了超百万网友观看。在 2016年国庆节期间直播省内高速路况，创造了两个"首次"——首次多机位直播、首次无人机直播。通过多次的直播尝试，《都市快报》直播的核心产品竞争力和品牌传播力得到了有效扩展和提升。②

（四）《湖北日报》借力 H5 的符号化生产方式

面对新媒体、新传播技术的挑战，《湖北日报》报业集团较早开

---

① 赵晓梦：《直播：何以让都市报体验"飞一般的感觉"?》，《中国记者》2016 年第 11 期。

② 赵晓梦：《直播：何以让都市报体验"飞一般的感觉"?》，《中国记者》2016 年第 11 期。

始调整自身组织结构迈步直播市场。2013 年 5 月 18 日首次运用全媒体直播武汉沌阳高架桥爆破，获得圆满成功，这是一种大胆尝试与开拓。当中国大部分纸媒还沉溺于静态的文字与图片写作时，《湖北日报》传媒集团运用图文、音视频、微博、微信、动漫、手机客户端、社区、网络专题等全媒体方式，多角度、全方位、全时段进行直播。直播采取了分段方式，在不同时间节点上滚动直播，并首次启用两架无人机参与直播，同时在荆楚网微博和"东湖社区"论坛上设置话题，方便网民集中讨论。全天共发布相关新闻稿件 20 多条，图片 300 多幅，视频时长 80 多分钟，微博互动 1000 多条，动态展示了关乎民众生活事宜的全程。

2017 年"两会"期间，《湖北日报》启动了虚拟现实（VR）、无人机航拍、图文视频直播、可视化图解如 H5 等、舆情大数据新闻、音视频访谈如街拍等报道方式，即时、精彩地呈现中国最大的政治盛宴，以图文解读的方式将理论性超强的国家议题转为民生乐于接受的话语风格，形成多形态、多端口的传播合力，提升了政治议题的传播效果。在政治议题直播中，《湖北日报社》首次尝试以漫画＋音频方式呈现重要时政内容，制作推出了 H5 作品《快来听！王晓东同志报告原声——原来你是这样的湖北》，该作品设计了省长王晓东的卡通形象，并从政府工作报告中选取最有内涵、情怀和质感的 10 句话，如"致力于增进民生福祉，让发展更有温度、幸福更有质感""不提超越发展阶段的目标，不求一时之功，不图一时之名"等，并配合会场原声音频，刷爆微信朋友圈。多种传播方式的应用，实现了全方位、多元化、高效率、高品质的新闻生产，直播使新闻报道更加充满活力。①

——————

① 根据访谈资料整理。

（五）《羊城晚报》可试听资源开拓的生产方式

作为南方报业市场三架马车之一的《羊城晚报》是以"移动＋视频"标配直播市场，凭借多年党报资源的积累与得天独厚的政策供给，《羊城晚报》得以在资源上发挥潜在优势，实现直播常态化开创了视频（YoungTV）、音频（酱紫FM）节目的日常化制播生产。在2016年里约奥运的报道中，《羊城晚报》别出心裁，融通介质资源、产品形态与流程操作，推出YoungTV、微直播、酱紫FM等进行一系列的创新性实践。特色产品视频专辑《约么？里约》，每期节目时长限定5分钟。内容上力求悦读、耐看、好玩，精练中求丰富，每期节目方式是"里约连线＋记者本地外采＋精彩回顾＋奥运段子一箩筐＋明日看点"等融合串烧。节目制作模式上采用了主播模式，外加"弹幕吐槽、卡通画外音、综艺字幕、主持人演绎、盒饭演员客串、鬼畜剪辑手法"等网络热门元素，以幽默风趣的风格将奥运资讯一网打尽。平台分发传播中，以羊城派、金羊网、官方微信微博、手机网等作为核心分发平台，承担起推送2000个音视频等产品的任务，进行海量投放、全推送，发挥羊城晚报"主场优势"；而腾讯视频、新浪秒拍、乐视等视频点播渠道，则作为向外延伸的"客场"。奥运期间，《约么？里约》共推出17期视频节目，累计点播量超过2300万次，每期节目点播量123万＋次，最高一期350万＋次。[①] 初次试水视频专辑，《约么？里约》便成为移动视频上同类型节目中的佼佼者。

直播已是传统纸媒全面升级与转型的核心产品，如何将纸媒载体的传播优势与直播形态结合，突出"在现场"与即时互动是两个重要的思考点，而实现目标的关键就是需要整合优势资源，发挥纸媒价值所在，嫁接直播媒介特恈，以用户思维为导向。移动直播这

---

① 林海利：《跳出报业谋融合　扎根传媒促转型》，《传媒评论》2016年第12期。

种"零时差"的新闻报道新方式，必然对传统冗杂的新闻采编方式进行解构，促使在组织架构、生产流程以及视频内容上实施变革。通过自身的创新举措，放大与新媒体的合作，利用多种传播技术完成纸媒直播常态化。从现实看，移动直播已逐渐渗透到纸媒的各个端口，形成特色产品并逐步实现品牌确立。从贩卖信息内容到建立产品思维，其赢利模式除了传统的广告、用户付费、打赏，还拓展出了视频制作与采集、平台分发、数据变现、品牌宣传等多种方式，主流纸媒直播的开拓正向纵深发展。

第四节　"人民直播"对"普吉翻船"报道的话语解读

作为一种最接地气的融媒产品，纸媒直播力求通过话题全局化、话风的全民化、渠道的普及化向新媒体靠拢，实现主流媒体掌控社会瞭望哨的作用。因此，本节开始计划以"人民直播"、澎湃新闻"上直播"等主流媒体的直播产品为例，分析其在突发事件、社会性事件报道中的话语方式、话语呈现及效果，以实际案例总结主流媒体直播话语生产转型所带来的理论与现实意义。"人民直播"作为重要的主流媒体直播平台，传播范围广，影响力大，其新闻报道往往具有重要的社会意义建构作用，影响并引导社会舆论。灾难突发事件涉及生命、死亡、责任等敏感话题，关于此类事件的报道需要谨慎、客观并以人为本。在直播中如何还原事件真相，同时又能体现一定的人文情怀，如何引导用户参与并理性思判是"人民直播"作为社会瞭望哨的责任考验。

一　理论依据与研究设计

2018 年 7 月 5 日 18 时，两艘载有中国游客的游船在泰国普吉岛附近海域突遇特大暴风雨发生倾覆事故，造成重大伤亡。"人民直播"针对此事故进行了9场连续直播报道，被广受关注。本研究以普吉翻船事件为例，运用话语理论分析"人民直播"灾难事件报道的话语特点，探索其话语特征及规律。

（一）理论依据

在梵·迪克的话语研究中，话语分析与新闻理论紧密相连，新闻是一种有关意识形态的公众话语，同时也是满足基本经济规律的商品。梵·迪克对新闻话语的分析主要基于文本和语境两个视角，其中"文本视角是对各个层次上的话语结构进行描述，语境视角则把对这些结构的描述与语境的各种特征如认知过程、再现、社会文化因素等联系起来加以考察。"① 在两个视角相结合的基础上，梵·迪克提出了新闻话语分析的基本架构，主要划分为四个方面：话语宏观结构分析、话语微观结构分析、话语风格分析和话语修辞分析。本研究运用梵·迪克的话语理论分析以"人民直播""普吉翻船"事件报道为例，探索其话语呈现特征及规律，以期优化"人民直播"灾难突发事件报道方式，提升主流媒体移动直播报道的传播力及舆论引导力。

（二）研究设计

1. 样本选取

《人民日报》于2017年2月19日上线"人民直播"，是新闻类移动直播的重要媒体，同时在《人民日报》客户端、@人民日报微博等第三方平台进行新闻直播，由于《人民日报》客户端及其微博粉丝较多，用户基数大，流量可观，是主要的直播分发渠道，因此，笔者选取《人民日报》客户端和@人民日报微博两个平台中关于普

---

① ［荷］托伊恩·A. 梵·迪克：《作为话语的新闻》，曾庆香译，华夏出版社2003年版，第26页。

吉翻船事件的移动直播报道为研究样本，排除重复，最终确定了9
场直播报道样本。

2. 研究指标构建

报道总量：9 场。

报道时长：0—1 小时，1 小时——2 小时，2 小时以上。

报道来源：原创、中央媒体、地方媒体、市场化媒体、政府部
门/会议、其他。

报道呈现形式：景别（远景、全景、中景、近景、特写）、镜头
（长镜头、短镜头、运动镜头、固定镜头）、同期声、解说、背景音、
图片、字幕。

报道叙事：专业主播报道、直播间主持人图文报道、受访者言
论、粉丝评论。

叙事视角：第一人称目击者（限知）叙事、第一人称主人公
（全知）叙事、第三人称限知叙事、第三人称全知叙事。

叙事时距：停顿、场景、概括、省略。

叙事顺序：顺叙、倒叙 + 顺叙、顺叙 + 倒叙 + 顺叙、顺叙与倒
叙交叉使用。

叙述者：导游叙述者、旁观叙述者、隐身叙述者、侦探叙述者。

报道话语行为类型：

阐释型：解释类、论证类。

评判型：赞扬类、批评类、驳斥类。

使令型：号召类、指令类、指导类、劝导类。

申明型：支持类、反对类、禁止类、祝贺类、欢迎类、承诺类、
期冀类、坚信类。

二 "普吉翻船"直播报道的话语文本

(一)标题和导语

新闻标题是对新闻内容的高度概括,能清晰明了地表达新闻中心思想的总结性语句,具有高度的概括性和话题吸引力。一个好的新闻标题不仅要能够表明事实,还要引人注目。尤其在当前信息爆炸、流量竞争激烈的媒介环境下,能够让用户通过标题而对内容产生兴趣,同时又吻合主流媒体的话语权威性,是对纸媒直播的一种挑战。"人民直播"做到了在标题设置上清晰明了、直白自然。导语是对新闻事件的总结,通过导语我们能知晓整个新闻事件的重点内容及主要观点,尤其在时间较长的移动直播报道中,导语起到重要的提纲挈领作用,对于观众知晓核心内容具有指导意义,同时也是研究移动直播报道话语的重要内容。因此,本研究将"人民直播"关于此事故的标题及导语列出来讨论,并提取其中的关键词来聚焦新闻的中心思想及新闻生产者力图表达的观点。

表1 "普吉翻船"直播的标题与导语分析

时间	标题	导语	关键词
2018年7月6日	泰国游船翻船获救中国游客中6人留院观察	7月5日,两艘载有127名中国游客船只返回普吉岛途中,突遇特大暴风雨发生倾覆。截至当地时间6日17时,中国游客16人死亡、30人至40人失联,获救游客中5人手术、6人留院治疗观察。成都商报记者正在赶往当地医院。	获救、医院
2018年7月7日	泰翻船事故:黄金救援时间过半搜救进行中	7月5号,两艘载有中国游客的游船在泰国普吉岛附近海域突遇特大暴风雨发生倾覆事故。我们跟随记者来一起关注前方救援状况。	搜救
2018年7月7日	中国驻泰大使吕健带领中方搜救队出海救援	中国驻泰国大使吕健即将亲自带领两队中方搜救队,前往出事海域进行救援。人民直播为大家带来救援情况报道。	中国驻泰大使、救援

续表

时间	标题	导语	关键词
2018 年 7 月 7 日	直击普吉游船倾覆事故现场救援仍在进行	北京时间 7 月 5 日 18 时 45 分许，两艘载有中国游客的游船在泰国普吉岛附近海域突遇特大暴风雨发生倾覆事故。据泰国军方搜救人员提供的消息，截至 7 日中午，普吉游船倾覆事故已造成至少 38 人遇难。事故中，有 37 人来自浙江海宁，截至目前其中仍有 18 人失联，2 名阿里巴巴员工及家属已不幸遇难。海洋二所和公羊队等救援力量随泰国军队的一艘舰船目前还在事故附近海域进行搜救。	泰国军方、中国救援队、救援
2018 年 7 月 8 日	直击泰国游船倾覆救援：对凤凰号进行打捞	7 月 5 日 18 时 45 分许，两艘载有 127 名中国游客的船只突遇特大暴风雨发生倾覆，72 小时黄金救援时间临近尾声。今日上午，泰国军方将对倾覆船只凤凰号进行打捞，人民直播带来泰国现场报道。（微博：#泰国游船翻船# 【直播：直击泰国游船倾覆救援现场】7 月 5 日 18 时 45 分许，两艘载有 127 名中国游客的船只突遇特大暴风雨发生倾覆，72 小时黄金救援时间临近尾声。今天，泰国军方对倾覆船只凤凰号进行打捞，#人民直播#带来泰国现场报道↓↓共同关注！）	救援、泰国军方
2018 年 7 月 9 日	直击泰官方发布会：通报"凤凰号"打捞情况	昨天，中国救援队联合泰国军方在事发地点对沉没的凤凰号展开打捞工作。经过中方和泰方政府的确认，在此次倾覆事件中，翻沉事故的总遇难人数升至 42 人，目前仍有 14 人失踪。7 月 9 号北京时间 10 点，泰官方将对昨日沉船打捞工作召开发布会，并介绍下一步的搜救方案。（微博：【直播！#泰国游船翻船#事件发布会 通报最新搜救进展】昨天，中国救援队联合泰国军方在事发地点对沉没的"凤凰"号展开打捞工作。经过中方和泰方政府的确认，翻沉事故总遇难人数升至 42 人，目前仍有 14 人失踪。泰官方对昨日沉船打捞工作召开发布会，并介绍下一步的搜救方案。关注！）	泰官方发布会、中国救援队、打捞情况
2018 年 7 月 9 日	泰国总理召开发布会通报翻沉事故最新情况	当地时间 7 月 9 日中午 11 点半左右，泰国总理巴育将抵达普吉府普吉救援指挥中心，听取普吉府尹通报凤凰号翻沉事故最新情况。（微博：#泰国游船翻船# 【直播！泰国总理召开发布会通报翻沉事故最新情况】当地时间 7 月 9 日中午，泰国总理巴育将抵达普吉府普吉救援指挥中心，听取凤凰号翻沉事故最新情况通报。目前，中泰双方正在通力合作，搜寻失踪游客，并对事故原因展开调查。）	泰国总理发布会、通力合作、最新情况

本文把"人民直播"关于"普吉翻船事件"9 个直播样本的标题及导语在表 1 中列出,由于两个直播的但其标题和导语一样,最终获得 7 个标题和导语样本。从表 1 可以看到,"人民直播"在"普吉翻船事故"的标题设置上重点突出、简洁直白,重点概括了本次直播涉及的人与事:如《泰国游船翻船 获救中国游客中 6 人留院观察》《中国驻泰大使吕健带领中方搜救队 出海救援》《泰国总理召开发布会 通报翻沉事故最新情况》等,其标题设置基本采用"谁 + 做什么"的表达方式,直播重点突出。

"人民直播"的导语一般限制在主播开始直播前 30 秒左右,对所处位置及本次预直播内容进行大致的描述,口语化较强,没有固定句式,直播间主持人会发布图文报道以对主播的陈述起到记录和补充说明的作用。从表 1 可以得知,导语的选取主要来自于直播间主持人发布的首次图文记录,用户可从导语中了解本次直播的主要内容,且几乎每场直播都会对背景信息进行阐述,以保证移动直播报道的连续性和完整性。同时,也为粉丝提供了一定的信息背景,以吸引他们持续关注。2018 年 7 月 6 日到 8 日的议题主要是翻船事故发生到救援阶段的直播报道,其导语基本采用了"背景 + 现状 + 做什么"的表达模式,如"7 月 5 日,两艘载有 127 名中国游客船只返回普吉岛途中,突遇特大暴风雨发生倾覆。截至当地时间 6 日 17 时,中国游客 16 人死亡、30 人至 40 人失联,获救游客中 5 人手术、6 人留院治疗观察。成都商报记者正在赶往当地医院,72 小时黄金救援时间临近尾声。""今日上午,泰国军方将对倾覆船只凤凰号进行打捞,人民直播带来泰国现场报道。"7 月 9 日的直播主要聚焦于泰国官方关于事故救援情况的发布会,听取泰国官方的处理意见,导语主要阐述中方及泰方搜救队合作救援的情况及结果,以给予媒体及民众确切的答复和阐述进一步的救援计划。如"昨天,中国救援队联合泰国军方在事发地点对沉没的凤凰号展开打捞工作。经过中方和泰方政府的确认，在此次倾覆事件中，翻沉事故的总遇难人数升至42人，目前仍有14人失踪。7月9号北京时间10点，泰官方将对昨日沉船打捞工作召开发布会，并介绍下一步的搜救方案。"在泰国官方回应事故情况后，"人民直播"没有对后续救援情况进行直播报道，多是《人民日报》的图文报道。内容涉及事故发生、媒体关注、政府介入、救援调查、追究相关责任，目前该事故的相关责任人被处以相应惩罚等。

本研究提炼了直播标题和导语的关键词，出现较多的词语是"救援"，这也是事故发生后第一时间的应急措施，可以说"人民直播"翻船事故报道基本呈现出以"救援"为基调的事件发展历程。其次出现较多的是"中国搜救队""泰国官方"等词语，呈现出中泰双方通力合作救援的事实，表达了中泰官方对翻船事故的重视以及中泰之间的友好合作关系。另外，研究发现，在导语中媒体对事故救援人数、遇难人数及失联人数多次报道，用具体数据体现新闻的真实客观性和事故的严重性，以促使官方重视，加大救援力度。媒体及民众的关注促进了中泰官方的救援进程，主播记者在直播中频频追问各方情况彰显出媒体从业者的专业精神及人文情怀。

（二）直播报道框架

移动直播报道的自由性及随意性较强，没有固定的框架设置，整场直播基本由主播引导及现场的实时情况贯穿而成，其议程设置属性较弱，但也有一定规律可循。从"人民直播"的界面设置来看，直播可分为三个信息场：一是由主播记者主导的直播信息场，是直播画面的重要呈现区域，也是用户关注的焦点；二是由"直播间"主持人主导的图文直播场，它对主播记者的直播报道起到重要的记录及补充说明作用，尤其给来不及看直播的用户带来便利，通过图文直播就可以快速高效地回顾了解直播主要内容；三是"大家聊"板块中广大用户的评论信息场，可以清晰地了解大众的观点及态度。用户评论是主播与粉丝互动的主要信息来源，也是填充直播空隙的好方法，但由于评论参差不齐，数量过多，所有粉丝评论不可能被一一提及。因此，笔者把被主播提及的评论作为研究用户话语的重点对象，以从侧面反映主播记者对用户评论的把关标准。

这三个信息场都是用户可以实时看到的内容生产区域，也是"人民直播"报道的三个固定框架设置，由此产生出三个话语主体，分别是主播记者、直播间主持人和粉丝用户。但直播中主播记者时常会采访事件目击者或相关人员以了解事件情况，"采访环节"成为构成直播报道的重要部分，因此，受访者也是移动直播中重要的话语主体之一。从四个话语主体的生产机制来看，"人民直播"翻船事件报道框架主要由主播解说、直播间主持人图文报道、受访者言论、粉丝用户评论四部分构成，这四部分并不是固定的，而是根据现场情况或同步或交叉进行，从而共同建构泰国翻船事故的移动直播报道话语。

在了解"人民直播"报道框架的宏观分析后，需要进一步分析直播文本的微观结构。笔者对9个直播样本中的主播解说、直播间主持人图文报道次数、受访者人数、粉丝用户被提及评论的次数进行了统计。从表2可以看到，9场直播中这四部分所占比重各不相同，总体而言，主播记者的解说贯穿直播始末，是移动直播话语的重要文本结构，主导着直播进展情况。在直播过程中有时会用回放画面来填充直播间隙，如在《直击泰国游船倾覆救援：对凤凰号进行打捞》这场直播中，当主播无法近距离接触事发海域了解救援情况时，没有最新消息，导播会通过回放早前画面来填补直播时间，一方面避免了主播无话可说的尴尬，另一方面，可给新进入直播间的用户了解早前直播信息的机会。直播间主持人的图文报道是根据主播的视频直播所记录的重要信息，是对直播中主播所获消息的概括总结，记录了直播中所获得的最有价值的新闻，同时也是对视频直播的补充说明。从表二可以看到，直播间主持人的图文报道次数不多，但具有记录和概括直播过程的价值，从侧面反映出在较长时间的直播中，主播所获取的新消息并不多，多数是各种等待和重复旧消息的过程，带来一定的乏味感，这是直播本身所带来的弊端，也是现场情况使然，因此，在灾难突发事件的直播报道中，根据现场情况，找准直播时机很重要。

采访环节是"人民直播"翻船事故报道框架中的重要组成部分，在整场直播中，主播所报道的消息几乎都是通过有选择性地采访现场相关人员所获。受访者是直播重要的信息来源，是除了主播以外重要的话语主体之一，其与主播的对话占据了直播的较多时间。从表二可以看出，每场直播受访者人数不多且不固定，这与现场情况有关，这些受访者有政府工作人员、医生、救援人员、记者、志愿者等不同身份背景的人，主播力图采访官方人员以获取准确消息，但相比政府工作人员，一些热心的志愿者往往更愿意表达更多信息。因此，除了 2018 年 7 月 9 日的《直击泰官方发布会：通报"凤凰号"打捞情况》直播报道中，政府官方占据了较长的话语时间（直播总时长约 51 分钟，主播讲话大概 18 分钟，官方发言人讲话约 33 分钟），其余 8 场直播中在话语时长上主播与志愿者的对话所占比重较大，其次是主播与粉丝的互动。从表二可知，每场直播中被主播提及的粉丝评论数量不同且不多，这与主播的互动意识、选择标准以及评论质量有关，在普吉翻船事故报道中，主播在现场需要寻找各方消息，往往无暇顾及粉丝评论，只有在直播空闲时才会提及。所以，民众的话语空间依然有限，主播记者的互动意识有待提高。

综上所述，在"人民直播"普吉翻船事故报道中，主播记者作为主要的话语主体主导着直播进程及话语基调，承担着事故情况采访者及解说者的角色；直播间主持人辅助主播进行相应的图文直播报道，承担着新闻信息记录者的角色；直播中穿指着受访者言论，承担着部分信息提供者的角色，使直播报道更客观真实，被提及的粉丝评论往往是提问方式。因此，粉丝用户承担着事故进展情况的追问者和监督者角色，与主播一起共同挖掘新闻信息以推动直播进程，但各话语主体所占的话语分量各不相同。以主播解说为主，直播间主持人图文报道为辅，中间穿插受访者、粉丝言论，四者在"问——答"的交互模式中共同建构"普吉翻船"事件的直播报道话语。

表2   "普吉翻船"直播报道的框架

日期	标题	时长	主播解说	直播间主持人图文报道	受访者	粉丝评论（被提及）
2018 年 7 月 6 日	泰国游船翻船获救中国游客中 6 人留院观察	1 小时 16 分 29 秒	贯穿始终（除回放）	6 次	6 名（4 个志愿者、泰国江浙商会主席、秘书长）	4 次
2018 年 7 月 7 日	泰翻船事故：黄金救援时间过半 搜救进行中	58 分钟 20 秒	贯穿始终（除回放）	11 次	3 名（普吉红十字会工作人员、普吉岛政府工作人员、泰国广播电视台记者）	6 次
2018 年 7 月 7 日	中国驻泰大使吕健带领中方搜救队 出海救援	52 分钟 19 秒	贯穿始终（除回放）	4 次	2 名（中国驻泰大使吕健、搜救队队长徐立军）	1 次
2018 年 7 月 7 日	直击普吉游船倾覆事故现场 救援仍在进行	3 小时 10 分钟 40 秒	贯穿始终（除回放）	9 次	8 名（泰国官方、热心群众、3 个志愿者、医院工作人员、海宁市旅游局工作人员朱局、海宁第四人民医院心理医生）	24 次

日期	标题	时长	主播解说	直播间主持人图文报道	受访者	粉丝评论（被提及）
2018 年 7 月 8 日	直击泰国游船倾覆救援：对凤凰号进行打捞	线路 1：5 小时 33 分钟 7 秒	贯穿始终（除回放）	21 次	4 名（2 位普吉志愿者、船长、救援人员）	8 次
		线路 2：4 小时 45 分钟 54 秒	贯穿始终（除回放）	21 次	无	21 次
2018 年 7 月 9 日	直击泰官方发布会：通报"凤凰号"打捞情况	51 分钟 40 秒	主播讲话约 18 分钟（发言人讲话约 33 分钟）	9 次	6 名（1 名翻译人员、发布会 5 名泰国官员）	1 次
2018 年 7 月 9 日	泰国总理召开发布会通报翻沉事故最新情况	2 小时 30 分钟 14 秒	贯穿始终（除发言人讲话）	7 次	发言人巴育总理	22 次
		1 小时 59 分钟 10 秒	贯穿始终（除回放及总理约 5 分钟讲话）	7 次	发言人巴育总理、翻译志愿者	3 次

（三）直播报道叙事特点

1. 报道呈现形式

新闻话语不仅仅是话语主体言说的或书写的话语，也包括新闻报道中所出现的图片、背景音、各种景别、镜头运用等不同表达方式的符号组合。移动直播的出现使新闻报道扩展了话语表达的空间，各种符号的应用更加灵活多变。表三展示了"人民直播"普吉翻船事故的报道呈现方式。

从表 3 可以看出，每场直播的景别应用是多种多样的，几乎囊括了远景、全景、中景、近景、特写等多种景别，展现了丰富多样的画面信息。其远景、全景的应用主要体现在事发海域、码头海水、阴雨天空的画面上，一望无际的海面、阴雨不断的天气衬托出救援的艰难。中景、近景、特写主要应用在采访环节以及发布会上，主播与受访者的对话情景、发布会现场状况等在近距离的拍摄下展现得淋漓尽致。在镜头的运用上，移动直播以长镜头、运动镜头为主，固定镜头为辅，长时间不间断的直播使现场画面直接呈现出来，增强了新闻的真实性及观众的沉浸感，由于主播在现场不停走动，寻找消息，因此运动镜头较多，而固定镜头主要是在采访环节和发布会时使用。

在声音画面的使用上，移动直播基本采用现场的同期声进行报道，主播进行实时解说使新闻更加真实。在直播中偶尔会使用剪辑过的小视频来填补直播空隙，这些短视频使用了背景音。比如在《泰国游船翻船 获救中国游客中6人留院观察》直播中，主播在去医院的路上重复回放事故相关的短视频，画面是风浪中的游船，紧张的音乐背景衬托出事故的危险性与严重性。但并不是所有直播都采用了背景音，整体上是以现场真实声音为主。图片主要体现在直播间主持人的图文直播报道中，文字与图片结合使新闻表达更直观清楚。字幕在直播中经常使用，起到记录补充和解释说明画面信息的作用，如"泰方出动军舰拖拽'凤凰号'至浅海区继续搜寻""记者正在赶往当地瓦其拉医院""稍早前画面，直播仍在继续，马上回来"等文字。

表3　　　　　　　　"普吉翻船"直播的镜头叙事

标题	景别	镜头	同期声	解说	背景音	图片	字幕
泰国游船翻船获救中国游客中6人留院观察	全景、中景、近景、特写	长镜头、运动镜头、固定镜头	有	有	有	有	有
泰翻船事故：黄金救援时间过半搜救进行中	远景、全景、中景、近景、特写	长镜头、运动镜头、固定镜头	有	有	有	有	有

标题	景别	镜头	同期声	解说	背景音	图片	字幕
中国驻泰大使吕健带领中方搜救队出海救援	远景、全景、中景、近景、特写	长镜头、运动镜头、固定镜头	有	有	有	有	无
直击普吉游船倾覆事故现场救援仍在进行	远景、全景、中景、近景、特写	长镜头、运动镜头、固定镜头	有	有	无	有	有
直击泰国游船倾覆救援：对凤凰号进行打捞	远景、全景、中景、近景、特写	长镜头、运动镜头、固定镜头	有	有	无	有	有
	远景、全景、中景、近景、特写	长镜头、运动镜头、固定镜头	有	有	有	有	有
直击泰官方发布会：通报"凤凰号"打捞情况	远景、全景、中景、近景、特写	长镜头、运动镜头、固定镜头	有	有	有	有	有
泰国总理召开发布会通报翻沉事故最新情况	远景、全景、中景、近景、特写	长镜头、运动镜头、固定镜头	有	有	无	有	有
	全景、中景、近景、特写	长镜头、运动镜头、固定镜头	有	有	有	有	有

2. 报道叙事分析

不同的叙事方式影响着新闻报道风格和用户体验，进而影响着传播效果及社会意义的建构。前面主要阐述了移动直播报道显而易见的呈现形式，而这些呈现的背后受到叙事逻辑的影响，研究移动直播报道的叙事方式有助于更深入地了解直播报道话语的生产方式及建构过程。因此，本研究主要从叙事视角、叙事顺序、叙事时距、叙述者四方面展开分析。表 4 是"人民直播""普吉翻船"事件的叙事方式统计表，由此可以看到"人民直播"的报道基本保持了一致的叙事方式，9 场直播在叙事视角、叙事顺序、叙事时距、叙述者上采用了统一的叙事手法。

表4　　　　　　　　　　"普吉翻船"直播的叙事视角

标题	叙事视角	叙事顺序	叙事时距	叙述者
泰国游船翻船：获救中国游客中6人留院观察	第一人称目击者（限知）叙事、第三人称限知叙事	顺叙与倒叙交叉使用	概括、场景	导游叙述者、旁观叙述者
泰翻船事故：黄金救援时间过半搜救进行中	第一人称目击者（限知）叙事、第三人称限知叙事	顺叙与倒叙交叉使用	概括、场景	导游叙述者、旁观叙述者
中国驻泰大使吕健带领中方搜救队：出海救援	第一人称目击者（限知）叙事、第三人称限知叙事	顺叙与倒叙交叉使用	概括、场景	导游叙述者、旁观叙述者
直击普吉游船倾覆事故现场：救援仍在进行	第一人称目击者（限知）叙事、第三人称限知叙事	顺叙与倒叙交叉使用	概括、场景	导游叙述者、旁观叙述者
直击泰国游船倾覆救援：对"凤凰号"进行打捞	第一人称目击者（限知）叙事、第三人称限知叙事	顺叙与倒叙交叉使用	概括、场景	导游叙述者、旁观叙述者
	第一人称目击者（限知）叙事、第三人称限知叙事	顺叙与倒叙交叉使用	概括、场景	导游叙述者、旁观叙述者
直击泰官方发布会：通报"凤凰号"打捞情况	第一人称目击者（限知）叙事、第三人称限知叙事	顺叙与倒叙交叉使用	概括、场景	导游叙述者、旁观叙述者
泰国总理召开发布会：通报翻沉事故最新情况	第一人称目击者（限知）叙事、第三人称限知叙事	顺叙与倒叙交叉使用	概括、场景	导游叙述者、旁观叙述者
	第一人称目击者（限知）叙事、第三人称限知叙事	顺叙与倒叙交叉使用	概括、场景	导游叙述者、旁观叙述者

　　叙述视角是指叙述者的表现形态或与故事的关系。叙事学理论把叙事视角分为第一人称主人公叙事（全知），第一人称目击者叙事（限知），第三人称限知叙事，第三人称全知叙事。各种叙事视角交

又使用保证视频新闻在内容展现方面呈现出多样化视点。① "人民直播" 翻船事故报道在叙事视角上几乎都是采用第一人称目击者（限知）叙事和第三人称限知叙事。主播记者通常以第一人称目击者的口吻讲解所见所闻，给人真实感及亲切感，穿插使用第三人称叙事，如在转述受访者、粉丝用户或前方记者言论时，会以 "某某说" "据谁介绍" 之类的间接引语来陈述。直播间主持人的图文直播以及画面字幕通常采用第三人称叙事，比如 "据发言人介绍，首先进行船体扶正，今天不会立马将船体打捞，先打捞遇难者遗体。这次采取的潜水装备可以保证潜水员每次下水 2 小时左右，本次救援将由中泰双方人员共同进行。" 第三方专场的表述增强了新闻的客观性和权威性。受访者在讲话时也是两种人称指代都会使用，由于在直播中无论是主播记者还是受访者对事故情况都不是完全了解，因此都属于限知叙事，需要从第三方获取消息，以保证自述信息的真实客观。

叙事顺序可分为顺叙、倒叙、插叙、预叙。在电视深度报道中，这几种叙述方式会综合应用其中，而在移动直播报道中通常采用顺序和倒叙两种方式。由表 4 可知，"人民直播" 交叉使用顺叙与倒叙两种方式事故报道。比如在《泰国总理召开发布会 通报翻沉事故最新情况》直播中，主播按照 "等待总理——总理到来——总理讲话——总理离开" 这样的自然逻辑顺序来进行报道，直播间主持人的图文报道也是按照实时画面进行叙述，新闻的叙事时间与故事时间基本一致。在等待总理的这段时间，主播除了对现场情况进行讲解，其他多是重复旧消息，之后由于等待时间过久，导播用回放画面来填补直播时间，这些属于倒叙。在移动直播中，当现场情况没有新进展，主播往往是重复阐述以往相关新闻来避免尴尬，因此，顺叙

---

① 刘红明：《试论电视新闻的叙事时间与叙述视角》，《广西社会科学》2003 年第 9 期。

与倒叙会交叉出现在直播报道中。

叙事时距注重是比较叙事时间与故事时间的长短，叙事学理论把时距区分为省略、概括、场景与停顿四种情形。从表 4 可以看到，"人民直播"翻船事故报道采用概括和场景相结合的方式。主播在对以往事件进行阐述时，通常几句话概括其主要内容，直播间主持人的图文报道通常采用概括的方式记录直播信息，如在《直击泰官方发布会：通报"凤凰号"打捞情况》直播中，直播间主持人对发布会发言人的讲话进行概述："泰国警方已经对涉事的两名船长进行了传唤，目前还需要进一步收集证据，包括游船公司、旅行社等各责任方也要接受调查。泰方再次强调绝不姑息有关责任人，同时，要整改政府部门中存在的问题，引以为戒。"而直播中主播大多数时间是对现场情况的实时报道，直播画面也是现场实景，叙事时间大致等于故事时间，因此，场景是移动直播中主要采用的方式。

"新闻报道中叙述者的角色可以分为隐身叙述者、导游叙述者、旁观叙述者和侦探叙述者四种。"[1] 叙述者在新闻叙事中占有重要地位，影响着新闻报道风格与方向。"人民直播"翻船事故报道中主要有导游叙述者、旁观叙述者两种。主播作为导游叙述者引领着直播报道方向，直播间主持人作为直播报道的记录者可称为第二导游叙述者。受访者作为旁观叙述者，是重要的信息源和事件情况阐述者之一，能够增强新闻的说服力，他们作为叙述者共同参与直播话语的建构，推动着直播报道进程。

三　"普吉翻船"直播报道的话语行为

奥斯汀将言语行为分为"表意"行为和"行事"行为，表意涉

---

[1]　张印平、罗卫光：《电视深度报道的叙事学解读》，《新闻大学》2005 年第 4 期。

及言语的命题或意义，而行事涉及言语的意图。① 移动新闻直播话语作为言说行为，也具有表意和行事两种属性。根据言语行为理论，将从"行事"角度对移动直播话语行为进行分类。哈贝马斯认为言语具有三种功能：阐释（客观世界），使令（社会世界），申明（主观世界）。② 根据哈贝马斯的思想将"人民直播"话语分为阐释、使令、申明、评判四大类型，参照陈月明的社论话语行为分类标准，进一步将四大类型细分为 17 小类（详见前文分析指标）。

表5　　　　　　　　　　"普吉翻船"直播报道的行为分析

标题	报道话语行为一级类型	报道话语行为二级类型
泰国游船翻船：获救中国游客中6人留院观察	阐释型、使令型、申明型	解释类、劝导类、期冀类
泰翻船事故：黄金救援时间过半，搜救进行中	阐释型、申明型	解释类、期冀类
中国驻泰大使吕健带领中方搜救队：出海救援	阐释型、申明型	解释类、期冀类、坚信类
直击普吉游船倾覆事故现场　救援仍在进行	阐释型、申明型、使令型	解释类、期冀类、劝导类、号召类
直击泰国游船倾覆救援：对凤凰号进行打捞	阐释型、申明型	解释类、期冀类
	阐释型、使令型、申明型	解释类、劝导类、期冀类
直击泰官方发布会：通报"凤凰号"打捞情况	阐释型、使令型、申明型	解释类、指令类、承诺类
泰国总理召开发布会：通报翻沉事故最新情况	阐释型、使令型、申明型	解释类、劝导类、期冀类
	阐释型	解释类

　　表5为"人民直播""普吉翻船"事件报道的话语行为分类，由表可以得知，"人民直播"在此次事故报道中基本使用了阐释、使令、

---

　　① 顾曰国：《奥斯汀的言语行为理论：诠释与批判》，《外语教学与研究》1989 年第 1 期。

　　② 陈月明：《使命与主体：〈人民日报〉社论（1949－2008）的话语呈现》，复旦大学出版社 2013 年版，第 130 页。

申明这三大话语行为类型，有时两者或三者结合使用。阐释型占比41%，是直播中主要采用的话语行为类型。主播记者、直播间主持人、受访者在讲述事件情况时，都是以解释为主，客观阐述发生的事实。比如在《泰国总理召开发布会 通报翻沉事故最新情况》直播中，主播阐述发言人言论："今天（9日）上午，泰国政府在查龙码头召开例行发布会。经中泰双方确认，之前报道凤凰号登船93人，后经确认有4人未登船，实际登船人数只有89人，中国人87人。其中，已确认获救37人，41人遇难，11人失联。11名失联人员中，泰国方面通过酒店信息、出入境记录等手段，确认有5人生还。"

申明型占比36%，是直播报道中排在第二的话语行为类型，表现为期冀、承诺、坚信，在主播话语中经常出现"希望""相信"等词语，来表达对政府和救援队的信任以及对事故失联者生还的希望。使令型占比23%，表现为号召、劝导、指令，比如主播在直播中劝导大家海上出游注意安全，要有购买出游保险的意识，多关注官方发布的准确消息。有些志愿者号召政府等相关部门开通绿色通道，减少相关流程及审批工作，为遇难者家属提供办理各项证件的便利。政府官员在发布会中指令相关部门做好事故救援及调查工作，严格追究有关组织或人员的责任。总体上，"人民直播"事故报道呈现了以阐释、申明为主，使令为辅的话语行为，在客观陈述中穿插希望及劝导，使直播报道真实客观又充满人文情怀。

四 "普吉翻船事件"直播的语境

新闻话语的生产不仅受到新闻媒体及新闻从业者的影响，更受制于媒体及从业者背后的政治、经济、社会、文化等宏观环境制约。一篇新闻报道、一场新闻直播所蕴含的意义是媒体态度、社会文化、意识形态的综合反映。因此，研究"人民直播"灾难突发事故报道话语，不仅要分析其文本结构，还要探究其背后的政治经济、社会文化语境，通过对语境的分析，能够更深入了解新闻话语的动机与意义。

在语言学中，语境是指语言环境或者言语环境，对应于言语或语言发生并产生作用的环境，分为语内环境和语外环境。① 根据电视新闻语境的形成规律，可将语境分为微观语境和宏观语境两部分。微观语境指的是新闻文本中联系词语、句子、段落之间的语义语境，包括新闻事件的相关背景和语言环境。宏观语境是指社会的政治、经济、文化等背景以及新闻报道涉及的价值观、思维方式等。本研究主要分析"人民直播"翻船事故报道的宏观语境，具体分为政治语境、经济社会语境和新闻认知语境。

（一）政治语境

政治语境是指新闻话语生产所处的政治环境，具体表现为国家意识形态范畴内的政策方针和宣传。"人民直播"作为国家主流媒体的直播平台，肩负着政策宣传、正确引导舆论的使命。普吉翻船事故是发生于泰国海域的灾难突发事故，并且事故遇难者多为中国人，涉及生命安全、责任归因、中泰国际关系等多种因素。在直播中，"人民直播"的报道话语以阐释、申明为主，使令为辅，基本是在客观陈述新闻事实，没有夸大灾难严重性也没有刻意掩盖事实真相，并且直播报道穿插希望及劝导话语，体现出媒体对中泰政府救援工作的信心以及对广大人民的关心，这与党和政府历来关注民生、以人为本的政策理念息息相关。在直播标题和导语的文本分析中，"人民直播"的报道呈现出以"救援"为基调的话语风格，并且出现较多"中国搜救队""泰国官方"等词语，呈现出中泰双方通力合作救援的客观事实，体现了中泰官方对翻船事故的重视以及中泰之间的友好合作关系。直播话语呈现与当下中国所倡导的命运共同体、

---

① 孙长彦：《语境奥秘的探究》，宁夏人民出版社 2009 年版，第 3 页。

合作共赢理念的政治语境相一致，已经内化为新闻从业者制作新闻的标准与思维方式。

（二）经济社会语境

普吉翻船事故是涉及中国公民生命安全的灾难事故，事故发生后除了奋力救援外，还需要严格追究相关责任。而事故原因除了暴风雨这一不可抗力因素，还存在旅游公司、游船公司管理不善、政府相关部门监管不足或船长等人员操作问题。直播评论中，很多粉丝认为泰国游船公司没有对天气进行准确预测就组织游客出海是导致事故发生的间接原因，而导游没有监督游客穿好救生衣也负有较大责任。针对粉丝评论，在事故原因调查阶段，主播由于不清楚具体原因没有给出正面回应，多是客观陈述新闻事实，并劝导大家出游注意安全。直播中，主播带着广大网友的疑问力图采访泰方政府相关人员以获取准确消息，体现出主播重视民众诉求并为其发声的报道立场，满足了当下社会广大群众的话语共需。"人民直播"关于此次事故的报道，客观真实并力图安抚民众情绪，避免不实言论或极端舆论激化矛盾。

（三）新闻认知语境

"人民直播"作为国家主流媒体，拥有丰富的内容资源，在9场翻船事故报道中，有6场来自于成都商报红星新闻，3场来自于浙江日报浙视频，累积播放量上百万次。"人民直播"作为传播平台可以同时汇集两家直播报道的信号供用户选择，充分利用内容资源，提升用户体验，扩大了事件报道的影响力。《人民日报》通过"人民直播"平台增强了舆论引导力，强化了主流媒体的领导地位，从而肩负起社会监督、引导舆论、传播正能量的重任，主播记者对用户诉求的重视也体现出用户主体地位的提升。"人民直播"关于普吉翻船事故的报道策略与其自身定位及对媒介环境的认知息息相关。

五 "人民直播"翻船事件报道的话语启示

不同的媒介平台诉说着不一样的话语，同样的话语又可以有不同的表达方式。本研究运用话语理论以"普吉翻船事故"为例分析了"人民直播"灾难报道的话语呈现。研究发现：其文本结构较清晰，话语主体明确，主播记者主导直播话语权，多向交互模式使民众话语空间得到合理释放。直播报道主要由主播解说、直播间主持人图文报道、受访者言论、粉丝用户评论四部分构成，并根据现场情况或同步或交叉进行报道。四大话语主体主播、直播间主持人、受访者、粉丝用户在直播中分别充当着采访者和阐述者、记录者、信息提供者、监督者的角色。以主播解说为主，直播间主持人图文报道为辅，中间穿插受访者、粉丝言论，四者在"问—答"的交互模式中共同建构普吉翻船事故的直播报道话语。

"人民直播"报道叙事风格力图真实准确，注重用户体验，镜头运用多样，直播画面较丰富，兼具真实客观性与艺术性，平民化趋势显著。直播报道以长镜头的直播为主，辅以图片、字幕、声音等表达符号，呈现出多样的直播报道形式。主播作为导游叙述者以第一人称叙事为主，辅以第三人称的叙事口吻，使直播报道既平易近人又真实客观，受访者作为旁观叙述者是新闻信息的重要来源之一，促进了直播进程。主播对粉丝评论的提及体现出用户主体地位的提升，但体现出用户话语空间的不足。本研究认为如何使用户评论得到更多关注，用户话语得到真实表达，是"人民直播"今后需要面对亟待解决的问题。从话语行为的角度看，"人民直播"旨在客观呈现新闻事实，促进灾难事故救援，劝导群众注意安全，并表达对中泰双方合作救援的信心，彰显中泰之间友好的合作关系。"人民直播"的报道既真实客观又充满人文情怀，能正确引导舆论，传播社会正能量。

第四节　"上直播"对灾难性事件报道的话语分析

2016 年 12 月 26 日澎湃视频直播上线，覆盖时政、财经、科技、文化、新闻调查等领域，形式包括直播、短视频、专题等——"上直播""@所有人""中国政前方""温度计""大都会""湃客科技"等 13 个栏目一字排开，产品线涉及题材广泛、形式丰富，其定位是：新闻视频，就看澎湃。"上直播"是其旗下一款"拉近与你距离的直播产品"，一语双关的名字既有地标之意，也有赶紧上直播的味道。澎湃新闻的整体架构和栏目是按以新闻中心的方式操作，是一个"虚拟"的视频团队。

一　话语分析的理论基础

1915 年，奥地利语言学家索绪尔在其专著《普通语言学教程》中首先提出将语言和言语区分开来。他认为语言是互相差异的符号系统，而言语则是语言的个人声音表达。一般认为，索绪尔的《普通语言学教程》开启了结构主义语言学的先河。二战后，伴随着结构主义的思潮和批判学派的全面兴起，不同学科、不同研究方向的学者纷纷将注意力转移到对语言、话语与意义的研究上。法国哲学家米歇尔·福柯认为话语是一种权力，是人们斗争的手段和目的，人通过话语赋予自己权力，人们运用知识规训和控制社会，话语也就转化为统治和控制的实践。① 梵·迪克将话语分析引入新闻传播领域，提出新闻话语分析，并在研究中提出两个描述视角：文本视角和语境视角。梵·迪克强调从宏观结构和微观结构两个方面对新闻

---

① ［法］米歇尔·福柯：《话语的秩序》，肖涛译，转引《语言与翻译的政治》中央编译出版社 2009 年版，第 1－31 页。

报道进行研究，新闻的不同结构与读者对新闻的理解过程密切相关，同时又与社会环境紧密相连，他认为应从文本视角和语境视角来分析新闻话语。文本视角是对各个层次上的话语结构进行描述；语境视角则把对这些结构的描述与语境的各种特征如认知过程、再现、社会文化因素等联系起来加以考察。① 本研究以梵·迪克的新闻话语分析框架为理论基础，以"上直播"作为研究对象，运用内容分析方法，结合话语分析理论视角，从文本和语境方面对其关于汶川特大地震十周年特别直播报道进行分析。

在样本选择方面，主要以"上直播"2018年5月12日汶川地震十周年特别直播报道，时长约660分钟的新闻报道作为具体的研究样本。从话语文本和语境的角度对其进行分析，其直播的形式主要包括文字、图片和视频等。

二 "上直播"对"汶川地震十周年"报道的话语文本结构

本研究主要从宏观结构、微观结构以及报道风格和修辞三个层次来分析"上直播"汶川地震十周年报道的话语文本架构。

（一）宏观结构分析

在宏观结构上，研究主要是从主题结构和新闻图式两个角度展开。

1. 汶川地震十周年直播报道的主题结构

图 5 汶川地震十周年报道

① ［荷］托伊恩·A. 梵·迪克：《作为话语的新闻》，曾庆香译，华夏出版社 2003 年版，第 26 页。

梵·迪克的话语理论认为主题是话语的要点或最重要的信息，是对语篇整体和宏观层面的研究。一个文本的主题（M3）可以包含多个初级宏观命题（M2－1，M2－2，M2－3），每一个初级宏观命题之下也可能包含多个次级宏观命题（M1－1，M1－2，M1－3）。

结合"上直播"汶川地震十周年直播报道的话语文本的主题结构分析，其中 M3 代表主题，M2－1 等代表初级宏观命题，M1－1 等代表次级宏观命题。

在这篇报道中，新闻标题"汶川地震十周年：回忆是痛苦的，但生活在微笑向前"直接指明了报道文本主题，即为 M3。在 M3 之下，包含了 M2－1，M2－2，M2－3 三个初级宏观命题。三个初级宏观命题分别从 M2－1：重访北川老县城；M2－2：重返震中映秀；M2－3：重访都江堰，三路记者在不同地点进行直播报道，以报道三个城市在灾后十年的变化来强调主题。在初级宏观命题 M2－1 之下，又包含了几个次级宏观命题，M1－1：记者采访当年地震幸存者，原北川中学学生郑建宇；M1－2：北川老县城遗址；M1－3：映秀漩口中学遗址；M1－4：重访震中芷莲心；M1－5：随映秀好人杨青云重访映秀震后遗址；M1－6：走进震撼日记博物馆，看普通人的地震故事；M1－7：北街小学；M1－8：都江堰市人民医院；M1－9：川港康复中心这几个次级宏观命题分别讲述了北川故事、映秀故事、都江堰故事，表现了在汶川地震十年时间后的新面貌，重返震后遗址并讲述灾区人民的生活，以各种小故事组成并补充了初级宏观命题 M2：重访灾区。

2. 汶川地震十周年直播报道的新闻图式

新闻图式是梵·迪克提出的用以阐释话语在进行建构时的常规形式和常规范畴。新闻话语意义的呈现依靠新闻文本的特定句法与结构。新闻文本通过五个常规范畴来进行意义建构，其中包括"概述""主要事件""背景""后果"和"评论"。本研究的新闻图式是在梵·迪克提出的假设性新闻图式结构基础上，结合"上直播"直播报道特点提出。

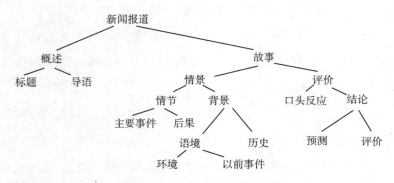

图6　梵·迪克新闻图式结构①

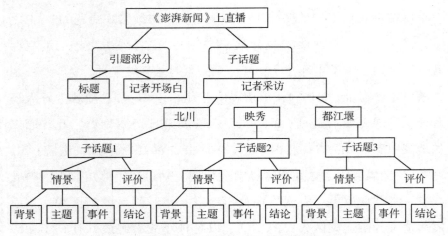

图7　"上直播"汶川十年报道图示

---

① ［荷］托伊恩·A. 梵·迪克：《作为话语的新闻》，曾庆香译，华夏出版社 2003 年版，第 57 页。

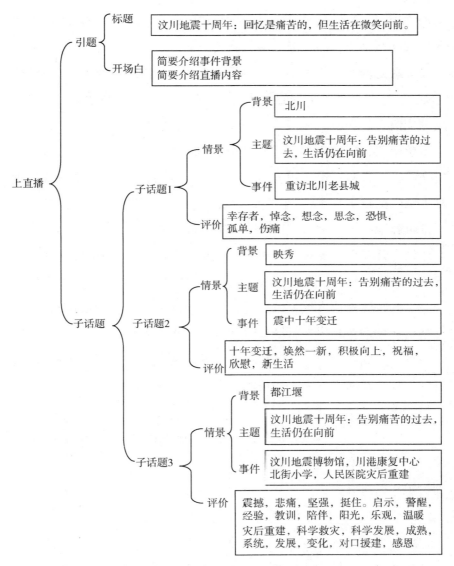

图8　"上直播"汶川十年报道结构图

关于此次直播报道的新闻图式结构为引题部分——背景——主题——主要事件——评价。

引题部分由标题和记者开场白构成，说明此次直播报道是以汶川地震十周年为主展开长达 10 小时的直播。标题为："汶川地震十周年：回忆是痛苦的，但生活在微笑向前。"

标题是新闻报道的中心思想，标题中"回忆""痛苦""微笑""向前"等词汇具有深刻的含义。回忆与未来，痛苦与微笑，两组相反的词语，表明汶川地震对于灾区、对于中国来说是永久的伤痛，但是生活仍在继续，祝福曾经充满伤痛的汶川，带着微笑和希望向未来前进。直播报道意图表达在 2018 年 5 月 12 日 "5·12" 汶川地震十周年的特殊日子，"上直播"重访灾区，悼念逝者、直击昔日震区重生新貌，看看灾区人民的新生活，新希望。

记者开场白主要是对于此次直播报道的概括，直播报道地点为四川，开始于早上 7 点 01 分，在三分钟的开场白中，记者首先简单介绍了关于汶川地震的相关信息，其次是此次直播报道的进行方式，三路记者分别在北川老县城，地震震中映秀和都江堰进行直播报道，结尾是对灾区的祝福。开场白用简洁的语言表达出直播报道的背景，进行方式，对未来的期盼等信息，表明了具体的话题内容。

"汶川十周年特别报道，在十年前 2008 年的 5 月 12 号的 14 时 28 分 04 秒，汶川发生了 8.0 级的地震，这是一个国人永远无法忘记的时刻。因为在这场地震中有八万七千一百四十九人名同胞遇难，这个数据中包括了失踪者，这是中华人民共和国成立以来破坏力最大，也是继唐山大地震以来伤亡最严重的一次地震。十年前，真的可以用山河破裂，满目疮痍来形容，所以很多人因为这一天，生命的轨迹永远发生了转向，他们失去了自己的亲人，朋友和同学，但是这十年来，也有很多人从地震中重新的站起来，走出来，甚至跑起来。十年里，我们从来都没有忘记过这个时刻，我们为什么去记住和报道这样一个时间节点，不仅是追思逝者，也是祈祷这样的灾难不会发生，或者更客观地说，我们希望在防灾和减灾上可以更科学的管理和防控，可以做的更多，预防的更好，所以今天也是中国的防灾和减灾日。或许说伤疤都会存在，但是我们学会了坚强，或者说在这场地震中，我们懂得了生命的厚度和重量，因为我们那么近距离的懂得了存在和失去。那么在今天的直播中，我现在简要介绍在这场长达数十个小时的直播中，我们会有哪些内容，我们派出多路记者，前往当时的发生地，北川老县城，映秀和都江堰，在数十个小时的直播中我们会看到十年中发生了什么经历了什么，同时又有了一些怎样的新变化，新面貌和新希望。"

"上直播"关于汶川地震十周年特别直播报道的子话题主要是由北川，映秀，都江堰的三组组成，主题是汶川地震十周年：告别痛苦的过去，生活仍在向前。子话题 1 的北川故事，主要事件是在北川老县城遗址，与幸存者重访北川老县城；采访当年地震经历者北川中学学生郑建宇；北川中学 09 级 5 班部分同学步行前往悼念现场；14 时 28 分 04 秒举行悼念活动；北川中学幸存者重聚北川新县城，在新北川中学，与未能赶来的同学视频通话。观看北川故事部分的直播报道时，感受到最多的是地震发生时的恐惧，地震对人们的伤痛，对逝者的浓浓思念之情。镜头切换到子话题 2 的映秀故事，航拍全景移动，字幕 1 为了铭记四川汶川特大地震，特质的记事钟被安放在漩口中学遗址；字幕 2 表盘上的时间定格在下午 2 时 28 分，即地震发生的时间；字幕 3 漩口中学位于震中的映秀镇，在地震承受了巨大的损失。主要事件是震中十年变迁，记者重访震中莲花心，看大地震后十年变迁。随映秀好人杨云青重访映秀震后遗址，四川汶川地震漩口中学遗址，官方纪念仪式，与映秀村民畅聊重建后的新生活。映秀故事主要向观众展示了映秀的十年变迁，焕然一新的映秀，如今的映秀积极向上，灾区人民开始了新的灿烂生活，祝福映秀。镜头切换到成都，走进震撼日记博物馆，看普通人的地震；采访川港康复中心医生，会诊震后伤残人员。参观汶川大地震博物馆，看到关于汶川地震的诗歌，散文，油画，图片以及参观日记博物馆，将观众带回十年前，体会到当时地震的悲痛与全国人民与汶川同在，为汶川加油。汶川地震伤员走出地震伤痛，逐渐走出地震的阴影。子话题 3 的都江堰故事，主要事件是北街小学与人民医院的重建工作。采访都江堰市北街小学校长和教师，讲述北街小学校训"科学做事，文明做人"。采访都江堰市人民医院执行院长和医务人员。都江堰故事的关键词在于灾后重建工作与对口援建，科学救灾，科学发展以及都江堰对党、上海对口援建和全国人民的感激之情。

子话题的三个故事可以用三组词语概括，悲痛的回忆，十年的变迁，灾后的重建。观众从中感受到汶川地震带给灾区人民和中国的巨大伤痛，在这十年中，灾区人民开始了新生活，灾区发生了新的变化，对于此次地震国人也得到了教训和启示，科学救灾减灾的重要性。子话题印证了告别痛苦的过去，生活仍在向前的主题。

（二）微观结构分析

微观结构分析需要从新闻话语的局部进行具体分析研究，本研究将从直播报道的词汇选择和隐含意义两个方面展开。

1. 词汇选择

在直播报道中词汇的选择非常具有研究意义，在一定程度上体现了传播者的意志和对事件自我认知和想法。本研究通过对报道词语的词性来具体分析。首先，在名词的使用上，此次直播报道在对

"5.12"地震的叙述上经常使用"遗址""幸存者""灾区""震中"等词语表达汶川地震的灾难性、破坏力和严重性。"看到学校飘扬的国旗""路边都是悼念的鲜花""感谢解放军，感谢我们的政府，感谢共产党""当看到部队、救援人员、医疗人员"等词汇，表现了群众对政府在突发灾难性事件应急处理的肯定和赞扬。"启示""警示""教训""经验""科学"等这些字眼的多次使用体现了政府对地震灾后重建科学性以及防灾、减灾方面的重视。其次，在形容词的使用上，"满目疮痍""巨大的""破损""山河破裂""悲痛""恐惧""孤单""沉重"等词汇形容地震带给灾区和国人的伤痛，此类词汇的选择渲染了凝重和压抑的气氛。"美丽的""山清水秀""鲜艳""焕然一新""坚强""积极向上""勃勃生机"等词语体现了通过十年的重建，汶川发生了新的变化，从灰色变成了彩色、鲜艳的汶川。"宽敞""实用""牢固""精细""完备""科学的""系统""成熟"等词语是受访者在面对记者对于灾区重建后的建筑问题的评价，表达了对灾区重建工作的科学性，实用性等方面的肯定。"温暖""陪伴""开朗""阳光""乐观""正能量"这些词语不仅是幸存者这十年来的心理变化，也是观看直播报道后，观众对地震幸存者最大的感受。最后是对于动词的选择上，"重访""感谢""感恩""传递""帮助""交流""合作""重建""提升""对口援建"这些词语表明了灾区人民对上海的对口援建工作，对国家政府，对全国人民帮助灾区重建工作的感激之情。"想念""思念""悼念"等词都透露着幸存者和国人对遇难同胞的悼念、不舍和想念。"回忆""告别""发展"这些词正是此次报道的主题"回忆是痛苦的，但生活在微笑向前""告别痛苦的过去，生活仍在向前"，对地震地区及灾区人民的美好祝福。

2. 隐含意义

词汇的选择和使用对于新闻报道的重要性在一定程度上反映着新闻话语隐含的意义，因此，本研究从直播报道词汇使用方面来分析新闻话语的隐含意义，通过在直播报道中，高频率出现的名词，形容词和动词来具体分析其新闻话语的隐含意义。

"解放军""部队""政府""共产党""救援人员""医疗人员""上海"等名词的使用说明了是"谁"参与救灾和重建的工作，所表达的隐含意义是党和政府在突发性灾难事件的应急处理能力以及对救灾和灾后重建工作的满意与感激之情。"启示""警示""教训""经验""科学"等这些词语的使用隐含了地震灾后重建以及防灾、减灾工作科学的重要性。

"满目疮痍""巨大的""破损""山河破裂""悲痛""恐惧""孤单""沉重""美丽的""山清水秀""鲜艳""焕然一新""坚强""积极向上""温暖""陪伴""开朗""阳光""乐观""正能量"这些形容词的使用一方面表现了地震带来的伤痛，另一方面表现了重建后的汶川充满了勃勃生机，所隐含的意义是重建工作带给灾区人民的幸福生活以及灾区人民微笑对待生活，微笑对待未来。"宽敞""实用""牢固""精细""完备""系统""成熟"等词语体现了重建工作重视科学性。

"重访""感谢""感恩""传递""帮助""交流""合作""重建""提升""对口援建"这些词语表明了重建工作的过程与意义，所隐含的意义在于灾区人民对上海的对口援建工作，对国家政府，对全国人民帮助灾区重建工作的感激之情。"回忆""告别""发展"表达了要以积极向上，奋斗的态度对待未来，隐含了对汶川和灾区人民的祝福。

（三）报道风格和修辞分析

"上直播"关于汶川地震十周年新闻报道的风格和修辞手法具有

显著的话语特点，修辞手法的使用可以使新闻报道更具生动性、形象性和真实性。

1. 报道风格以及语言修辞

"上直播"的记者使用非常生活化，通俗易懂的表达方式，使得"上直播"的新闻话语呈现平民化的话语报道风格。记者在报道时，没有华丽的辞藻，使用直白的讲述方式，当采访时，频繁使用"我们""咱们"等第一人称称呼，具有亲民性和贴近生活性。记者在报道地震遇难同胞以及感人故事时有些哽咽，使话语更加具有真实性和平民化。在现场，实时画面和声音有时会出现一点"噪音"，给人真实感和现场感。

2. 事实修辞

梵·迪克认为新闻话语的修辞还通过确切数字所隐含的精确性来强烈地暗示其真实性。"通过数字表现出来真实。数字最重要的是用来表明报道的精确性，从而显示其真实性"①

"上直播"关于汶川地震报道的数据运用首先是在记者开场白中，"在 2008 年 5 月 12 日 14 时 28 分 04 秒汶川发生了 8.0 级地震，这是一个国人无法忘记的时刻，因为在这场地震中有八万七千一百四十九名同胞遇难，这个数据中包括了失踪者。"记者对于此次直播报道主题汶川地震做了背景介绍，这组数据的使用形象地说明了汶川地震的破坏力，同时数据也起到了补充说明背景以及增加新闻真实性的作用。

> "在党中央坚强领导和有力部署下，当地始终坚持民生优先
> 原则，恢复重建各类教育机构 3340 所、医疗服务机构 2032 所、

---

① ［荷］托伊恩·A. 梵·迪克：《作为话语的新闻》，曾庆香译，华夏出版社 2009 年版，第 90 - 91 页。

公共文化服务设施 1115 处，帮助 157.5 万因灾失地失业人员实现就业。学校、医院设施装备明显改善，抗震标准比当地民用建筑提高 1 度设防。党的十八大以来，汶川地震灾区 39 个重灾县 GDP 年均增长 9.3%；城乡居民人均可支配收入分别年均增长 9.2%、11%；四川受灾严重的 6 个市州，2012 年经济总量在全省占比 49.63%，2017 年提升至 52.88%。"

这些数据的使用，使新闻报道具有真实性、客观性和公信力。突出了在过去 10 年，在全国大力支持下，四川全省万众一心、奋发图强。当年的地震灾区实现城乡面貌历史性改变、民生事业突破性进步、基础设施根本性提升、产业发展再生性跨越、生态环境实质性改善。

3. 引用

"引述别人的话不仅使得报道更加生动，而且直接表明确实是对方所说的，从而使口头行为显得真实可信。"[①] "上直播"的新闻文本中，经常直接引用受访人的话语，通过地震幸存者讲述其在地震中的亲身经历，使得新闻报道更加具有说服力、可信度和参与感。如新闻文本："幸存者：现在明知道走过的建筑很坚固，但心跳还是会加快。"主要内容是：2018 年 5 月 12 日，澎湃新闻记者与当时的地震幸存者北川中学高 09 级 5 班班长郑建宇重访北川老县城。郑建宇表示，十年来社会各界对地震灾区的支持和关爱从未停止，灾区人民也在慢慢重拾生活。"为什么地震过了十年，很多人还是不愿意提起。地震带给我们很多伤痛，明知道走过的建筑很坚固，但心跳还是会加快。"还有标题为"映秀好人"杨云青重访映秀震后遗址，

---

① ［荷］托伊恩·A. 梵·迪克：《作为话语的新闻》，曾庆香译，华夏出版社 2009 年版，第 90－91 页。

追忆往事。主要内容：2018 年 5 月 12 日，"映秀好人"杨云青重访映秀震后遗址，追忆地震往事。他告诉澎湃新闻，"天灾不可抗拒，命中没有不强求，一贫如洗也没抱怨。当时震后家里走了十口人，心里有点想不通。当时的上海市公安消防总队总队长陈飞觉得我活下来不容易，也为了让我走出伤痛，邀请我去上海、贵州等地走一走。"

三　"上直播"对"汶川地震十周年"报道的话语语境

梵·迪克认为要对话语进行全面有效的描述，需要对新闻话语产生与传播的社会语境进行探讨，找出影响新闻文本的外部因素，同时也说明了语境是新闻话语产生的背景与环境。在移动互联网时代，新闻业发生了革命性变化，新闻传播语境也产生了更替。技术叠加推动的时空转移语境、主体渗透营造的独白语境以及用户沉浸感的同位语境，这三种语境构成"上直播"直播报道话语语境特点。

（一）技术叠加推动的时空转移语境

直播从根本上是技术推进的产物，是视觉技术、文字技术、音效技术、3D 技术、增强现实等多重技术的叠加形成的新媒体，缔造了新型语法机制。直播一个鲜明的特征是时间场域的无限扩大与空间场域的浓缩，使得创作者、当事者、围观者能处于一个同等的对话轴。这种技术叠加推动的时空转移，构成了直播的创作语境。

移动新闻直播依托各种成熟的技术，形成非单一的，线性的传播模式，呈现出具有实时性、互动性、个性化的传播内容。"上直播"以分成三路记者在北川、映秀、都江堰三个现场进行现场直播为此次直播报道的主线。不仅如此，还在直播前前往其他现场进行采访，比如在成都的川港康复中心进行的对医生和地震伤员的采访，就是记者提前采访相关人员，通过画面和短片的形式出现在此次直播报道中。还有插播其合作平台的直播内容，如 CCTV13 新闻采访四川北川中学副校长、记者重走空中救援航线等内容。一方面可以丰富直播报道，另一方面可以对记者进行现场直播报道时的画面转换起到过渡作用。"一直播"在镜头切换时，运用航拍的设备，不仅向大众呈现全方位实景图像，增加直播的现场感，还让大众从画面的恢宏壮丽中感受到北川如今的美丽，以及后期配以充满力量的背景音乐，北川欢迎您的字幕，都在向大众展现和传递着北川地震十年之后的巨大变化。

（二）主体渗透营造的独白语境

直播的特点要求担当记者和主持人要具有较高的专业素质，不仅需要对现场情况快速做出相关报道，还需要掌握报道技巧，直播技巧以及面对突发事件的处理能力和应变能力等专业素质。同时，记者的语言，表情，语速以及各种手势，肢体动作都会传递给用户某种信息，表达着在现场的情感状态，影响着他们接受信息的情感态度。"上直播"的记者们在直播报道时，进行简单的自我介绍后直接开始对主题推进，整个直播时长大约为 10 个小时，直播画面的主要内容为记者在北川、映秀和都江堰的采访，采访的时长基本是整个直播报道的时长。在报道中，采访的语言、对时间的把握，对事件的介绍都做到有效控制，没有出现长时间空白，采访内容充足，给用户展现了优质的新闻直播报道内容。直播报道的现场具有很多不确定因素，比如在进行采访时，需要记者一步一步引导和访问被采访者相关信息，就像在此次直播报道中，记者经常会用到"你能给我们讲讲地震发生时，你在做什么吗""这个有什么感人的小故事吗？"等，记者的耐心访问和专业的采访技巧，对用户了解现场情况是非常重要。记者亲和的语言风格不仅使受访者能够更好地向他们传递信息，也能使用户在观看直播时感到亲切和自然贴近。

（三）用户沉浸感的同位语境

移动互联网时代的新闻直播，信息接收者的地位发生了巨大改变，从最初的被动接受者变成了可以参与到传播活动中的积极参与者。其地位改变的同时，传播环境也在发生着变化，这也是"上直播"报道话语形成的语境因素。"上直播"的用户对汶川地震十周年直播报道的互动评论较高，在此次汶川直播中，专门设立了互动环节。H5 征集"我的汶川记忆"：十年前地震时你在哪里？与观看直播的用户进行互动。促使他们积极参与直播报道，能动性得到极大提高，可以在直播过程中与节目互动，同时也可以与其他网友进行互动和交流。标题为"网友追忆：认识五年的 QQ 好友，震后头像一直都是灰色的。"内容为在直播报道中，网友的互动留言。如网友"柠瘰爷"评论："我认识五年的 QQ 好友，四川茂县人。从 08 年 5 月 12 日以来，她的头像一直都是灰色的。但我还是希望有一天能看见她变成彩色！"。网友"玖柒伍叁9753"评论："我们当年的学期考试，第一到题目就是 5·12 地震发生的具体时间和地点。"网友"想我们都会有些小问题"评论："唐山地震我奶奶就在那里，吃了几十年的安眠药了！""上直播"注重于用户之间的互动，有意识地培养和发展稳定的粉丝群，因为粉丝群具有积极参与报道，活跃地表达各自观点，向记者提问等特点，记者从观众的评论及留言中，可以调整直播报道的内容，选择他们最关心，最感兴趣的内容，并对其关注点进行快速准确的解答和报道。除此之外，用户之间也可以通过留言评论的方式进行互动和交流。两种互动模式的开启，使他们在直播报道时的参与感得到极大提升，现场感更加强烈。

四　"上直播"汶川地震十周年话语实践的启示

移动新闻直播为灾害性突发事件报道提供了更好的传播平台，

能发挥主流媒体内容为王的专业优势，向用户传播准确详细的信息。

本研究以"上直播"2018年5月12日汶川地震十周年特别直播报道，时长约660分钟的新闻报道作为具体分析的研究样本。从话语文本和语境的角度对"上直播"的相关报道进行分析，首先对直播报道的话语文本宏观结构和微观结构展开分析。宏观结构主要包含报道主题结构、新闻图式两个方面，在宏观层面，"上直播"呈现出了独特的话语特点，通过充分的初级命题使用丰富报道主题，使整篇报道内容更全面和完备。

其次在主流媒体话语中，词汇选择、隐含意义以及修辞使用是显现隐含观点和意识形态的一种重要手法，"上直播"微观结构的话语特点主要体现在词汇选择、隐含意义以及修辞使用等方面。主要利用正面的述语策略，高频率的借助大量褒义词汇强调现场状况，对新闻事实进行阐述。而这种阐述表达了一种暗示作用，建构了国家对灾后重建工作的重视以及灾区人民对于重建工作的积极、肯定的态度，同时暗示观众对党和国家在重大灾难事故相关工作的认同。最后通过词汇背后的涵义来达到传播意识形态的目的，大众传播媒介在进行新闻报道时，总会借助特定的语言风格、修辞策略隐形或显性地传播着带有某种倾向性的新闻观点，使人们在潜移默化中受其影响。在词汇选择上，"上直播"的用词表现出简单，平民化的特征。在修辞使用上，"上直播"事实修辞手法的使用使得新闻文本具有真实性和客观性。在语境方面，技术叠加推动的时空转移语境、主体渗透营造的独白语境以及用户沉浸感的同位语境，三种语境构成"上直播"直播报道话语语境特点。

"媒体从本质上说就不是一种中立的、懂常识的或者理性的社会事件协调者，而是帮助重构预先制定的意识形态。"① "上直播"用独特的语言方式构建了主流媒体报道灾难性事件的话语体系，在纪念汶川地震十周年的特殊日子，直播重访灾区，看地震十年后的变迁。肯定和赞扬党和政府在突发性灾难事件的应急处理能力，灾区人民对救灾和灾后重建工作的满意。在这十年中，灾区人民以积极向上，奋斗的态度对待生活，微笑对待未来。

---

① ［荷］托伊恩·A. 梵·迪克：《作为话语的新闻》，曾庆香译，华夏出版社 2009 年版，第 12 页。

第四章　主流网络电视直播的创新拓展

　　网络电视直播是与电子传播同步进行的，典型表现就是电视现场直播。与传统的借助转播车与后期合成剪辑而成的现场直播不同，移动互联网时代的网络直播在传播主体、选题方式、传播通道、用户互动、传播策略等方面都是不可同日而语。本章节旨在研究传统电视创办的网络电视直播，它是对传统电视现场直播的创新与拓展，重点分析以央视网、人民网等代表的央级台网直播和以芒果网、荔枝网等代表的地方台网直播的创新方式、新型的交互关系、丰富的产品层次、生产特点等，并运用话语理论对"央视移动新闻""荔枝直播""新华直播""北京时间"中民生新闻、政务新闻、国际新闻等直播报道的话语实践展开分析，以探讨其话语传播影响力提升路径。众所周知，互联网电视兴起于"三网融合"的大背景，自2010年起，电信网、广播电视网和互联网之间逐步完成了融合，使得文字、图像、视频语音数字化，为三网间的数据共享提供了技术支持。数字网络技术的迅猛发展促进了媒介终端形态变化，网络电视成为传统电视扩大影响力的重要领地，它弥补了传统电视单向传播的缺陷，满足了用户双向交互传播的需求。在功能上，用户不仅能通过其收看传统电视台的直播，还能够实现对节目的点播。

第一节　网络电视直播的价值特性与产品层次

直播是伴随着广播电视媒体兴起的一种节目形态，最原始的含义是制作与播出同时进行。电视直播起步于上世纪 90 年代末期，引领传统媒体进入即时性和现场感，它属于一种自上而下的传播。而移动视频直播更具有草根属性，它为具有争夺话语权意愿的个体搭建起一个表达自我、建立个人话语权的平台。移动视频直播具有即时性和不可重复的特点，颠覆传统电视直播的内容生产方式，从倾向于重大事件议题等政策事务性传播转向日常生活的常态化展现。网络电视直播创新拓展的推动力来自两根主轴：一是"三网融合"驱使下的网络电视台诞生，与互联网亲密接触，接纳互联网特质与用户思维，作为独立的媒体营运，是网络直播市场开拓的主要阵地。二是直播市场自身发展的强力推动，中国直播业从历史纵向看，2010 年前的 PC 端秀场直播占据主流，2010 年后直播平台相继推出了 Web 版和 APP，开始探索移动直播；2014 年开始，游戏直播纷至沓来，游戏直播平台泛化，直播娱乐化成为时尚；2016 年后直播进入跨界发展阶段，垂直领域直播亦成为三流媒体探索发展的主要方向与趋势。

一　"三网融合"催生网络电视直播

所谓"三网融合"是指电信网、计算机网和有线电视网三大网络通过技术改造，能够提供包括语音、数据、图像等综合多媒体的通信业务。涉及到网络融合、技术融合、业务融合、行业融合及终端融合。2005 年 10 月"十一五"规划建议中提出，未来五年内要加强信息基础设施建设，推进三网融合。2008 年 1 月国务院办公厅

《关于鼓励数字电视产业发展若干政策的通知》提出，加强信息基础设施建设，推进三网融合。在政策与相应机制的共同推动下，2009年12月28日，央视网的中国网络电视台正式开播，拥有视频点播、直播网站等产品线，它以"网络电视台"的身份公诸于众，意义非凡。2010年7月，央视网并入中国网络电视台，2011年，中国网络电视台成立南京演播室，作为一个相对独立的新闻媒体而存在，拥有自己的台标、主持人、采编权，是一个融合型的新媒体。同年，湖南卫视旗下的金鹰网视频平台芒果 TV 启动新域名 www. imgo. tv 并以独立品牌运营。上海文广旗下的东方宽频推出上海网络电视台，随后，江苏电视台、安徽电视台、浙江广电、深圳卫视等省级广电媒体开办了网络电视台，一些市级电视台也建立了自己的网络电视台如温州、连云港。2010年底，深圳广电集团联合全国数十家城市电视台还成立了"CUTV 城市联合网络电视台"。① 经历了数年发展与探索，网络电视不仅拥有传统电视台的技术、人才和内容等资源，同时还拥有互联网新媒体的产品思维与用户洞察能力。

"三网融合"提供给视频直播最基础的技术平台，因为视频直播对网络宽带与信息流畅要求较高，从 4G 到 5G，通信技术的不断发展推动直播优化与用户群体规模的扩大。数据显示，2017年移动互联网接入流量消费达 246 亿 GB，同比增长 162.7%，手机用户达到14.2 亿，所以，视频直播网站的兴起与网络实现高速互联密不可分。而网络电视是"三网融合"的最佳媒介形态，它是与直播接触最紧密的载体之一，电视媒体的特性提供给直播实现的可能性与必然性。

---

① 王静、杨斐：《全媒体时代我国网络电视台发展战略研究——以中国网络电视台为例》，《广告大观》2010年第6期。

二 跨屏转移推动网络电视直播的形态变迁

从传统电视直播到互联网电视直播到移动直播的多屏转移不是一挥而就，而是经历了两个跨越，实现了两次转型。

（一）从电视屏到电脑屏的跨越

直播是电视早期的主要播出方式，1927年9月声画同步的电视直播节目就诞生了，1958年5月1日，北京电视台（中央电视台前身）成立，6月15日我国第一部电视剧《一口菜饼子》以直播的形式播出，6月19日成功播出一场篮球比赛。传统电视直播通常是作为电视媒体的一种节目形态出现，有固定的内容与操作模式，走的是"大事件"路线，以动态跟踪展示传播者意欲达到的某种仪式感，比如对"香港回归"交接的全程直播，本质上是一种一对多的线性传播模式。传统电视直播虽然是以视觉符号营造现场感，但是社会大众并没有赋权参与媒介控制权，充当信息传播主体，行使生产能力，他们与电视直播中的主体角色与信息内容处于"想象的真实"中，有限的互动交流是基于预先设置的台词文本中，预先设置与流程确定是传统电视直播的主要特征。吉登斯将此界定为"单向式的媒介性准互动"。① 网络电视直播的出现则是从传播主体、传播要素、传播流程的颠覆与完善，互联网的开放与交互功能促成社会大众释放话语权力，参与直播的全过程。大事件、仪式感的自下传播转向多点互动的、集体编程的、现场商议式的流媒体传播。互联网视频直播在时间上保证了信息符号流动的同步性与交互的及时性，在空间上实现了事件位移转换的可能、营造了亲历感的设身处地，社会大众在被带入中，监督社会，履行社会公器职责。仪式化、程序化

---

① ［英］安东尼·吉登斯：《现代性与自我认同：现代晚期的自我与社会》，赵旭东、方文译，三联书店1998年版，第74页。

传播被退却虚拟的光环，社会大众日常生活场景成为直播的重要信息源。可以说从电视屏直播转向电脑屏直播的跨越意味着从"想像的真实"到"现场的真实"的迈步。

（二）从电脑屏直播到手机屏直播的跨越

如果说互联网视频直播是补充了传统电视直播的半封闭与预设性，增加了互动，释放公民话语权，那么移动端手机直播兴起则是进一步在"赋能"的层面上将"人人为麦克风"的价值优越性展露无遗。以手机屏带动的移动直播实现了面对面的实时互动，以流动性与集体创作将社会大众角色与身体技能动态展示。个人生活成为社会缩影、个人霸屏凸显社会风貌，每个大众将自己的乐趣与对社会议题的把关投射于掌中，集体群舞与表演取代单向度的流程设置，集体生活与集体认同成为直播突出表达的内容与风格。移动直播可以在同一时间将不同空间的群体聚合在一个节点上，以集体群演书写脚本辞令，以实时互动完成符号编码解码，以个我场景补充仪式事件的演绎范畴。正是由于移动互联网的技术平台供给与流量资费低门槛，移动直播重构了直播中的关系场景与关系结构，人人被赋权参与议题的选择与叙事的协商，互联网将单个的网络节点在共赏、共演的全体狂欢中聚合成社会主导声音，以揭示社会的多元、多彩、多样供当局者审时度势，体恤民情与民众议政处于同一个对话轴。移动直播增加了围观的随意性与社会风貌的不可控性，是向网络民主的积极靠拢，但也不得不思虑异质的各种杂音，如"网红的非常态"、戏谑、隐私、责任缺失等也是移动直播带来的社会不共振。

从电脑屏向手机屏的跨越代表着"在现场的真实"迈步"表达的真实"，社会实景展示在一个时间轴上，个体的国家情怀与平等对话在直播场景中完成某种自由度的释放。

三　网络电视直播的价值特性

网络电视直播是传统电视现场直播的创新与拓展，所谓创新首先体现在技术创新，从繁琐的固定设备装置到简约化智能移动终端；其次是内容创新，从大而全的定制式、议程设置主导的大众传播转向切口小、日常化与大众化的点对多式社群传播。再次是组织创新，从传者中心，行政化主导转向人人有机会参与生产与制作"去中心化"的扁平式传播。还有市场层面的创新，网络电视开启了新的直播市场，以市民化的内容与关系产品建设拓展了直播的应用范围，直播从政务走下圣坛，向服务型、平台型与社群型的产品端布局，以正面能量引导社会大众的生活实景与娱乐需求为导向。根据罗杰斯的创新扩散理论，用户对新产品的接纳取决于新产品相对于旧产品是否具有相近性、相容性、相易性与价值优越。我们知道，网络电视直播诞生于传统电视的现场直播，保留直播的可观赏性、现场感、直观性等特点。同时，由于技术融合，又兼有强烈的互动性、参与感与便捷性，随时捕捉与民众社会息息相关的社会共识性议题，更能引发共鸣。所以，网络电视直播更能体现其相容性、可接近性等特点，形成自身独有的价值特性。

（一）传播主体与传播要素的去中心化

传统电视直播秉承的是传者中心制，信息的生产与组织都是基于事先谋划周全的专业记者编辑，"麦克风"的话语来自代表官媒的专业把关人，在组织机构上，按照信息来源条块分割。整个报道节奏由主持人把控，且主持人仅仅处于"播新闻"的范畴，每个主持人正襟危坐、字正腔圆地播报新闻，更多地给观众一种疏离感。而直播技术消解了主体中心论，人人都可以成为"麦克风"，可以参与信息生产与消费，传播效果不再是从上到下，媒体影响受众，而是平行交错，用户态度改变媒介议程并影响媒体是否能长久立世。只需要一台智能手机，专业生产者可以实现素材采集和同步回传，后方编辑部可实时进行在线编辑与播出。对于非专业生产者也可以利用智能手机抓拍具有新鲜性与突发性事件，与互联网电视直播形成互补与相应，运用亲民的口吻站在普通大众的立场进行叙述，从而拉近和观众之间的距离。与传统新闻报道中出镜记者保持的专业记者应表现的角色形象不同，在移动直播中，对新闻报道时间限制性不强的情况下，出镜记者的"人格真实"被放大，这就给了记者表达个性更为广阔的空间，记者可以自由表达自己的感受，这些都是记者个性的体现。因而，记者除了职业性地把控新闻报道框架，还可以对自我进行个性化的表达包装，使之符合受众特点和网络传播规律，进而增强信息的表达张力。

随着 VR、全息投影等新技术进入直播领域，拓展了传统电视直播的符号语言与传播要素，文字描述的现场、图片呈现的静态现场、被动的信息灌输转向动态的、瞬时的、沉浸的、交互的信息场域。如 2016 年六安县 6000 头生猪被水浸泡无法转移，一张养殖户满脸愁容与生猪"生离死别"图片被记者拍下传到网上，引来大量网友的掬泪围观，一场围绕生猪转移的视频直播同步展开。中安在线直播视频《亲们，昨天那六千头快淹死的猪有救了》在朋友圈大量刷屏，实时观看人数到达 1000 万次，此次直播还被境外媒体共同关注。

（二）时间场域的消解与空间场域的共生

传统电视直播是基于固定栏目、固定时间，通过预先组织与安排设计的信息传播，直播的路线、话题、出场者、文本都是事先确定，基本上还是秉承线下采集，线上实况的采编流程与编辑思维。时间场域确定与分界是传统直播的显著标志，电视新闻由于受到频道窗口播出时间的限制，常以高度组织化的叙事方式呈现。出镜记者利用插叙、倒叙等多种方法将线性时空打破重组，着重于单位时间信息的高效传递。而互联网电视直播的技术平台消解了时间维度，摆脱了频道窗口的限制，大量的新闻直播都是在新闻发生的过程中同步直播，一天24小时可以随时推送信息，展示社会重大的、有趣的、新鲜的、娱乐化的生活场景。时间场域被空间场域的共生取代，社会大众乐于在虚拟的空间中，置身所谓的事件场域，以实名或匿名的方式从围观到讨论到社会行为发生。

所以，直播提供了专业生产者与社会大众空间的共生与共鸣，共生是他们能够在不同空间中发生位置转移，以视觉的直接感观体验"在现场"，同步信息的每一个环节、界面与语言解说，即时感与沉浸感可以释放社会大众参与社会事务的话语权力。而空间的共鸣是指直播充当的社会动员作用，在同一空间中，就同一事件，不同社会大众在认同驱导下的态度改变乃至行为体现。直播效果传递的就是实现传与受之间的共鸣与行为响应。如央视新闻直播"维和英雄灵柩归国"节目，引起大量用户围观并参与迎接活动，节目覆盖超过644万人次。这已经不是单一的信息传播，而是演化成一种力量，是社会共鸣下形成的集体行动。

（三）直播内容的政治中心转向常态化与娱乐化

移动新闻直播与电视新闻直播相比最大的差别是：内容是否进行过剪辑。传统电视新闻直播的内容生产通常先由前端记者进行取材拍摄，再由后方编辑对材料进行审核编排，以特定的逻辑组合画面和声音素材，使内容突出特定主题。而在移动新闻直播中，现场画面未经过编辑之手，连续地从前方记者的镜头直接传送到观众手机端，直接省去了第二个环节。在镜头切换方面，电视直播以"硬切换"为主，并将多个相关场景容纳在一个镜头中，移动端新闻直播的镜头特点属于"一镜到底"的拍摄方式。

传统的电视直播报道基本是遵循重大性与重要性原则,典型的直播内容就是"两会"报道,领导们的新闻发布会,重大突发事件等题材,直播的议题基本是关乎国家大事、政治活动与民生大计。政治倾向性明显,从选题、素材采集、生产流程、人员安定上预设性较强,把关严格,政治中心是直播报道的方向与重点,而且在渠道稀缺的传统电视主导时代,直播的零距离与视觉化要求直播内容尽可能张大社会正面能量,突出正面人物,树立典范形象。选材的宏观性与对素材处理的微观性是两大明显特征。互联网直播的开放平台突破了既往直播的半封闭性与严密组织性,移动端随时随意随地的信息获取通道供给能够将社会大小事宜汇集在传播终端,智能手机与用户的"赋能"与"赋权"将他们纳入传播话语体系。直播题材的选取不再是政治导向的重大与重要,增添了社会全景实录的可能性与必要性,人人都能看到并感兴趣的信息才是直播载体不同于其他新媒体的价值点。大量拥有移动手机的草根民众进入传播者领域,他们的参与补充了大众化的议题与娱乐化的选择倾向,接地气、口语化、全景化赋予直播政治属性的与时俱进。因此,直播开始关照社会大众日常生活场景,以接近性与易共鸣性作为选择素材的价值标准,它放大了社会的每个角落,将个人事宜推向全民话题,政治命题从小众走向大众,直播率先放下高姿态,以全民的视角与技术搭建帮助社会大众容身政治事务,也帮助政府层面以简单的视觉表达解析为国根本。如"央视新闻"直播的"我们在高考"节目,直击民众普遍关注的高考事宜,全景展示其中细节,引发共鸣与围观,获得 270 万的点击率。电视直播常态化是眼当下地方台网创新的方向,以杭州网络广播电视与杭州电视台交通 91.8 频率合作的"弄潮儿涛头立带你看大潮"为例,短短两个小时,超过 100 万人次收看，全程记录的"慢直播"中体现细节。强调的是伴随、分享、自主选择、实时互动。

四 网络电视直播产品的结构及布局

网络电视直播与传统电视直播的差异体现在生产角色内涵的多元化、生产与信息消费的同场化、互动交替性、多通道瞬时传递。作为独立媒体运营的互联网电视平台依靠的是产品线的铺设、通信技术叠进、多渠道延伸推进直播特色化与品牌化。直播作为特殊的融媒产品依然遵循着传媒市场的客观规律。学者彭兰在《内容转型升级为产品的三条线索》中对新媒体产品的结构和层次进行了梳理，将新媒体产品分为：接入产品、内容产品、关系产品、服务产品四个层面，① 这四个产品层级之间相互渗透转化，共同打造新媒体产品谱系与用户思维。

根据直播媒质特性与现实表现，网络电视直播也可从内容产品、关系产品、服务产品三个层面实现产品线铺设与品牌建设。直播内容产品是指网络电视直播的信息资讯生产，内容转型升级为产品，生产者不再局限于专门的内容编辑者，每个人都可以成为内容产品的生产者。传统媒体时代强调的"内容中心"已演变成"人的中心"。关系产品是指通过直播平台缔结的直播与观众、观众与观众、平台与内容间的强弱关系。它是互联网时代媒体市场的独特产物，满足了人们社交、互动的愿望，并与他人构建了一种高度动态、连通的人际关系。这种关系缔造了网络社群，形成了相对开放的对话场域。服务产品是指通过直播形成的具象产品，包括各种延伸品及服务品，如电子商务、在线支付、在线医疗、在线教育等，服务产品的开发使人们生活更便捷，也是直播产业的重点开发领域。

---

① 彭兰：《"内容"转型为"产品"的三条线索》，《编辑之友》2015 年第 4 期。

从网络电视直播产品的结构关系看，它们之间相互融通，相互作用。内容产品是核心，是吸引媒体流量的关键，为关系产品和服务产品带来了用户。人们通过直播建立关系平台，参与内容产品信息的讨论，技术创新推动了内容产品的创新升级，如从视频直播到移动直播，同时也增加了内容产品的视听触觉体验。关系产品是助力，为内容产品和服务产品凝聚了用户，聚集了规模化的用户群体，同时也是内容产品和服务产品信息流通的重要渠道。服务产品不仅是赢利模式和跨领域合作的体现，也为关系产品和内容产品聚集了用户数据，并培养了忠实的用户群，三种主要的产品形态互补形成一个共荣的产品生态圈。

（一）内容产品的多媒体融合

所谓内容产品的多媒体融合是指直播生产形式融合了不同生产者、内容类型如文字、图片、视觉、音效、三维等信息元素。运用不同媒体形式特点推送不同形式的信息产品。目前，网络视频直播通常采用两种生产模式：自制内容（PGC）和用户生成内容（UGC），并且努力通过新兴渠道吸收来自外部内容信息，寻求更深层次的内容融合模式。以北京新媒体集团为例，为增加直播竞争力优势，他们建立了全国电视台网的内容联盟，以 BTV 直播和点播视频为根基，通过联盟不断扩大地方台网视频资源，对全国数百家电视台实行内容整合，用专业新闻视频团队做深度内容支持，保障全天视频直播。以芒果 TV 为代表的网络电视台将内容运营产品化、IP化，通过购买、自制、合作等多种渠道存储聚合优质 IP，并进行产品化运营和 IP 化价值开发，实现内容价值的长尾效应。[①] 又如"看看新闻 Knews"，它以原创视频深度报道为核心竞争力，以具备新闻

---

① 易柯明、吴美阳、杨代：《中国视频业的"芒果 TV 模式"》，http：//www.mgtv.com，2018 年 6 月 4 日。

性的直播互动为产品亮点，以聚合网络新闻视频为内容保证，使"看看新闻"客户端成为整个"看看新闻 Knews" IP 的内容首发平台和关键组成部分。① 在三大产品线新闻、看点、直播中，直播是最完备的产品线，包括可以随时引入各路信号的互动视频直播间和一条持续更新的视频新闻流 Knews24。

（二）服务产品的多功能拓展

网络直播的服务性体现在其延伸产品的多元化，以采购、版权合作、自制、用户生产内容等方式丰富自身内容节目，形成自己的服务体系。如"荔枝直播"依托先进的视频互动技术，利用广东广电强大的媒体与社会资源，为用户提供多方位的信息服务与互动，其运营模式是资本推动的公司化运作。还有央视新闻，在全球范围内，它是第一家打破平台局限，同时向多个社交媒体平台提供新闻现场移动直播信号的机构。2017 年 2 月 18 日，中央电视台与 37 家省级、计划单列市电视台共同宣布成立电视新闻融媒体联盟，以自身的优势资源提供平台服务，做大平台级产品，以服务功能实现产品线拓展。还有青岛传媒集团旗下的掌控传媒，成立"直播＋"一体化融媒体平台，它共包括三个主要板块，一是直播中国，二是掌上直播 APP，三是以一直播、花椒、美拍等媒体号组成的服务矩阵。在服务矩阵板块，联合国内知名行业黑晶科技，打造"VR 超级教室"和一批政务新媒体直播项目，将直播与政务、企业、市场三者有机结合。而江苏网络电视台服务产品的开发是向客户提供定制性的产品策划服务，与客户合作进行整合营销活动。由于其技术开发实力比较强，会为客户提供 H5、互动直播、宣传片等技术服务及系列新媒体产品的策划和制作。除此之外，还可以联动总台的拍摄团

---

① 徐龙河、杨健：《移动视频直播：从"全民记者"到"全民电视台"》，《现代视听》2016 年第 10 期。

队等资源，为客户提供线下宣传服务。

（三）关系产品的多品牌耕作

网络直播具有及时性和互动性的特点，可以实现互联网的全面开放性，传播场景的意义突破使得新闻的时效性大大提升。直播缔造了新的场景意义，形成新型的基于生活类型互动的社群关系，在某种程度上，直播是最贴近互联网思维的媒介载体。直播的关系产品包括会员费、打赏、礼物定制等，会员费是用户群体基于信任与需求支付的购买信息消费的品牌产品，如娱乐、体育直播、点播等；打赏支付的是用户对直播者、直播内容、直播平台信任基础上建立的关系消费，是对中意的传播主体与内容认可的赏识和态度，背后推动的是品牌的力量。关系消费是一种可以产生溢价的消费，所谓溢价消费是指用户愿意为其个人偏好支付超过产品价值本身的价格，打赏是一种定价随意的价格机制，是每个人根据自己的喜好为直播内容产品支付价格不等的费用，产品定价不是以市场而是突出主观个人意志。礼物定制是直播产品运营价格补偿的重要机制，通常被应用在秀场直播与网红直播中，但随着主流台网直播的大众化与娱乐化渗透，特别是对一些社会弱势群体生活实景的报道中，围观群众会选择一些礼物发送或打赏等方式奉献自己对他者的关爱与经济支持。互联网开放平台提供给人人免费享受信息通道与消费信息内容的可能，直播大多是零门槛付费的媒体产品形态，它的价值通常是以流量、点击率与互动率度量，其附加值的表征就是用户在直播过程中是基于自愿原则支付的关系产品，购买会员、打赏，发送礼物等，这些消费方式或成本支付本质上都是个人精神层面的共鸣回应。

第二节 网络电视直播的生产机制及表现

网络电视直播不是对传统电视直播取代而是一种从生产方式、技术平台、信息内容的全面革新。它的优势是内容的专业性、信息的稳定性、操作的规范性，同时兼有互联网的开放性与交互性，随着网络电视直播向移动平台的渗透，其直播形态又融合了更多适合社会大众的生活场景性与动态性。网络电视直播的生产机制主要包括两部分：一是专业化内容生产，即传统电视台节目内容的同步播放；二是自媒体与专业化内容生产，即网络电视台、新闻 APP 等移动客户端上的直播内容。专业化内容生产是将母体电视台播出的节目内容，放到网络上进行同时播放。如 CNTV、江苏网络电视台、芒果 TV 等都依托广电，将传统电视节目的直播、点播作为视频直播的主打产品。UGC（User l Generated Content 用户生产内容）直播不同于传统电视新闻直播，它是用户进入直播间就能收看到自媒体的 UGC 直播内容。

一 中国网络电视台：以原创开辟全能平台

2009 年 12 月 28 日，中国网络电视台（CNTV）正式开播，它是我国第一个国家网络电视台，是中央电视台创办的新媒体平台，已建设成网络电视、IP 电视、手机电视、移动电视、互联网电视五大集成播控平台，通过部署全球镜像站点，覆盖全球 190 多个国家及地区的互联网用户，并推出了英、西、法、阿、俄、韩 6 个外语频道以及蒙、藏、维、哈、朝 5 种少数民族语言频道，建立了拥有全媒体、全覆盖传播体系的网络视听公共服务平台。中国网络电视台的内容生产由两大板块组成：

（一）依靠央视强大信息资源与原创采编的专业化生产

在直播拓展中，中国网络电视台运用优势资源与平台整合给用户带来了全新的视觉体验。如 2014 年巴西世界杯转播中，中国网络电视台尝试 4K 超高清是对技术应用的全面推动和突破。在内容上，中国网络电视台除了全面转播 CCTV－5 节目，又开设了世界杯专区，提供免费直播、付费高清等专题节目。并且还将 CCTV－5 由于时段限制未能播出的节目、视频、花絮等整合成一个 24 小时不间断播出的完整世界杯视频资料库，供网民随时点击，追踪赛况。"央视影音"移动端 iPhone 版连续 7 天登上苹果免费总榜前三位，iPad 版本连续 12 天稳居第一。① CNTV 与央视在节目制作，互动推广等方面进行了相互支撑和彼此融合的系列探索，不仅获得了高强度曝光率，同时网民互动也丰富了央视的节目内容，网台收视相互拉动，形成强大的传播合力。

（二）依靠 UGC 的媒体内容共创生产

中国网络电视台另一个信息源是网民上传的视频，CNTV 在视频内容中专门设置了网民上传视频的分享与互动社区频道"爱西柚"。它是将用户生产的原创内容，投放到视频网站和客户端，经后台审核与分类后呈现在网络平台。该频道首页设置有拍客 DV、动漫游戏、原创最新专辑、最新视频等板块。在用户生产区不仅有名人、达人原创个体加入，还与专业影视制作和高校机构等合作，目标群体范围十分广泛。② 作为 CNTV 第一个原创视频频道，"爱西柚"不仅丰富了 CNTV 的传播内容，增强了与用户的互动感，充分释放了用户生产能力与想象力，在内容共创中，将 UGC 与 UPGC 很好地

---

① 田洪：《央视世界杯转播的新媒体探索》，https：//zgcb. chinaxwcb. com，2014 年 9 月 14 日。

② 吴刚：《CNTV 媒介融合策略与思考》，《新闻前哨》2010 年第 6 期。

结合。

中国网络电视台作为央级主流视频媒体，依靠央视强势信息资源与品牌影响力聚拢用户群体，是网络电视直播最重要的阵地之一，承担政治责任的同时，也将视点触及社会各个阶层，它所拥有的独家内容、技术、资金和人才方面的资源是得天独厚的。然而，受体制与运营机制的困扰，CNTV 在版权、权益、用户自创内容的通道流畅上还需要进一步创新。

二 江苏网络电视台：以原创整合渠道资源

江苏网络电视台成立于 2010 年 12 月，立足点是成为广电媒体内容在互联网领域的扩展和延伸。依托江苏广电原有的影响力，目前提供总台 14 个频道 60 套电视节目的回看、点播以及 5 个频道 24 小时不间断的直播，建立了江苏卫视、新闻中心、城市频道等在内的 11 个频道的官网入口，以及《奔跑吧兄弟》《非诚勿扰》《最强大脑》《星厨驾到》等 60 个王牌节目的官网入口。在内容制作上以原创内容为主导，打造了一系列内容形态丰富多样的独立原创视频节目和文字专栏，形成拥有访谈、评论、娱乐、爆笑短剧的精品节目矩阵。如《独家一番》《大林评论》《网络面对面》《Top 大来宾》等都是江苏网络电视台制作的原创视频节目。同时以整合资源为补充，购买海量版权内容，与各大网站的节目互换资源、通过收录抓取与第三方公司合作等方式引进互联网资源，丰富了江苏网络电视台的产品线。形成了"荔枝"和"我苏"两网两端的格局，分别是荔枝网、荔枝新闻 APP、我苏网、我苏 APP。此外还有自媒体矩阵，如江苏网络电视台的微博、荔枝新闻微博、微信。江苏发展大会（我苏）的微博、微信，融媒体新闻中心负责运营"荔直播"，他们的直播流、直播节目有时会在荔枝新闻同步播出。荔枝新闻作为一个大的平台有自己独特的直播，同时也有一些卫视频道的直播。如江苏卫视"最强大脑"节目，会有现场直播，用户也可以分享到微博、微信等社交媒体。客户端作为一个聚合平台，汇集着江苏台自身的直播和频道的直播。比如"看头条"是一个融媒体新闻评论节目，每周日在荔枝新闻 APP、荔枝网与江苏公共新闻频道同步直播，在发生重大事件时，也会有常规的线下直播。整个内容生产涉及新闻类、娱乐类，如江苏卫视的跨年演唱会直播，定制发布有特点的多讯道互动娱乐直播，用户在 7、8 个讯道间可以随意切换机位，从不同视角观看演唱会直播。①

三　芒果 TV：独播 + 自制 + 内容的五屏互动直播

2014 年 4 月 20 日，湖南广播电视台完成了对精英网与原芒果TV 两大平台的整合，建成以芒果 TV 为统一品牌的视听新媒体平台。在直播探索中，芒果 TV 推出 360 度全方位五屏网络互动直播，以技术推动直播新尝试。形成了以客厅大屏、移动小屏并重，以国内市场为主，海外市场同步拓展的"多屏互动、一云多屏"新体系和快乐全球的立体化传播格局：一是产品体验全面提升，频道、点播、直播和个人 4 条产品全新升级，成为 App Store 国内首款且唯一被推荐的视频应用软件。二是产品形态多样发展，整合内容资源，打造视频业更强 PGC 与 UGC 结合的内容影响力。在 2015 年跨年演唱会中，芒果 TV 为用户提供电视画面以外的 5 路现场机位，使得他们可以在 PC 端和移动客户端自行选择任意机位，即可收看一场精彩绝伦的"自主导播"的跨年演唱会。在 2015 小年夜春晚中，芒果 TV 玩转 360 度创意互动网络直播，用全平台实现多屏互动直播，实现直播全开放、视角任意选、用户做决定。2015 年暑期，芒果 TV 联手

---

① 根据江苏网络电视实地访谈整理。

湖南经视重磅推出一档全时全景直播真人秀节目——《完美假期》，节目在网上进行全时全景直播，通过多个机位、多个窗口记录选手的每个生活角落，满足了观众不同的视听偏好。[1]

芒果TV也是首个将弹幕技术应用于直播视频中，所谓弹幕就是观看视频的用户其留言评论会以弹幕的形式即时出现在视频画面上。同时，推出"无边界LIVESHOW"概念，不同地区的粉丝可以通过芒果互联网电视直播互动点，隔空参与，提供了更具参与感的直播体验。在《歌王之战》直播中，芒果TV紧跟技术制高点，将常规直播变成网络平台的十大机位同步直播，即全景机位看歌手决战、特写机位捕捉台前幕后微表情、7路明星个人机位全程追踪歌手动态，更有云直播机位看人机大战预测歌王。而且，芒果TV联合阿里云首次尝试云直播，融入顶尖科技人工智能技术，让机器人成为节目主角，向所有电视机及电脑、手机屏幕前的观众发起挑战，这是电视节目互动直播史上的首次尝试。

四　体制外的市场化直播营运方式

在网络直播火热之际，地方主流媒体运用自身的独特优势开辟直播市场，塑造新的直播形态。所谓体制外的市场化运作是指地方台网以资产剥离的方式与业外资本联合搭建新型的市场导向的直播产品。

（一）"荔枝直播"的业外资本企业化运作

"荔枝直播"是广东网络广播电视台推出的互动直播平台，是国内主流广电媒体第一家推出多屏互动的媒体。依托先进的视频互动技术和广东广电强大的媒体资源，为用户提供多方位的信息产品与

---

① 易柯明、吴美阳、杨代：《中国视频业的"芒果TV模式"》，http://www.mgtv.com，2018年6月4日。

关系产品，其运营特点是资本运营主导的公司化运作。2017 年 1 月 10 日上午，广东广播电视台举行社交直播平台合作签约仪式，标志着国内首家广电媒体打造的社交直播平台正式引入资本运营，启动公司化运作。① 广东广播电视台、北京世熙传媒文化有限公司、杰格（北京）科技有限公司、广东青米投资有限公司四家公司签署协议，按照平台目前一个亿估值首期引入合作资金超过五千万，四方将整合各自资源优势，从内容、技术、运营、资本等方面共同发力，联手打造互联网市场独具特色的直播平台。自上线以来，"荔枝直播"的定位是"有效传播、有效引导"，开创专业主播模式，通过垂直内容融汇高黏度粉丝群，打造一批具备互联网特质的持证主播、场控审核、互动客服，以及粉丝经纪运营队伍，探索出了一条"传统广电＋移动直播"的特色道路，以市场化运作回应市场需求。

（二）"看看新闻 Knews"的资本推动原创立足

"看看新闻 Knews"是由东方卫视和上海电视台联合出品，以原创视频新闻为特点树立的直播品牌。新闻是它的核心，视频是它的特性，直播是它的亮点。"看看新闻 Knews"覆盖了传统媒体和新媒体的三种渠道：传统的东方卫视频道、SMG 所属东方明珠新媒体公司的 IPTV、手机电视和 BestTV 互联网电视平台以及"看看新闻"手机客户端。看看新闻客户端以视频新闻为特色，但并不仅限于视频呈现，它以原创视频深度报道为核心竞争力，以具备新闻性的直播互动为产品亮点，以聚合网络新闻视频为内容保证，使"看看新闻"客户端成为整个"看看新闻 Knews"IP 的内容首发平台和关键组成部分。目前，"看看新闻 Knews"开设的三大块是新闻、看点、直播，其中"直播"是最大的亮点，包括可以随时引入各路信号的

---

① 《广东广播电视台社交直播平台启动公司化运作》，《中国广播》2017 年第 2 期。

互动视频直播间和一条持续更新的视频新闻流 Knews24。[①]

(三)"北京时间"的资本启动资讯平台

"北京时间"直播定位是"北京时间,直播中国",主打 24 小时永不停歇,是独具时间属性和现场感的直播态新闻。"北京时间"不仅是新闻直播平台,更是基于用户兴趣度、行为链,以技术和网络搜索大数据为支撑的视频资讯服务平台。"北京时间"以北京网络广播电视台为基础平台,依托独特的视频内容优势,结合奇虎360的渠道优势,通过内容生产与技术研发双轮驱动,以强大流量推动新闻视频资讯传播,快速占领新闻直播的制高点。同时,以 BTV 直播和点播视频为根基,通过联盟不断扩大地方台网视频资源,对全国数百家电视台实行内容整合,用专业新闻视频团队做深度内容支持,保障全天视频直播。"北京时间"上线以来,已进行了多次成功直播。如邀请"跨界明星"做客"北京时间"直播间,边看边聊《跨界歌王》;与政府职能部门的直播合作,对人民的好法官"马彩云法官先进事迹报告会"进行全程直播,收获 PV36 万。探索大事件直播,对英国脱欧公投进行 8 小时全程直播,包括英国及欧洲其他国家云记者实时直播、专家权威解读等,直播时同时在线 IP 瞬间峰值超 50 万。现在,"北京时间"已实现全天 24 小时不间断直播。[②]

所以,央级和地方网络电视台都在通过全面融合采编力量和报道资源进行直播产品创新,提高自身的传播力和竞争力。

第三节　网络电视直播的商业变现

网络电视直播与纸媒直播转型的全媒体开拓不同,后者还处在产

①　焦雨虹、赵逸人、谭勇:《上海文广新一轮改革整合背景下的融合发展研究》,《声屏世界》2016 年第 7 期。

②　许小净:《"北京时间":借直播寻找"升维优势"》,《传媒评论》2016 年第 8 期。

品孵化与品牌建设中，商业模式待确立，价值变现尚没有提升议程，更多是纸媒对移动端的占领与话语权掌握。而网络电视直播本身是根植于传统电视直播，是成熟产品的延续与完善，运作模式已成雏形，如何以产品思维与用户思维，拓宽商业模式是亟待解决的问题。

一　赢利点与赢利模式

赢利点与赢利模式是两个不同、但又相互关联的概念。所谓赢利点是指企业获得利润的方法、策略与点子，是形成赢利模式的基础。赢利模式的确立有赖于成熟的多元赢利点支撑，赢利模式是指探求企业利润来源、生成过程和产出方式的系统方法，即企业在市场竞争中逐步形成的企业特有的赖以盈利的商务结构及其对应的业务结构，是公司从客户那里获得现金流的策略和技术，是指赚钱的方式和方法。[①] 赢利模式分为自发的赢利模式和自觉的赢利模式两种，前者是自发形成的，企业对如何赢利、未来能否赢利缺乏清醒的认识，虽然赢利，但赢利模式不明确、不清晰，具有隐蔽性、模糊性、缺乏灵活性的特点。后者是企业通过对赢利实践的总结，对赢利模式加以自觉调整和设计而成的，它具有清晰性、针对性、相对稳定性、环境适应性和灵活性的特点。在企业成长的初级阶段，赢利模式大多是自发的，随着市场竞争的加剧和企业的不断成熟，企业开始重视对市场竞争和自身赢利模式的研究。这时，企业的赢利模式才逐渐转变为自觉的赢利模式。赢利模式包含三个关键因素：第一，价值发现—决定利润的来源；第二，价值匹配—决定赢利水平高低；第三，价值管理—决定赢利能力的稳定性。一个好的赢利模式必须能够解决以下一系列问题：向客户提供什么样的价值？如何提供这些价值？能够提供价值的关键活动有哪些？如何保持优势？一个好

---

① 王建华著：《互联网时代盈利模式》，企业管理出版社 2016 年版，第 1 页。

的赢利模式还必须是使其各个组成部分都具有持久赢利的方法的组合模式。这样，即使有新的竞争者进入，也不会受到很大的威胁。

产品的价值变现是基于其本身效能与外延服务，直播有三种常见产品形态：内容产品、服务产品与关系产品。内容产品是基础，贩卖的是信息内容，主流网络电视直播主打是新闻与泛资讯，它带来的是注意力资源与流量。它的服务产品表现为直播平台的入口建设，可以成为其他媒体直播通道与共享平台，实现服务回馈。关系产品是直播者与用户之间基于信任与赏识缔建的最能体现直播产品价值的变现方式。不同定位的网络电视直播以自身特色探索其赢利点与赢利模式。目前来看，主流媒体直播变现成功的案例并不多，本研究选取中国网络电视台和芒果 TV 的商业运营尝试，简单归纳其变现方式。

二　中国网络电视台：以内容版权主打流量导入

网络电视直播作为独立的产品运营，同样遵循传媒产业的 N 次售卖原理。如中国网络电视台在广告产品形式与内容上大胆创新，推出了网幅广告、文本链接广告、插播式广告、FLASH 广告和视频广告。利用自身权威平台，积极拓展广告投放渠道，针对不同客户为其定制不同形式的网络广告，不断提升广告效果。同时还与易传媒联合组建了"视频广告联合实验室"，建立视频广告技术研发机构，研发更加符合网民和广告主双重需求的产品。随着网民对视频质量要求提高，正版化和高清成为新的需求倾向，中国网络电视台借助中央电视台的正版内容来源，与各大视频网站合作，对内容进行重新包装，开展二次售卖，以内容版权主打流量导入。如作为2010 年南非世界杯的新媒体唯一转播权，与酷六网，搜狐网，PPTV进行战略合作，售卖世界杯的转播和点播版权和广告销售，共收入 5亿美元，而内容版权占了绝大部分。同时，中国网络电视台积极拓展网络游戏和网络商城，以拓宽经营范围开发新的赢利点。如与盛大合作开发游戏，在其主页上开辟游戏专栏，将"三国杀"、"暗黑破坏神"等产品融入其页面中。2011 年，中国网络电视台正式推出商城频道（mall. cntv. cn）与团 800、京东商城、银泰网、58 同城、酷运动等达成合作，利用自身媒体资源，搭建"轻型"电商平台。①

三　芒果 TV：以独播构建产业生态

芒果 TV 的定位特色在于其独播，以原创与资源的独特性树立品牌主张，因此决定其赢利点与赢利模式也是按照自身的独特价值优越性搭建。独播是一种产出大，收益较慢的运营方式，收益的主要来源是广告赞助，还可以实现少量的定制收费。在广告层面，广告产品是芒果 TV 赢利的重要来源，但是在用户付费板块，由于中国用户长时期习惯于免费享有互联网产品，形成既定的免费思维，导致独播剧的付费收益一直得不到完全落地。而且，当付费来取代免费的内容共享时，用户的忠诚度和满意度就会急剧降低。因此，芒果 TV 的付费机制依然在培养用户的消费习惯中举步探索。除此外，芒果 TV 积极开展多元化赢利开拓，向服务产品拓展，向互联网电商购物试水，在平台服务内容的范畴上拓展。不断推出"VIP 微信代付"功能，利用社交朋友圈来带动芒果 TV 的 VIP 服务尊享。在服务产品的另一条线上，芒果 TV 与国内外电视终端品牌的合作，开设线上线下的双渠道销售，加深内容方和渠道方的合作，切实地拉动销售额增长。②

芒果 TV 的赢利模式是希望搭建芒果生态圈，通过芒果 TV 渗透

① 汪文斌：《融媒时代电视媒体客户端建设的探索与思考》，《新闻战线》2015 年第 9 期。

② 易柯明、吴美阳、杨代：《中国视频业的"芒果 TV 模式"》，http：//www. mgtv. com，2018 年 6 月 4 日。

的内容、平台、终端应用实现生态链条。如"芒果 TVinside 家族"系列产品，包括智能电视盒子、电视一体机等，芒果 TV + 产品等，主要通过内容独播、外观新潮、遥控感应、互动社交、K 歌娱乐等全方位娱乐影音新体验吸纳用户使用与购买，从服务产品收益转向关系产品价值获取。

第四节 "央视移动新闻直播"民生议题的叙事分析

从本节开始，计划运用话语分析理论为方法论，以典型的网络电视直播内容为样本，对其话语叙事方式、特点以及代表意义展开研究，以揭示主流网络直播的传播实践活动。2017 年 2 月 19 日"央视移动新闻网"正式上线，以视频 + 文字的形式向用户呈现新闻报道，其中，视频包括有 V 视频和现场直播，现场直播是其核心报道形式。本节运用叙事理论分析央视移动新闻直播中民生新闻的叙事方式与特点，以个案总结主流网络电视直播话语影响力表现。

一 叙事学与民生新闻叙事

叙事学是建立在结构主义基础上，对叙事文本进行研究的理论。它起源于欧美，在热奈特之前的欧美学者倾向于将叙事二分为"本事"与"情节"。法国学者热奈特提出了叙事的三分法，包括"故事（本事）""叙述话语（叙事）"和"叙述行为（叙述）"，即一定的本事，经过一定的叙述行为，产生一定的叙述话语。叙事由二分到三分，增加了行为，客观上将叙事由静止调整为运动。①

20 世纪 80 年代叙事学理论传入中国，罗钢认为，所谓叙事学是

---

① ［法］热拉尔·热奈特：《叙述话语 新叙事话语》，王文融译，中国社会科学出版社1999 年版，第 6 - 31 页。

研究叙事的本质、形式、功能的学科，研究对象包括故事、叙事话语、叙述行为等。叙事广泛地存在于神话、传说、戏剧、新闻和日常会话，对包括新闻报道在内的非虚构类叙事作品的分析也可以被纳入叙事学研究范畴。① 叙事话语研究属于叙事学研究的一部分，在热奈特看来，叙事话语是主体通过叙事行为与叙述"本事"互动而产生的一个相当完整的口头、书面或影视的单位语段。本研究侧重探讨新闻叙事学中叙事话语部分，并通过话语的能指探讨所指。

20 世纪 90 年代伊始，各地方的晚报、都市报上登载的社会新闻和市井新闻可谓是民生新闻的雏形，到 21 世纪民生新闻得到进一步发展。如沈阳电视台推出的《直播生活》、辽宁电视台开办的《新北方》等形成了被广泛关注的民生新闻报道。所谓民生新闻是以民众诉求为基本出发点，以老百姓日常生活为主要内容，以普通大众生存状况为关注焦点进行的新闻报道。本研究中为了确保取样标准的明确，结合学界现有研究成果，按照新闻六要素中的四个方面对民生新闻做出具体界定：（1）Who—普通民众；（2）When—既包括突发性新闻事件也包括对时效性不高的文化、生活娱乐等软新闻；（3）Where—普通民众的生活空间；（4）What—包括普通个体或团体的生存状态，也包括与民众切身利益相关的政治、经济类新闻。

在移动互联网时代，大数据、虚拟现实等技术逐渐运用到新闻生产过程，民生新闻得到进一步发展。从叙事话语的角度看，视频新闻的叙事也包括叙事时间、叙事语式和叙事语态。在移动新闻直播中，线性的叙事时间、以记者为主体的新闻报道的叙事者和多元化的叙事视角，共同构建了以体现意识建构的叙事话语，几个层面相辅相成，形成依托关系。

---

① 罗钢：《叙事学导论》，云南人民出版社 1999 年版，第 3 页。

二　"央视移动新闻"民生议题的叙事分析

本研究样本选取央视新闻移动网中 2018 年 6 月—2018 年 7 月一个月内共 33 条有关民生议题的新闻直播节目，从叙事时间、叙事语态和叙事语式三个方面探究民生议题的话语机制。

（一）民生新闻叙事的量化统计框架

本研究主要从叙事时间、叙事语态和叙述语式三个方面来探讨央视移动新闻直播中有关民生新闻的叙事特征，对研究样本《央视新闻＋》所展示的这三个方面的内容逐一进行量化分析。

1. 叙述时间

（1）新闻直播的总时长（小时）

（2）发生时间：过去发生、正在发生、将要发生、忽略时间①

（3）叙事顺序：顺叙、倒叙、插叙②

2. 叙述语态

（1）报道倾向：正面、中性、负面

（2）新闻报道属性：突发性新闻、仪式性新闻、冲突性新闻③

（3）新闻直播界面是否有文字呈现④

（4）镜头景别：远全景、中近景、特写⑤

---

① 过去发生：主要指新闻中明确说明此新闻是一段时间以前的某个时间点所发生的。忽略时间：指不关注新闻的时效性，在新闻报道中也不突出新闻的时间概念；如：美食新闻。

② 顺叙：按照时间顺序反映人物的经历和事件的发展过程。倒叙：把人物事件引人注目的高潮或结局或其他精彩片段提到报道的开头，然后再一步一步揭示这个高潮或结局所形成的原因和经过。插叙：在人物事件原定的叙述线索适当的地方，插入某些情况的介绍，交代某些关系，或对某些矛盾作侧面说明。

③ 突发性新闻：突然发生的新闻，使人意料之外的新闻事件。

④ 新闻界面的文字呈现是指探标志性图标外的与新闻内容相关的解说性的文字呈现。

⑤ 远全景：拍摄人像或景物的全身或内含前景、中景、背景的全景观摄影镜头。中近景：拍摄人像或景物的半身或内含前景、中景，没有摄入大面积的背景镜头。特写：拍摄人物或景物的脸部特写，或以主体景象为拍摄部分，前景与背景则不显示的镜头。

（5）拍摄方式：固定镜头、运动镜头

（6）现场拍摄画面的稳定性与否：非常稳定、一般、非常不稳定①

3. 叙述语式

（1）新闻议题：食品安全、政策解读、交通出行、突发灾难或自然灾害②

（2）消息来源：官方、民间、当事人、专家

（3）新闻切入点：交代事件、分析原因、解决方法、未来发展、有趣娱乐

（4）报道对象：公共领域事务、私人领域事务

（二）叙事时间框架下的统计结果

1. 民生议题直播的时长：（见图9）

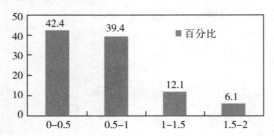

2. 民生议题发生时间的比例（见图10）

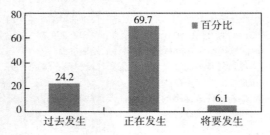

---

① 政策解读：对于相关政策进行权威评述及解读。
交通出行：相关交通状况的出现、交通问题的解决和通行技术的提升。
② 突发灾难或自然灾害：造成人员伤亡、经济损失或环境污染的意外事件。

3. 直播的叙事顺序占比（见图 11）

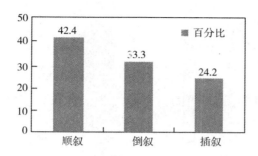

（三）叙事语态框架下的统计结果

1. 民生议题报道的倾向性（见图 12）

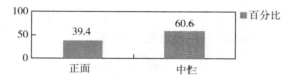

2. 民生议题报道的类型（见图 13）

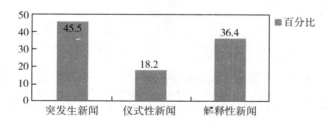

3. 新闻直播界面是否有解说性文字呈现（见图 14）

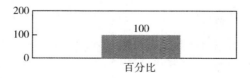

4. 直接镜头的景别运用（见图 15）

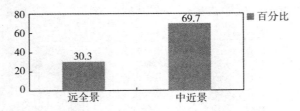

5. 移动新闻直播报道的拍摄方式（见图 16）

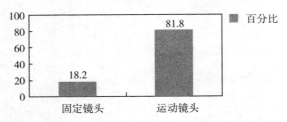

6. 现场拍摄画面的稳定性与否（见图 17）

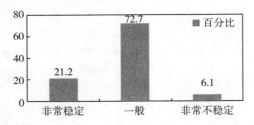

（四）叙事语式框架下的统计结果

1. 移动民生新闻直播的议题为食品安全、政策解读、交通出行、突发灾难或自然灾害。（见图 18）

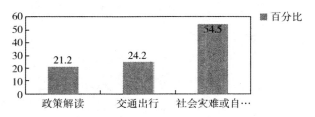

2. 移动新闻直播的消息来源占比（见图 19）

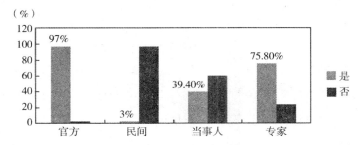

3. 新闻报道的切入点为交代事件、分析原因、解决方法、未来发展、有趣娱乐（见图 20）

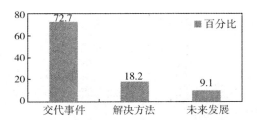

4. 报道对象为公共领域事务、私人领域事务（见图 21）

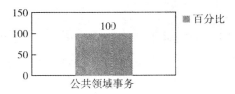

三　"央视移动新闻"民生议题的叙事特点

根据新闻发生的时间和直播开始的时间，在传统电视直播中，叙事时间可细分为三类：同步直播、前导性直播和追溯性直播。在移动直播中，由于信号是通过移动设备到用户终端，因而不管是同步传输直播、前导性直播还是追溯性直播，都是通过线性叙事以不经剪辑的手法叙述"现场的声音"。在"央视移动新闻"对民生新闻的报道中，69.7%为直播正在发生的新闻事件，对于过去发生或者将要发生的新闻事件，也是由记者亲历现场，做一个解释性或回溯性的直播。

（一）叙事时间：一镜到底创造悬念

移动直播摆脱了频道窗口的限制，是在新闻发生过程中进行的同步直播，从样本统计得知，直播的时长一般为1个小时以内，占比76.6%。但也有部分民生新闻达1个小时以上，甚至接近2个小时，完整的时间呈现可使新闻报道尽可能不影响事情本身的进展节奏。在直播过程中，记者跟随采访人物一起工作或生活，并将这一过程真实地呈现。和电视新闻采访时受访人处于静止并面对镜头不同，移动直播中记者和受访人在对话时，受访人可能面对镜头，也可能因为正在行走、工作、处理事务而侧向甚至背向镜头。

图22　《重庆巫山县48万方滑坡体致国道严重开裂》直播片段

在移动直播的叙事过程中，记者受到传播方、新闻人物和用户三方的共同影响。在长时间的同步直播中，记者是无法预先进行具体的设计，把控叙事进程，直播的"下一秒"中会出现什么往往是未知数。"眼见为实"的思维逻辑，使得基于现场流动画面的新闻，比传统的报道方式更显客观和说服力。从民生新闻直播的内容来看，记者很难掌控对叙事节奏的编排，体现出下一秒的未知。不仅新闻标题可以依据内容随时变动（如表6所示），受访者和镜头语言的节奏安排权交还给了事实本身。

表6　　　　　　　　　　　"四川达州塔沱市场火灾"系列报道

新闻标题	发生时间	新闻具体内容
四川达州塔沱市场库房发生火情	18－06－02 14：24	
四川达州塔沱市场火灾救援现场进入余火清理阶段	18－06－02 22：11	四川达州塔沱市场火灾救援　进入余火清理阶段
明火再起！四川达州塔沱市场火灾救援　对火场发起外部总攻	18－06－03 01：27	明火再起！四川达州塔沱市场火灾救援；四川达州塔沱市场火灾救援　发起外部总攻700余名消防官兵　121台消防车参与救援举高车和水泡车对火场发起外部总攻
明火再起！四川达州塔沱市场火灾救援由"内攻"改"外攻"	18－06－03 12：25	明火再起　外部总攻仍在继续

在《明火再起！四川达州塔沱市场火灾救援 对火场发起外部总攻》的直播报道中，记者把镜头转向了现场的指挥者和正在休息的消防官兵：

　　张力（记者）：请我们的摄像悄悄的给一个镜头，给我们的高政委一个脚上的镜头（镜头转向高政委脚上的拖鞋特写），我们的高政委穿的是一双拖鞋，这是因为高政委的脚上一直有脚伤，只能穿得下拖鞋，在今天的现场他走路一直是一瘸一拐的，从昨天火灾发生之后他就一直不眠不休蹲守在现场指挥这个灭火的工作，真的是非常辛苦。而在我们的救援现场，请我们的摄像（切换到了现场坐在地上休息的消防官兵上），在我们的不远处有很多消防战士是坐在路边休息，由于现场环境所致，根本就没有什么地方可以休息，所以我们的消防官兵在累了之后也只能是席地而坐。

记者越多掌握接近新闻事实源头的信息，就越能够牵引观众的注意力。记者的选择往往会制造悬念，营造紧张情绪，伴随着记者报道的层层深入，疑问和紧张的价值得到最大化呈现。

在"央视移动新闻"民生议题的报道中，除了偶有系列报道设置多个机位存在切换的情况，大多只使用一个摄像镜头全程跟拍，给观众呈现一条"行走中"的、毫无编辑痕迹的完整视频流。正是基于这种"一镜到底"，移动直播往往会传达超乎记者意料之外的更多信息。比如在交通事故的回访报道《京港澳高速湖南段一客车与半挂货车相撞多人伤亡 央视记者探访伤者接收医院》直播中，记者在向医生大致了解当事人救治的情况和事故后交通路段的恢复后，准备去采访当事人，然而来到病房门口后当事人已经休息睡着了，出于不打扰当事人的目的，记者退出病房，暂时取消了对当事人的采访，随机调整采访内容。这些画面在镜头面前直接呈现给观众，交由他们评说。

（二）叙事语态：草根文风与直接引用

叙事语态是指在叙事活动中通过一定形式来表示言语所表达的行为动作与行为主体的关系。这种关系的指向侧重于叙事言语表达的行为主体，即语态的重心在句子的主语即叙事活动的行为主体上，指完成行为的人与转述行为的人。① 热奈特认为叙事语态研究的重点

---

① 欧阳明：《新闻报道叙事原理研究》，华中科技大学出版社 2016 年版，第 109 页。

是产生叙事话语的主体及其对叙事话语的介入。① 在民生新闻报道中，新闻内容叙述的是普通大众，需要运用亲民的口吻站在普通大众的立场进行叙述，拉近和观众之间的距离。在"央视移动新闻"民生新闻的直播中，记者作为新闻报道框架的组织者，叙述话语的方式和新闻报道行为都直接或间接地反映了民生新闻的特质。

在直播现场中，记者并没有隐去编导和摄像机的痕迹，而是强调编导、摄影师等幕后新闻人作为一直播报道的整体存在，在镜头前也会很自然大方的与幕后人员交流。

记者：（镜头如常，是观众的角度，记者身处新闻现场）小心后面有辆车过来了，小心后面有车。（摄像师傅随机稍微调整站位，避让车辆）

——来源：《明火再起！四川达州塔沱市场火灾救援 对火场发起外部总攻》

记者：大家再看一下，旁边的田地中央有白色的灯罩一样的东西，单老师（摄像老师）给看一下，（镜头转向记者所指）这个也是水稻里面防虫的一种方法。

——来源：《以虫治虫！无人机投放 6000 万赤眼蜂除虫害》

同时，在移动新闻直播尤其是民生新闻的移动直播中，记者改变了以往读屏播报的叙述方式，更多的加入了口语化表达，以"说新闻"的方式来报道新闻，主持人面对直播观众就像面对自己的朋友一样，以轻松自然、日常的语态告诉观众发生了什么。改变原来的第三人称叙事方式为第二人称叙事，拉近了和观众的距离，比如

---

① ［法］热拉尔·热奈特：《叙述话语 新叙事话语》，王文融译，中国社会科学出版社1999 年版，第 228 页。

在镜头前展示资料信息时，将用户平等的称呼为"我们"。在记者的串词和采访中，也毫不避讳地使用"我"来指代整个栏目。"我们现在在……""我们给大家介绍了……"诸如此类的称呼反复出现。

在移动新闻直播中，记者作为新闻报道的组织和完成者，除了在新闻的开头和结尾交代事件的背景和总结报道的信息外，大多数都借助由记者和受访人、受访人之间、受访人和环境的对话向观众介绍，并解释相关新闻背景。在样本统计中，中性占比 60.6%，远高于正面占比 39.4%。在移动新闻直播过程中，文本内容除少量记者开场白以外皆为同期声"对话"，对受访人的所有言论进行无剪辑"直接引用"。因此，新闻报道中的主观臆设被弱化，凸显了真实感，未经删减的细节也能表现出当事人的潜意识或为观众提供不在记者预期内的言语内容，从而使得观众自行从直播过程中提取并解读感兴趣的信息。在《以虫治虫！无人机投放 6000 万赤眼蜂除虫害》的直播中，记者在对现场专家进行采访时，由于是随机临时采访，很难说出专家的名字和具体信息，随即产生了如下对话：

对话一：

记者：这是来自全国各地的专家们，这位，那个，老师您好，您给大家打个招呼，你是来自哪儿的？

专家：大家好，我是来自山东省农科院。

记者：今天我们这个无人机防治是山东也有是吗？

专家：对，山东也有。这个今天的防治技术有几个创新点，我跟你说一下……

对话二：

记者：今天我们还有请到了，专家，您给大家介绍一下自己。

专家：大家好，我来自吉林农业大学，我叫张俊杰。

记者：老师，您是药物防治方面的专家，今天这场活动，您要不跟大家讲一下赤眼蜂，我刚才给大家看了图片。

专家：（专家面对镜头）赤眼蜂是一个微小的……

记者直接称呼受访者为"专家"，并说"您给大家介绍一下自己"，随即专家就进入了镜头，采用和观众面对面对话的形式进行交流，而不是传统电视新闻中记者和专家的交流，无形中拉近了专家和观众的距离，减轻了意识形态框架的痕迹。

（三）叙述语式：多元化的叙述视角

语式表示讲话人对某一行为或事情的看法和态度。在热奈特看来，叙述语式是指叙述信息的调节，分为距离和投影。距离是指叙述主体讲述一件事情的或多或少的程度；投影则是叙述者从哪个角度去讲，热奈特所说的投影在叙事学中又称之为"视角"或"视点"。① 叙述语式就是我们常说的叙事视角，它是叙述者观察和叙述事件的角度。视角的选用与叙述者的立场紧密相连，相对于民生新闻而言，更多关注的是与普通大众生活利益相关的内容，民生新闻叙事把叙述视角聚焦到了普通大众身上，改变了以往专家叙事、精英叙事的方式，更多站在普通民众的立场上观察和思考问题，从以往代表客观世界本身立场的宏观叙事，转向具体事件入手进行微观

---

① ［法］热拉尔·热奈特：《叙事话语　新叙事话语》，王文融译，中国社会科学出版社1990年版，第108－109页。

的叙述。

在新闻报道主题上，与传统新闻站在国家、政府的立场不同，民生新闻直播则是站在了广大民众的角度选择和叙述百姓身边的人和事。例如：《看世界杯喝酒撸串后千万别开车！看看黄冈交警蜀黍今晚逮到了谁》，标题中的"撸串""看看""交警蜀黍"几个词，采用了轻量化的语言，这在传统的电视新闻中是很难见到，其语言形式的运用将记者和用户放置于同一个高度，如同好友之间的亲切对话。

民生新闻的叙事视角大多选择全知视角。首先从记者的直播导语开始，再到声画结合的集体叙事者，再到当事人、旁观者等，力图全面呈现完整的多角度事实。"央视移动新闻"中关于民生议题的直播报道是以实地取材为主，直播中的信息多来自于画面镜头，记者亲身体验以及现场采访对话，同时视频直播下方还有后方编辑补充的其他说明。叙事视角不断地变化，不单停留在一个人物、一个方向上。观众通过全面的信息跟踪能更加清楚地看到事件的全部，为其传达了全方位的立体信息。在现场采访和补充说明部分，消息来源主要以官方和当事人为主，官方提供的信息主要包括事件相关部分发布的灾情通报或官方表态，记者向事件有关部门进行的采访等。当事人是使用频次最高的消息来源，达到总数的39.4%，体现出移动端直播的消息来源回归民本位的倾向。

如《端午出游迎高峰 黄山景区应对有妙招》直播中，记者来到现场，运用镜头直观展现了整个景区的人流量情况，并随机询问了现场游客的感受。在整个直播过程中，记者亲自爬上了天都峰，向观众介绍景区是如何应对出游高峰的，采访身边经过的游客的直观感受。同时有看到远处部分游客做出危险的动作，及时联系到现场工作人员进行告知，并与随行的工作人员进行关于安全性问题的探讨。在本次直播中表达了新闻的主题价值，又为观众详细呈现了立体的黄山美，全方位、立体化、多维度画面呈现更有利于凸显事物的本质。

四　"央视移动新闻"民生议题叙事话语的启示

民生新闻是站在百姓的立场上以他们能够接受的方式讲自己的故事，给大众一个话语空间，关心百姓的身边事，为百姓说话，让百姓说话。观众在看新闻的时候，环顾的是身边与自己切身利益相关的大小事情，而不是晦涩难懂的决议政策或与自己联系不大略显枯燥的会议新闻。在移动直播环境下，民生新闻在叙事语言上表现出独特性，但也需要在选题范围、镜头语言、记者语态等方面创新，以提升话语影响力。

（一）拓宽叙事选题的范围

目前，"央视移动"民生新闻报道叙事选材单一，主要以自然灾害、交通事故和突发性火灾为主，占据了统计数据的一半以上，而对于与民生议题相关的政策资讯、消费、经济、教育等选题不多。同时，72.7%的新闻报道为交代新闻事件，对于解决方法和未来发展鲜有涉及，对于民生新闻来说，要更多立足于民众的角度去重新定义新闻价值，把握好民生新闻的价值取向，从新闻事件的典型性和矛盾解决的普遍性转向服务普通大众生活的实用性，摆脱其叙事上单一的现状，避免过多平铺直述的传达新闻信息。

（二）镜头语言的灵活运用

在本研究样本中，高达69.7%的镜头选用的是中近景，81.8%的新闻报道采用运动镜头，在中近景和运动镜头的结合下，画面稳定性受到了很大影响。非常稳定的镜头只占21.2%，镜头稳定性"一般"高达72.7%，还有非常不稳定的镜头拍摄出现在新闻报道中。相比于以往电视新闻专业化的录制设备，虽然移动直播很多情况下可能就是一部手机加一副耳机，但考虑到观众的观看体验度，画面仍应当在条件允许的情况下尽可能稳定清晰地呈现。同时，在画面无剪辑以及线性叙事中，要灵活运用镜头语言，思考拍摄镜头的抓取选择远景还是特写等，合理的画面语言应用能够增强用户的感知性。

（三）记者语态的创新

记者作为移动直播中叙述框架的主体，不仅影响着新闻叙事的结构和进程，其叙述语态也影响着传播效果。对于同样报道的内容，由于记者在报道中的表情、手势、语音和语调的差异，观众可能会更倾向于某个记者的报道，认为其更有权威、更有说服力。美国心理学家艾伯特·梅瑞宾曾提出一个公式：信息总效果＝7%语言＋38%语音＋55%表情。在这个公式中，表情对信息总效果的影响超过了语言和语音的总和，可见表情是影响传播效果的主导型因素，它对于沟通双方的相互理解有着决定性作用。在移动直播中，出镜记者的"人格真实"被放大，这就给了记者表达个性更为广阔的空间，记者可以自由表达自己的感受，是其个性的体现。因而，记者在把控新闻报道框架的同时，还应对自己进行个性化的表达包装，使自身"网红化"与人格魅力化。

第五节　"新华直播"对"美国迁馆冲突"的多模态话语解读

2015年6月8日新华社客户端新版上线，定位是打造成为移动互联网新闻信息传播领域的航空母舰。按照新华通讯社社长蔡名照的说法，这是一款真正的多媒体客户端，形式丰富多彩，风格简洁明快，汇集了文字、图片、图表、音频、视频、动漫等所有的新闻表现形态。2018 年 5 月 14 日，美国驻以使馆迁至耶路撒冷并举行开馆典礼，加沙地带爆发大规模抗议和冲突事件，造成 100 多人死亡，2800 多人受伤，引发了新一轮巴以冲突事件。"新华直播"通过语言与视图场景的协同使用，以客观的符号语言和特定的态度呈现还原了事件真相。国际冲突事件中如何组织话语、客观呈现事实是面对的难点，尤其是移动互联网时代，移动直播具有极强的即时性，是一种多种模态的话语呈现，对媒体话语把控能力有更强的要求。对于本次"美国迁馆"事件，新华社客户端发起了移动新闻直播《记者亲历：美驻以新使馆开馆 巴以紧张局势升级》，本研究根据多模态话语理论对其展开语料分析以揭示其中的话语建构特征。

一　"新华直播"报道的多模态框架

多模态话语指运用听觉、视觉、触觉等多种感觉，通过语言、图像、声音、动作等多种手段和符号资源进行交际的现象。① 通过对直播语料整理发现，本次直播主要涉及声音与视觉模态，其中，虽然记者的讲述属于声音资源，但由于讲述语言是直播中贯穿始终的主要模态，也是本次话语分析的重点，将其单独作为一种分析项目。因此，根据直播内容，将语料分为语言资源、视图资源以及声音资源三个模态进行分析。

（一）语言资源

语言资源是由记者在直播中所说的内容进行文字的转录，对于语言资源分析，采用 Martin & White 提出的评价理论。评价理论是功能语言学在对人际意义的研究中发展起来的新词汇－语法框架，它关注语篇中可以协商的各种态度。它包括三个相互联系的体系——

---

① 参见张德禄《多模态话语分析综合理论框架探索》，《中国外语》2009 年第 1 期。

介入、态度、级差。他们分别表达语篇中价值溯源、磋商的情感，以及态度和介入的力度。① 其中介入系统最主要作用是分析信息的来源，体现各种观点在语篇内外的博弈，以及作者如何与读者建立同盟关系。可以分为自言和借言，也即是单声和多声两种手段。单声是指作者自身观点的表达，是直白陈述本人的看法，只表达一种观点，实质上不允许其他观点的进入。而多声则不同，它允许其他观点进入，为多种声音打开对话的空间。可分为单声、多声。态度资源可分为情感、判定、鉴赏；级差则可分为语势和聚集。② 另外，根据所评价的对象，态度系统则可分为三类：即情感的表达——情感；对他人行为的评判——判定；对过程、现象、事物的评价——鉴赏。最后，级差系统贯穿整个评价系统，是态度以及介入的力度，态度和介入均具有等级性。

（二）视图资源

视图资源是选择直播中的镜头并进行截图转录，对视频语料的分析目前还没有形成统一的框架，因此，本文借鉴 Kress & Van Leeuwen 建立的视觉图像语法分析框架。他们把图像看作社会符号，将功能语言学中的纯理功能思想延伸到视觉模式，创建了分析图像的视觉语法，它包括再现意义，即在视觉语法中，任何符号模态都能再现现实世界中的物体以及它们之间的关系。互动意义则更多具有人际功能，它可以表现图像作者、图片中事物与观众间的交互关系。而构图意义主要是通过将相应的信息安排在图像中具有不同显著程度的位置，从而来表现意图。③

---

① 岳颖：《评价理论中"级差"的语篇功能研究概述》，《外语学刊》2012 年第 1 期。
② 吴安萍、钟守满：《视觉语法与隐喻机制的多模态话语研究》，《外语与外语教学》2014 年第 3 期。
③ Kress G and Van Leuwen T, Reading Images：The Grammar of Visual Design，New York. Routledge，2006 年，p. 79 - 114.

（三）声音资源

声音资源旨在分析直播中各类音响，包括考量记者在直播中的语气语调，还会将其他音响也纳入考量。结合以上理论及所收录的多模态语料，本研究建立了移动新闻直播多模态话语分析框架。

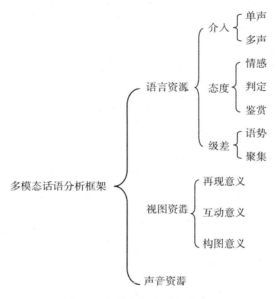

图23　多模态话语分析框架

二　"新华直播"对"美国使馆迁移"报道的话语分析

本次直播分为两个现场，分别是新馆开馆现场和加沙境内的冲突现场。

（一）语言资源：整体呈现负面评价

由于态度系统属于评价系统中最重要的一环，因此对于语言资源的分析将从态度资源开始。根据直播内容，绘制态度资源分布的新闻图示（图24），并列其中部分态度资源：

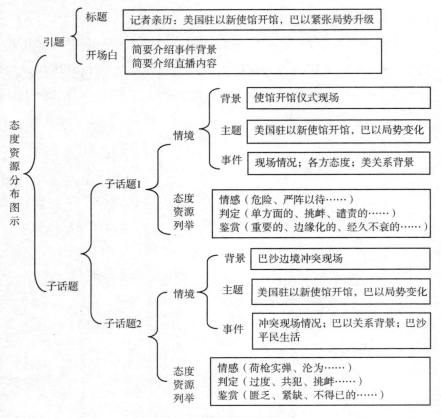

图 24 态度资源分布图示

1. 态度系统

根据统计，在本次 26 分钟的视频直播回放所转录的约五千字文字语录中，发现态度资源中的情感、判定、鉴赏资源分别占比为 23.3%、41.6% 和 35%。通过统计知晓三种态度资源的分布并不均衡，其中情感资源占比例最低，而判定资源比例最高。那么造成这种结果的原因何在，三种资源具体内容中的分布如何，需要进一步探讨。

（1）情感

情感资源是强调个人情感、感受等主观意识，直播报道中，记者对于情感资源的使用表现在对现场具体情况的描述中，通过描述自身最直观的感受并加入适当的细节，以加强观众的代入感。对于加沙边境冲突现场的情况，记者使用"危险"来形容，希望自己的同事注意安全，在介绍自己所在开馆仪式现场时说到："对以色列来说现在是严阵以待，因为明天又是巴勒斯坦人灾难日的70周年纪念日。"而位于加沙边境的记者也形容到："我身后两百多米的地方就是以色列的军事碉堡，还有荷枪实弹的以色列士兵和军车，我都能看见……"。"危险""严阵以待""荷枪实弹"等情感评价，记者通过自己在现场所见及所感，给予了用户最直观的感受，向他们传达了当前巴以关系在美国正式将使馆迁至耶路撒冷后变得更为严峻，矛盾正在被进一步激化中。

（2）判定

判定资源倾向于对他人行为的评判，是本次直播报道中使用最多的评价方式。针对于美国迁馆这一行为，在报道中所体现的各方观点，不论是巴勒斯坦还是国际社会更多地使用"谴责的""抗议的""不满的"等带有态度倾向的关键词，指出此次的迁馆行为是一种"挑衅"，此行为对于巴以双方的和平进程而言是"灾难"。在提到美方及以色列方面，特别强调："美国政府在包括应对气候变化的巴黎协定……等重大问题都是采取了单方面的举动……退出伊核协议的决定，这都是一些采取单方面的举动"，"以色列在1967年占领了东耶路撒冷之后就单方面宣布整个耶路撒冷是他的永久的不可分割的首都"，谴责美以双方是单方面的行动，不是以双方的和平协商谈判推进和平进程。同时，在提到以色列应对巴方的抗议时提到巴方"要求国际社会立即介入，制止以色列这种对巴勒斯坦示威者过度使用武力的这种行为"。"过度"体现了以色列在处理冲突中的不合理行为。

报道中对于判定资源的使用主要是针对美以双方的一系列行为，通过记者的话语描述，观众可以了解，美方一系列的单方面举动，包括以色列的一些举动受到了国际社会的强烈反对，体现出美方及以方的部分行为是有违国际法的，是一种非正义的行为。

（3）鉴赏

本次直播报道中，鉴赏作为评价手段主要表现在两个方面：一是分析解释美国为何会选择在当天进行迁馆仪式；二是介绍加沙地区巴勒斯坦人的生活状况。记者在介绍开馆现场的情况后，表示要解释下美国为什么会选择在当天开馆。分析中提到了美国和以色列的过去关系：在冷战时期，"以色列一直是美国在中东的最重要的盟友"；而冷战结束后"以色列政府也与美国政府发生了多起不愉快的摩擦事件……在相当长的时间内是被边缘化的。""但是特朗普上台之后呢……并一直想努力恢复和提升美国和以色列之间的关系……在中东的问题上最终的工作之一就是要保证美国和以色列的关系在将来是经久不衰的……所以在刚刚的这个 5 月 8 日美国宣布退出伊核协议，对美以双方来说是一个很不错的举措……"。我们可以看到在这三段美以关系变化中，对双方关系的鉴赏评价分别使用的是："重要的""不愉快的""边缘化的""经久不衰的""不错的"。清晰地表明了美国将其使馆从特拉维夫迁往耶路撒冷是带有目的性的，也就是恢复美以关系，以稳固自己在中东的地缘政治。

同时，在讲述巴勒斯坦人在加沙地带的生活状况时，记者说明"当地物资特别匮乏……水深火热当中……"，"所以很多他们在不得已的情况下就是对一些受伤者做了截肢之类的手术……"。"匮乏""水深火热""不得已的"等鉴赏评价表明了当地民众现实状况的艰难，正在发生严重人道主义危机，而这些危机主要是由于以色列对当地的封锁所导致的直接结果。通过这两个层面，可以清楚地了解到，在本身巴以冲突就十分严峻的情况下，美方为了自身的政治目的，将使馆从特拉维夫迁移到耶路撒冷是严重有悖于人道主义，非常不利于推进巴以和平进程。

从情感、判定以及态度资源可以洞察，针对于美方和以方所使用的评价资源主要为负面的、消极的，说明直播组织者对于事件的态度呈批评与排斥。

2. 介入系统

根据转录语料的统计，多声体系在直播中占绝大部分，而单声体系不到三分之一。多声使用意味着记者希望通过援引更多的外部声音来体现报道话语的客观性。而对单声的使用，主要体现在记者对现场环境的介绍和对背景的讲解中，如"按照公历的计算方法，今年今天的 5 月 14 日是以色列建国的 70 周年……耶路撒冷是以色列纪念其军事占领耶路撒冷 51 周年的这个活动"。对于现场的环境描述，通过其直观地描述配合画面可以让观众感受到现场的概况。多声评价中，使用最多的是投射，而在投射中使用最多的介入方式则是间接引用，通过转述他人的观点来完善自身的话语体系。转述的来源主要有四方的声音：以色列、巴勒斯坦、国际社会组织、业内专家。美方声音并未出现在介入评价中，而是出现在事件的背景中，如"美国正式承认耶路撒冷为以色列首都"此类表述方式。其中，介入的四方声音被记者援引转述的次数分别是：以色列 3 次、巴勒斯坦 9 次、国际社会 3 次、业内专家 2 次。具体转述内容将在下方举例说明。

转述以色列声音："据以色列当地媒体报道，美国还在寻找合适的地址来修建未来的永久性的使馆"。"再看以色列媒体报道是怎么说的，……并宣布将美国的驻以色列使馆从特拉维夫迁到耶路撒冷。"

巴勒斯坦方："巴方多次重申不接受美国作为巴以和平进程的单独的调解方，也不会接受美国所谓的……"，"巴勒斯坦人认为这是向以色列献上了大礼，……有巴勒斯坦人说……是巴勒斯坦人的双重灾难……"

国际社会组织："包括联合国在内的国际组织还有很多国家都对美国形成了反对态度：认为这个危及到地区稳定的问题。"

业内专家："现在很多业内人士都是非常担忧……未来巴以和平谈判的进程将会何去何从，现在这个巴以和平谈判是进入僵局的……非常的担忧……"

从以上的几个转述语我们可以判断：对于巴勒斯坦、国际社会、业内专家三方的转述内容实际上属于同一阵营，而以色列则属于另一方。巴方阵营的三位成员的话语属于明显的强势介入方，从介入次数来看，在本次报道中拥有着更多"发声"机会，占据82.3%的绝对优势，而以方则不到20%。从转述内容看，巴方的声音所透露出的信息主要是对美以双方一系列举措的反对、谴责及担忧，呈现明显的负面情绪。以方内容则是对于开馆相关信息的呈现，并未表现明显的情绪表达。

除了投射的介入方式，报道中还有多次的让步介入方式。如"以色列外交部邀请了86名驻以色列的大使来参加今天这个典礼，但是只有大约不到一半的人来接受这次邀请。在28个欧盟国家当中也只有四个国家来参加"。"但是"是典型让步，属于多声介入的范畴，前后话语的方向呈明显转折，所传递出的信息是：国际社会并不都是认可此次的行为。还有如"而另一方面从美国国内政治角度来说，美以关系也一度被很多美国的政客被当成美国在中东的磐石之力。但是在特朗普前任奥巴马执政后期，美以关系更是跌到了最低谷，但特朗普上台之后，他就立即全面地否定了奥巴马任期内的政策，并一直想努力恢复和提升美国和以色列之间的关系。"该语段中出现了两个"但"，他们分别表达了"普经美以关系是非常好的"而"现在是要恢复到从前的样子"，说明美以关系的变化也是根据领导人的意愿，亲近或疏远都属于美方为了自身的地缘利益，以牺牲地区的和平为代价。

通过对直播报道介入方式的分析可以得知：在报道中，记者将巴勒斯坦方同类型的声音来源作为介入的强势一方，在介入次数上占据绝对优势。同时，在选择介入的内容上，巴勒斯坦方面的内容呈现负面情绪。这表明在国际上以色列及美国的举措是遭到强烈反对，并未得到国际上的认可，可能会导致国家间的不稳定升级从而不利于和平进展。

3. 级差系统

级差资源的运用是说话者通过一定的语言策略去规避冲突，同时以较为隐蔽的方式表达自己观点，它可以凸显或者弱化语言。当介绍美以关系的变化时，记者说道"外界普遍认为，对于特朗普来说呢，在中东的问题上最终的工作之一就是要保证美国和以色列的关系在将来是经久不衰的，所以他必须全面强化两国之间的共同利益……对美以双方来说是一个很不错的举措……"。"保证""必须""全面（强化）""很（不错）"，均属于比较强化的指示词，通过鲜明色彩的级差等级运用可以传递出的信息是：强化与以色列的关系对美方的利益至关重要。

除此外，在讲到加沙边境的巴勒斯坦人情况时，直播中提到"……导致了加沙地带很多医院还有公共设施全都停运，再加上现在目前的回归大游行又造成了很严重的伤亡事件……根本就没有办法应付目前回归大游行所带来的流血冲突所带来的这些后果。所以很多他们在不得已的情况下就是对一些受伤者做了截肢之类的手术，但是可能如果医疗条件好一些的话这些手术是完全可以避免的……"。"很（多）""根本（没有）"等指示词也凸显了当前加沙一带巴勒斯坦人民的生存状况令人堪忧。同时，"可能""如果"这一类词属于弱化、模糊的处理，在表达对巴勒斯坦人民同情的同时采取这种偏向于安抚性质的词语，相对于直接强化反而更有利于拉近不同观点的观众。

研究发现，在本次直播中更多采用强化凸显的处理方式，针对美国的话语主要强调其迁馆行为的利害关系。针对巴勒斯坦方的话语强化巴方与国际社会对美以行动的不满情绪，同时表明了巴以历史冲突对民众的巨大伤害。

（二）视觉资源：旁观者的视觉呈现

一般来说，图像视频资源对于观众有更大的吸引力，通过现场直播，观众可以更直观地感受到且理解直播的内容。因此在本研究中，根据直播内容，选取其中可以产生具体意义的画面进行分析。

图25　巴以冲突图示

1. 再现意义。包括过程、人物、矢量和情景。在进行加沙边境冲突现场的报道时，最主要画面是图25所示的视角。根据截图可以看到该画面展现的是一个叙述过程——前方浓烟滚滚，大量的游行抗议人群，讲述冲突正在进行中，画面中人群的视线朝向以及移动方向为矢量，在大部分时间中，都是朝向浓烟处，即冲突发生的方向，将观众的注意力引向冲突点，表明游行人群对冲突的高度关注。在视频的19分54秒左右（图26），人群大量朝反方向逃窜，大量的矢量变化间接显示了冲突的激烈程度——随时可能产生危险，直接感受到现场的混乱。

图26　巴以冲突抗争

2. 互动意义。互动意义又可以分为接触、关系、距离、权势。接触可分为凝视与斜视，除了记者面对镜头报道，对于直播中其他人物的呈现是以图中人物背对或者斜视为主，没有直视镜头。相较于凝视，斜视在更多时候意味着不是向用户直接传达信息，而是期盼他们了解画面外的信息，希望他们能参与到视图中的行动。对于直播而言，大量当事者的直视比较少，直接的凝视容易介入过多的情感，削弱新闻的客观性。斜视则更多的将视角放置于旁观者的第三方立场，以增强新闻客观性。同样关系元素中的正面与侧面视角也是同理，侧面更接近与旁观者的身份视角，距离元素由近到远可表示关系由亲密到陌生关系。在本次直播中，距离普遍较远，没有过多的近距离特写画面。形成看起来较为疏远陌生的关系实际上在某种层面上体现了旁观者的身份，加强了直播在视觉上的客观性。同时，权势元素中视角的由低到高表示了图像中权势的由高到低，在平视的时候，表明双方权势地位是平等的。新闻直播一般情况都采用平视，对于观众来说是一种舒适且客观的视角。

3. 构图意义。在视觉语法设计中，左边位置与右边位置分别代表已知信息和新的信息，而上方和下方位置代表理想信息与真实信息，由中间到边缘表示信息的重要性逐渐下降。新闻直播是通过中心构图以最简洁明了的方式将重要信息告诉观众。在本次直播中，通过分析画面中心的资源可以了解媒体最想传达的信息。如图 27 中画面中间位置是一位正在摄像的当地记者或者其他人员，虽然直播并未具体介绍其身份，但是可以看到与一般摄像人员最显著的不同是他佩戴了一顶安全帽，属于一种概念再现，意味着"危险"，以独有的符号语言表明在加沙边境地带现场环境的恶劣。

图 27 直播的构图意义

通过视觉语法分析视图资源我们可以看到，在视觉内容的呈现上，"新华直播"更多体现现场冲突的激烈以及安全情况的不乐观，而在呈现的视角上新华社则尽力扮演一个旁观者而非参与者的视角。

（三）声音资源：作为语义补充的现场同期声

观众在观看直播时最关注的是声音，在本次直播中记者在音量、语调、语速的变化上并不明显，没有在声音中掺杂过多的情感，以客观平实的声音为主。除了记者的声音外，直播中还可以听到现场其他的人声、枪弹声、尖叫声、哭泣声等各种声音，与画面共同录制的现场同期音响，显著直观地增强现场感，为记者的话语做补充。

三　"新华直播"多模态的协同配合

各种模态并不是独立存在产生意义，而是通过各自相互配合整合为同一事件构建整体的意义。张德禄把这种多模态话语形式之间的关系归纳为互补关系（强化和非强化）和非互补关系（交叠、内包和语境）两大类。① 需要说明的是，语言资源被单列为一类，但其仍属于听觉模态，因此将其归入听觉模态进行分析。

表7中画面1为主持人介绍所处的环境，主持人由正面转为侧面并将手臂指向后方开馆现场，并说明"我身后是……"，引导受众注意远处开馆处，同时画面字幕出现"耶路撒冷"。此时记者的语言听觉模态与画面视觉模态缺一不可，画面内容作为语言的补充使得讲解更为直观，可互补并强化关系。而字幕视觉资源属于非互补关系中的包含，因为记者在该语段的言语中已经提到自己所处的位置。画面2中的选段，在报道加沙境内冲突时，记者说到"冲突继续""没有中断"表明了冲突激烈且持续时间长，同时镜头捕捉到了几个人抬着担架上的伤员快步远离人群聚集处。虽说"冲突继续"、"伤

---

① 张德禄：《多模态话语分析综合理论框架探索》，《中国外语》2009年第1期。

员"并不是完全意义上的等同，但实际上伤员是由激烈的冲突造成，此时语言听觉模态与画面视觉模态在实际意义上互补且是强化的关系，表明了抗争的激烈性。

画面 3 片段，记者提到身后抗议的声音，通过肢体语言配合镜头引导导向抗议人群的画面，同时，环境听觉模态的声音十分强烈，充斥着记者提到的"高呼""大声"等抗议声，环境音响一度盖过了记者的声音，视觉模态与听觉呈现明显的互相关联。

表 7 多模态的互补关系

	时间	语言	画面	环境音响
1	0：43	大家通过我们的镜头来看下我的身后，我现在是站在一个小山坡上……		嘈杂
2	19：54	现在呢加沙这边的冲突还在继续，这一个多月以来的冲突都没有中断过。……人道主义危机十分的严重。		无
3	23：18	大家可以听到我前面的这个抗议的声响是越来越响，他们举着巴勒斯坦的国旗。但是呢在巴勒斯坦方面呢是要求建立一个以东耶路撒冷为首都的巴勒斯坦国，所以前面我也提到国际社会普遍是不承认以色列对耶路撒冷是拥有主权的。大家可以听到很大的抗议的声音，他们在高呼着。		非常嘈杂

四　"新华直播"多模态话语报道的发现

通过结合评价理论、视觉语法以及多模态协同等相关理论对新华社本次直播中语言资源、视图资源以及声音资源的话语分析发现：

（一）客观的事件还原

客观性作为新闻重要的一环，其重要性不言而喻，对于新闻事件，媒体首要任务是从多个维度向观众尽可能真实、客观的还原事件原貌和观点表达。

首先从语言资源上看，我们发现在态度系统中，新华社对于情感资源的使用比较克制，仅占到整个态度系统资源的两成左右，且大部分用于对现场环境的还原，而非对事件本身所涉及内容评价。

其次在视图资源的使用上，极少的人物直视画面以及近距离特写画面等，意在削弱对于事件还原中的主观情感成分，以新闻媒体客观视角进行新闻的报道。

再次从声音资源上看，记者较为平稳的语调，加上同期声的直接呈现，在加强现场感的同时，有利于对现场真实情况的客观呈现。

（二）明确的立场呈现

新闻报道专业主义精神体现在对事件过程的真实揭露，"新华直播"作为具有国际影响力的主流媒体实现了有态度的主流话语。首先在语言资源的使用上，态度上整体呈现负面评价，表明针对于迁馆事件中国政府的一种态度取向。在克制使用情感资源的基础下，使用判定和鉴赏资源向观众传达事件中的利害关系，指出美使馆迁移事件对于世界和平进程的破坏。另外通过多声介入、整合观点和级差资源的使用，进一步明确各方利益点，反映事件本质。在视图资源的使用上，虽然直播更偏向克制镜头语言使用，以旁观者的视角向观众进行展现，但是，真实的画面本身就是"残酷的"，观众能直观感受到冲突的激烈程度和负面影响。同时，通过视觉模态与听觉模态的互相整合——语言资源在大部分时间作为主模态，并在特定的事件节点结合视觉模态与声音模态进行配合，进一步表明中方立场：反对美方单方面有违和平进程的举措。

（三）"劝和"的人道主义话语

"新华直播"鲜明的立场是秉承中国一贯坚持的"和平外交"的方针理念，随着国家实力的逐渐强大，谋求共同发展成为对外的重要战略，如"一带一路"的共同发展路径就是明证。面对国际冲突事件，"新华直播"作为我国对外传播的重要窗口，新闻事实的选材与传播都代表着政府的发言和态度。在美国迁馆事件中，在向观众传达了各方利害关系的同时，对于巴勒斯坦受害平民表达了强烈的同情心。如提到由于封锁导致加沙边境医疗设备的限制，使得很多受伤民众在不得已的情况下被截肢处理时，记者说到"也许会造成终身的遗憾吧"，体现了主流媒体的人文关怀。

通过使馆迁移事件的多模态话语分析，有利于我们厘清媒体报道的话语规律，更好地理解报道内容及其背后的政治话语体系。"新华直播"的多模态配合使用，克制又有态度地呈现了事件的本质，反映了中国政府一贯的外交策略：有理、有利、有节，在表达人文关怀的同时，奏响世界最强声音。

第六节　"荔直播"政务报道的话语呈现

2017年5月"荔直播"上线，它是江苏广电总台精心打造的融媒体产品，依托江苏卫视强大的视频制作能力，通过电视直播、移动直播和短视频的有效融合，达到提升传播影响力的目的。

一 话语研究的指标构建

截至 2018 年 7 月，"荔直播"共计直播 114 场次，直播总量月均超 10 场，总点击达 5800 万，短视频业务上线近 10 个月点击量超 15 亿，并在各大视频榜单排名直线上升，成为融媒体视频领域的一个重要品牌。通过对"荔直播"现有内容梳理发现：政务执法直播如交警查酒驾、法院抓"老赖"等报道在其中占比较高，已成为"荔直播"常态化的三大题材之一。政务执法直播中各路全媒体记者需跟随执法人员进行全程报道，采访对象不确定，对记者突发应变的能力要求极高，而这种能力更多地表现为话语能力，即如何根据不同的场景和对象提出针对性的问题，吸引用户参与直播互动，并解答线下用户提出的问题。"荔直播"的政务执法直播打破了传统单一直播方式，实现了不同区域的联动式直播，网民可以广泛"围观"各路执法。表 8 是政务执法直播的大致分布。

表 8　　　　　　2018 年 6—7 月部分政法执法直播情况梳理

直播时间	地区	标题
2018 - 7 - 26	10 家法院、2 条线路	江海风暴，利剑出鞘——"决胜执行难"直播抓老赖
2018 - 7 - 16		破解执行难之"拔钉"在行动
2018 - 7 - 10	8 条线路	钟L亮剑，共铸诚信——全国法院"决胜执行难"直播抓老赖
2018 - 6 - 29	南京机场	南京客管坐：加装"跑得快"查你没商量
2018 - 6 - 28	南京、江苏、连云港	红绿灯下赛文明　寻找最美的你
2018 - 6 - 22	江苏	尽享世界杯，切莫酒生悲——直击全省公安交警夜查"酒驾、醉驾、毒驾"
2018 - 6 - 14	南京	外卖小哥，交警喊你送餐别"任性"

福柯在《知识考古学》中提到"建构性的话语观"，它是指将

话语看作是从各个方面积极地建造或积极地构筑社会的过程。① 政务执法直播中的话语不仅是表现社会的实践，而且是在意义方面说明社会的组成与建构，并在此基础上，形成了社会现实的辐射面和效果，如何通过一种累积性效果改变社会进程、社会关系和社会行为。新闻话语中包含了媒介机构和记者个体的倾向，还交织复杂的权力关系的隐性和显性介入。政务执法直播的内容属性决定其必然是在相关权力的干涉和介入下，实现其独具特色的新闻话语表达。其中牵涉到各种权力和权力关系间的博弈，显形或隐形地规范着直播的话语倾向。本研究将文本分析和社会理论结合起来，按照诺曼·费尔克拉夫多向度的话语分析方法，在三个向度上进行分析：文本向度，关注文本的语言分析；话语实践向度，说明文本生产过程和解释过程的性质；社会实践向度，倾向于关注社会分析方面的问题。② 其中，话语分析侧重宏观的框架结构、新闻图式和微观的句词选择。话语实践分析关注文本的力量表达、互文性、连贯性及有关话语控制、话语认知等。社会实践分析则将话语置于一定的权力关系中，揭示权力以何种方式对话语的介入，话语对权力的维护、批判与重构。

二 文本的宏观结构

研究选取 2018 年 6 月 1 日 – 2018 年 7 月 30 日间 "荔直播" 为研究对象，对抽取月份中符合条件的视频样本进行统计分析。"荔直播" 中政务执法直播的宏观分析是对其总体新闻图式结构的展开，是 "荔直播" 话语的综合性、全局性结构，通过语义宏观结构主题和节目主旨建立起必要的联系。正如荷兰传播学者托伊恩梵·迪克

---

① ［美］米歇尔·福柯：《知识考古学》，谢强、马月译，三联书店出版 1998 年版，第 38 页。

② ［英］诺曼·费尔克拉夫：《话语与社会变迁》，殷晓蓉译，华夏出版社 2003 年版，第 8 页。

所说，"话语的总体意义宏观结构不仅有自己的组织原则，它还需要某种总体的句法来限定话题或主题在实际文本中插入或排列的可能形式。也就是在总体上，我们需要传统句子语法中已约定俗成，但语义再现却可纳入其中的结构形式，话语的这种总体形式要以规则为基础的图式来界定。"①

标题表达了新闻文本的中心三题，它在文本开头起到了概括作用。"荔直播"政务执法报道的标题基本可以解读其主题，让用户能够直观了解其内容。如《红绿灯下赛文明 寻找最美的你》《外卖小哥，交警喊你送餐别"任性"》等。多数标题用了对仗句式，用户通过标题就可以直观感受政务执法直播宏大气势，例"江海风暴，利剑出鞘""尽享世界杯，切莫酒生悲"。另外，纵观这些标题，一个明显特点是引号的频繁使用，有的表示强调例如"拔钉"，有的则是反讽例如"跑得快""任性"等都表达了特殊含义。直播简介是让观众通过整体介绍，猜测整个文本或谈话片段的总体的或最初的主题内容。这一点至关重要，因为它对文本的进一步理解起着总体控制作用，有助于语句的理解。"荔直播"政务执法简介一般在100字符以内，方便用户阅读。其作用仅限于抛出话题，引起注意。其后记者的直播则是循着这个疑问思路逐层展开并对之进行解答。

主要事件是记者直播的主体部分，以直播的方式展现政务执法事件的来龙去脉，放大事件细节，具有极大的揭密性和教育性。主要事件由现场画面、同期声及解说词构成，它有两个支点：一是记者采访的行为及执行结果；二是被执行者的行为及其结果，这二者通过解说词的串联构成整个事件的进展。

背景信息主要包括社会环境信息和制度环境信息。社会环境信

---

① ［荷］托伊恩·A. 梵·迪克：《作为话语的新闻》，曾庆香译，华夏出版社 2003 年版，第 50 页。

息更偏重于历史，陈述现实事件的历史缘由，具有结构化的特点，主要用于交待与主题相关的前事件。

我们今天要关注的一件事情和每个人的出行都息息相关，大家平时在日常的生活当中，肯定需要打出租车，出租车除了及时、准确、快速地把大家送达目的地以外，大家还有一个特别关心的问题，那就是价格问题，那么今天我们就会关注南京市市场上一些黑心计价器的情况。在此之前，我们江苏电视台其他栏目的调查记者曾经调查过现场会出现一些出租车安装黑心计价器的情况，今天我们就跟随南京客管处来看一下现场检查情况。《南京客管处：加装"跑得快"查你没商量》

制度环境信息指的是与事件密切相关的法律法规，主要用于判定事件的违法或合理与否。例如交警查酒驾，法院执行老赖等。

法官一天打了 7 个电话都不接，申请执行人多次约谈也不理，这位牛气的老赖竟然是一名公务员。7 月 10 日晚，南京市建邺区人民法院执行法官来到被执行人蒋某的家中，发现他并不在家，法官只好找来锁匠开门搜查。记者跟随执行法官进去后发现，房间整洁有序，一间卧室里面挂着两个名牌包。执行法官依法开始搜查，发现了一些名酒和电子产品。《钟山亮剑，共铸诚信——全国法院"决胜执行难"直播抓老赖》

评论的主体有两个：直播记者和线下用户。线下用户的评论体现在互动聊天版块，其评论具有鲜明特点，是对直播过程中各个环节自我观点的表达。直播记者的评论主要是通过蕴含观点的词句选择体现。

直播记者：法院强制执行行为对这些被强制执行人能起到震慑作用，也对其他可能有一些债务在身上的一群人，让他们能够及时的履行还款义务，或者有相关的债务纠纷的人，因为一旦成为失信，被执行人付出的代价绝对不仅仅是你之前欠的几千、几万甚至几十万的欠款那么简单，他的子女不仅不能读名校，他自己也不能坐高铁、乘飞机及进行其他高消费的活动，我们要让那些失信的人无处遁形，成为过街老鼠人人喊打，还社会一个诚实守信的良好风气。《钟山亮剑，共铸诚信——全国法院"决胜执行难"直播抓老赖》

互动聊天："文明始于脚下""有文明意思很重要""在路上无小事"《红绿灯下赛文明 寻找最美的你》

三　文本微观结构

在"荔直播"政务执法报道中，主观态度的句、词选择较明显，形成了显而易见的、复杂而固定的风格特征。其中，调查记者的视角很重要，比如选择"失信者"还是"拖欠不还的老赖"来描述同一个人，与其说是个语义问题，不如说直接地表达了这个词隐含的价值观念。

在声音画面构成上，政务执法直播以同期声为主，现场记者采访沟通的声音贯穿全程，减少了演播间的解说环节，甚至全程只有记者的采访活动。背景音乐也以现场原声为主，突显现场全过程，让观众感觉更加真实，甚至给他们深入其境的感觉。在全程视频直播中也会有图文直播、图片和文字的组合，可以全览直播全过程，而且节约流量成本，起到了辅助直播的作用。

景别：景别以近景和特写为主，包括执法的近景直播和现场记者的特写采访，远景也会偶尔使用，交代故事情节和场景。

镜头：镜头以运动镜头和长镜头为主，记者跟随采访需要长时间的移动，保持了空间的完整性，而且以长镜头全程记录执法的全过程，展现了执法过程的记录感，构建起时间和空间的原生态，保持了双方情绪的连贯性。（见图 28）

图28　景别的运用

语气词：记者在采访过程中为了更加亲近民众，会经常使用一些非规范的新闻用语，例如"老百姓""孩子""漂亮的姑娘""小宝贝笑了"等，报道更加贴近民众及接地气，有助于获得民众的好感。（见图 29）

图29　语气词的运用

话语报道类型：在政务执法直播中，记者将阐述性和评论性的语句相结合，在报道事件过程中，更多地运用阐述性语句促使观众了解事件的前因后果。同时，事件执行前记者会对执法人员进行随车采访并评论，当一个事件执行过程中及执行完毕，记者也会通过显在或潜在的评论性句词进行总结反思，力图实现其正面能量的引导。记者不仅要使观众从语义上或语用上理解直播内容，还意图通过倾向性鲜明的断言和评论让观众相信他们的判断，并在此基础上接受相关暗示，最终使观众接受记者在直播中隐藏的观点倾向及其潜在的劝服。

四　话语报道的叙事结构

根据样本得知，政务执法直播的叙事结构是：选定能形象化的事件—形成对比—表明变化—重要性—伤害性—评价—隐喻和象征。在叙事结构方面，移动政务执法直播尤其重视"证明度"，即执法是否合理，证据链是否充足，是否能通过合理的叙事结构使问题解释得清晰明白。

1. 采访中的话语控制

话题控制：在"荔直播"政务执法的文本中，可以明显看到三个潜在的控制程序：一是记者提出话题——执法对象回答——记者做出回应；二是记者提出话题——被执行对象回答——记者做出回应；三是执行者提出话题——被执行对象回答——执行者做出回应。这是政务执法直播中文本惯用的话题控制周期变化方式。

> 记者：如果遇到不靠谱的导航走错路怎么办？
> 交警：走错了怎么办，那我们就将错就错，按照错的道路走，总找得到正确的道路。

记者：将错就错是什么意思呢？

交警：我说的将错就错其实是一个盾，我们会看到指示牌、交通标志等，自己找到正确道路就行。《红绿灯下赛文明 寻找最美的你》

2. 话语的情态表达

话语的情态表达涉及到两方面：一是记者与采访环境的亲近性；二是记者与采访对象之间的关系。"荔直播"政务执法报道中记者话语符合生活世界的普遍特质，体现出媒体"声音"与生活世界声音的混而合一，从而与采访对象、所处采访环境有很大的亲近性。后者部分还原了采访话语的原生态，记者的提问与采访技巧已被最大程度的淡化，采访进行的过程就是一个家常式谈话的过程。

记者：儿媳妇看见你这样带孩子，会不会担心安全呢？

采访对象：当然会。

记者：你平时都是这样带小孩吗？

采访对象：没有，今天第一次出来这样带。

记者：那你下次记得装一个座椅，要是不远，坐个公交车或者打的，咱们安全第一。《红绿灯下赛文明 寻找最美的你》

五　话语实践中的认知视角

梵·迪克认为"话语的认知视角是非常重要，没有一种关于记者撰写新闻、读者阅读和理解或不理解新闻的认知理论，我们无法了解什么是大众传播以及它在形成、确认和改变我们的知识和对这个世界的"态度"中扮演了何种角色。"①

只有通过认知的视角我们才能清楚记者、栏目编辑是如何理解新闻收集和新闻制作活动，再现和概述源文本的确切过程，这些信息在文本制作过程是如何被利用的。进而得知观众是怎样运用最新知识、信念重新建构新闻事件，以及他们的理解、再现和回忆过程。一般而言，有四个因素影响着记者的主观认知模式：即特定具体的视角、记者本人的观点和情绪影响、新闻文本制作的目标和规划、社会可能认可度的影响。它们主要通过记者对新闻价值的选择体现。而托伊恩·梵·迪克认为"新闻价值是专业从业人员共同认定以及新闻媒体面对的公众间接认同的有关事件和话语是否值得报道的观念。它们是对新闻信息做出选择、关注、理解、再现、回顾以及一般性运用等决定的认知基础。"②

1. 相关性

通常与大众生活相关的事件和行为更容易引起观众的关注和讨论。这些信息提供的认知模式可用于话语的理解或者社会行动以及互动行为的规划与实施。例如交通出行和人们日常生活息息相关，不走斑马线、酒驾、醉驾甚至外卖小哥乱闯红绿灯是人们经常提起的话题，如何让交通出行更加文明正成为公众视野中一个日渐喧哗的话题。"荔直播"抓住了这些与用户生活密切相关的议题，记者现场实时采访和抓拍，既满足了受众猎奇需求，又保证了采访活动的真实性。自开播以来，用户累计观看视频超过百万次，并有部分观众参与了话题讨论，为记者建言献策，推动了社会法制建设。

---

① ［荷］托伊恩·A. 梵·迪克：《作为话语的新闻》，曾庆香译，华夏出版社 2003 年版，第 2 页。
② ［荷］托伊恩·A. 梵·迪克：《作为话语的新闻》，曾庆香译，华夏出版社 2003 年版，第 34 页。

2. 异常性

异常性是指与预期大相径庭、与日常生活经验背道而驰的事件。"老赖"是网络红词，代表一个人诚信的缺失。针对失信者各地政府都出台了一些措施，如在人流聚集的广场播放"老赖"的信息，不允许他们乘坐动车和飞机等举措，这成为一个社会共识性话题。而"荔直播"把异常性的新闻事件当作"爆料点"，吸引公众的关注和讨论，从而引导社会成员形成共识，促进话语对权力的维护。如法院联合全国 50 多家媒体全程直播抓老赖，实现了媒体矩阵联动直播，挑战了观众的兴趣点，"荔直播"中记者不走寻常路的跟踪报道和随车采访也吸引了观众的跟进，在全国形成了打击"老赖"的高潮。

3. 必要性

必要性是指新闻记者认为信息内容是每个公众应该了解的社会实景，是记者对肩负责任的一种认知。在"荔直播"中，记者跟随每路执法人员通过网络直播将整个执法过程记录下来，网民可以广泛"围观"各路执法。而且还可以参与直播互动，一方面网民能获得相关法律常识和安全出行知识教育；另一方面又可对违法行为起到震慑作用。而且执法直播还有利于基层一线民警和法官严格、规范、公正、文明执法，增加文明执法的透明度。从用户认知模式可以得知：新闻报道的意义并不客观存在于文本之中，而是存在于用户对它的重构中。观众一般是经过记忆和再现的过程对报道的事件清晰明了，他们并不是被动地接受传播的文本信息，而是积极主动地参与对信息的解释和赋予它们理解的意义。纵观政务执法直播，观众最强烈的一个认知反应表现在其选择的偏向上，即他们对冲突性事件新闻的偏爱。在交警和法院执法过程中，经常会出现被执行人和执法者冲突的一面，而冲突的发生和解决是用户互动最活跃的时刻，舆论场经常会出现多种不同意见的碰撞，并最终达成一致。

六　话语报道真实性

政务执法直播是一档描述行政执法过程的记录栏目，话语的真实与否直接决定了其话题的关注度与影响力，而其中内容的把握又涉及相关法律法规的准确理解与诠释。因此，对法律的洞察与恰当应用可以揭示事件的真实，消解大众的疑惑，并普及法律知识。按照托伊恩·A. 梵·迪克所言，为强调事件的真实性有如下几个策略：直接描写事件的进程；利用来自现场目击者的证据；利用其他可靠来源的证词；运用表示人数、时间、事件等有关表示精确的数据；直接引用消息来源，特别是涉及到观点。[①] 政务执法直播相对于其他直播，一个突出特征就是执法机关和记者联合执法，直播的主体不再仅是"荔直播"的记者，而是政府和记者联合生产内容。因此，政务执法直播在文本的真实性方面具有保证性，同时通过实时直播可以向观众展示前场和后场所有发生的事实，用户更具有信任感。

因此，政务执法直播的"话语实践"与"社会实践"的关系是：前者是后者的一个特定形式。政务执法直播的"社会实践"由它的"话语实践"部分所构成，新闻话语不可剥离的政治性决定了政务执法直播的话语实践中内含有一定的权力关系，并表现为一定程度的政治实践。特定的权力关系在政务执法直播的话语中产生、再造，并且体现互相之间的博弈和改变。

---

① ［荷］托伊恩·A. 梵·迪克：《作为话语的新闻》，曾庆香译，华夏出版社 2003 年版，第 87 页。

七 话语对权力的维护

政务执法直播代表着主流的意识形态，其中包含的权力关系与倡导的价值观，又体现在对报道取材的选择上，既能反映社会共识性话题，又能辅以法律知识普及，还能带动观众参与讨论。在意识形态关照下，再现的内容远非整个情境或背景，或许只是"包含"了全体中的部分。正如斯图亚特·霍尔所说，"媒介有能力以某些方式再现世界，因为世界的意义可以通过多种不同或对立的方式来建构。所以，表现什么及表现谁是很重要的，如何再现事情、人物、事件和人际关系也很重要。"[①] 政务执法直播再现的内容只是已经发生的事实的一部分，其呈现出的视像只是精心选择的单一视点。政务执法直播相对于其他新闻报道而言，话语选择发生转向，即从尽力隐去权力的消极因素转向提及权力的积极因素，强调权力已有或正有的作为。这种转向把权力当作政务执法中一个积极要素，以一个正面的、积极的力量出现在直播的文本生产中。直播再现的是由诸如法院、交警等权力部门所提供的对违法违规活动的执行、教导和普及，积极展现一线执法者带给社会的正面引导。

总之，通过对"荔直播"政务执法直播三个向度的话语分析可以发现：媒介信息并不是完全透明及一目了然的，它有着复杂的语言和权力关系结构。在权力关系介入甚至控制下的新闻话语，不仅起着事实告知的作用，还承担"制度规训"的媒介责任。政务执法直播作为一个具有强大舆论监督力量的新闻话语实例，其话语以正面报道的大比例出现，体现出权力对新闻话语的渐次介入、渗透及最终控制。印证了福柯所说："在每一个社会中，话语的生产都立刻

---

① 参见黄典林《重读电视话语的编码与解码——兼评斯图亚特·霍尔对传媒文化研究的方法论贡献》，《新闻与传播研究》2016 年第 5 期。

受到一定数量的程序的控制、选择、组织和重新分配，这些程序的作用是防止它的权力和危险，获得对它的偶然事件的支配，躲避它的沉重的可怕的物质性"。① 政务执法直播以其自有的话语逻辑积极地参与权威的树立，通过对目前交通安全、"老赖"问题等议程设置的完成，强力关注和解决，解释并重构了直播形态的话语新体系：适度展现、专业解读、话语民风、视角下移、主流价值观的无声息地渗透与影响。

第七节　"北京时间"对"一带一路"高峰论坛报道的话语实践

2016 年 4 月 12 日，奇虎 360 与北京新媒体集团合作推出的首款产品"北京时间"上线，该产品主打新闻视频直播，利用智能新闻资讯推荐系统，依托 360 大数据平台，"北京时间"可以随时为用户智能推荐图文、视频和直播，能看、能听、能互动，打造千人千面的手机电视台，并以专业新闻视频团队做深度内容支持。目前，"北京时间"日均独立访客人数（UV）已超过 6000 万，页面日均浏览量（PV）也已超过 4 亿，稳居中国新闻网站前列。

一　分析的框架建构

"一带一路"战略关系国计民生，有关其意义与具体内容的释疑解惑是传媒报道的重点，特别是运用直播的代入感报道更能激发民众对事件的关注度，凸显中国负责任的大国形象。在峰会上，"北京时间"开创性推出用大历史观构建的"跨越时空的对话"72 小时大

---

① ［美］米歇尔·福柯：《知识考古学》，马强、酬月译，三联出版社 2004 年版，第 221 页。

型直播，突破演播室连续直播的记录，为用户呈现一场传播史上不间断直播时间最长、信息密度最高的直播报道。而且开创性地推出全景记录状态的长时段大历史事件报道模式，将重点时段报道与前期预热报道无缝对接，形成跨度达一个月之久的多层次、多形态、多地点的全景报道。2017 年 5 月 14 日至 15 日"一带一路"国际合作高峰论坛在京举行，是 2017 年中国重要的主场外交活动，对推动国际和地区合作具有重要意义。

话语最初是作为一个语言学的概念出现，由费尔迪南·德·索绪尔最早提出，从二十世纪中期开始，话语语言学综合了认知科学、人类学、社会学、符号学等学科的研究成果，获得学理发展。诺曼·费尔克拉夫和梵迪克推动了的话语分析理论进一步演进，他们为媒介话语研究提供了一套完整的理论框架和研究方法。费尔克拉夫不仅重视文本的宏观层面，也重视文本分析和社会实践相关联的微观方面，他认为话语根源于人们的生活方式和文化习惯，同时，也会影响人们的生活方式和文化习惯。所以他在《话语与社会变迁》一书中，也提出"文本——话语实践——社会实践"三个维度的话语分析方法。费尔克拉夫的"社会实践分析"维度是为了说明通过文本分析和话语实践分析，所呈现的某一现象并不是毫无根据的，而是深受着社会文化的影响，社会和话语间有着互动的关系。本研究选取了"北京时间"的"跨越时空的对话"专题报道，选择与主题有关的直播共计 120 条，将直播中重要内容和主题以及封面图片形成文本，结合标题，再根据费尔克拉夫的话语分析方法，从"文本——话语实践——社会实践"的三个维度展开分析，探讨其中的话语呈现。

二 "跨越时空的对话"报道的文本

文本分析是传授者将自己想要表达的某事某物呈现给目标用户，

分析的主要对象就是语言学意义上"文本"的内容。费尔克拉夫的话语实践分析是建立在文本分析的基础上，牵涉到文本的生产、分配和消费的过程。用以探究文本背后的真正意义，即解释文本所描述的现实、潜在意义是如何被建构的，如何与社会背景联系起来。针对于本研究是探讨主流媒体新闻直播过程中，报道的文本、语境等特点，以及是通过哪些方面的话语侧重和话语策略来呈现出中国国家形象。

1. 样本的选择

为了保证语料的权威和准确性，本文共搜集有关"一带一路"国际合作高峰论坛有关直播 120 条。

表 9　　　　　　　　　北京时间高峰论坛直播语料整理

直播	标题	封面	来源	播放次数
1.	"一带一路"国际合作高峰论坛圆桌峰会	中国倡议 +（b&r 标志）世界共享	央视网新闻	295966 次
2.	回放｜"一带一路"国际合作高峰论坛全体会	中国倡议 +（b&r 标志）世界共享	央视网新闻	272167 次
3.	快来给普京接机！听说同时来了七架专机？	普京微笑挥手图	北京时间记者	317496 次
4.	"一带一路"共襄盛举　共谱蓝图	跨越时空的对话（主标）+一带一路 72 小时大直播+北京时间	一席谈	83393 次
5.	清华学霸志愿者带你玩转"一带一路"峰会！	女主持人 +"一带一路"国际合作高峰论坛新闻中心背景	北京时间记者	78378 次
6.	"一带一路"北京 ing　巴基斯坦人原来吃这样的烤串儿	食物图	北京时间记者	85685 次
7.	假如你是马可波罗，离开中国你带走啥？	包裹住头部的女性	北京时间记者	99705 次
8.	习大大点赞，点亮当代丝绸之路的竟然是他们！	习大大合照（背景是特变电工杜尚别 2 号火电站　开工奠基仪式）	北京时间记者	84501 次

直播	标题	封面	来源	播放次数
9.	天涯共此时"一带一路"大型新闻行动启动	BTV 天涯共此时（BMN BTV RBC 北京人民广播电台 北京广播电视报 北京时间）	北京时间记者	77832 次
10.	"第一夫人"都来这买买买 秀水街有什么秘密	主持人＋场景图	中国青年报	111442 次
11.	听埃及部长们讲苏伊士运河上的"一带一路"	场景图（埃中投资论坛 苏伊士运河：通向丝绸之路的门户）	中国青年报	68618 次
12.	直播：首届"一带一路"产业金融高级国际研讨会	研讨会场景图	北京时间记者	71596 次
13.	柬埔寨地标建筑就是它！带你玩转金边中央市场	记者＋场景图	北京时间记者	91275 次
14.	巴铁到底有多铁？随团青年揭晓答案	随团青年图	北京时间记者	166524 次
15.	青年翻译官！外国政要的贴身高颜值志愿者	志愿者合照	北京时间记者	124145 次
16.	民心相通，"一带一路"更顺畅	"一带一路"国际合作高峰论坛场景图	北京时间记者	94264 次
17.	教你如何一口气看完六场平行论坛	论坛场景图	北京时间记者	87559 次
18.	"一带一路"峰会新闻中心排起长队 竟是为它！	前台工作人员与现场群众交流照片	北京时间记者	146282 次
19.	飞跃两万里的诚意！就为这也要给阿根廷总统点赞	阿根廷总统携夫人走下飞机	北京时间记者	139481 次
20.	菲律宾总统杜特尔特抵京 出席"一带一路"高峰论坛	菲律宾总统杜特尔特讲话侧面特写图片	北京时间记者	199282 次

续表

直播	标题	封面	来源	播放次数
21.	中国好邻居！尼泊尔副总理喊你去使馆吃大餐了	尼泊尔特色美食特写照片	北京时间记者	189887 次
22.	快来给普京接机！听说同时来了七架专机？	机场接机图	北京时间记者	317501 次
23.	"一带一路"国际合作高峰论坛车队入场啦	会场车辆进入口关卡进车照片	北京时间记者	140908 次
24.	见证捷克总统及其中国朋友的"一带一路"故事	捷克音乐艺术家演奏乐器照片	北京时间记者	43979 次
25.	摩洛哥给中国动画点赞：揭秘你不晓得的中摩合作	摩洛哥代表团与二国方面领导专家合影照片	北京时间记者	55025 次
26.	法国主厨安家中国 20 年　一手烹饪"丝路"味道	法国大厨受访照片	北京时间记者	73989 次
27.	上千块手工马赛克眼花缭乱他们竟然倒背如流	摩洛哥建筑墙面前一位小女孩的身影照片	北京时间记者	123703 次
28.	现场直播铜匠雕刻铜盘花纹：揭秘非斯神秘雕刻术	铜匠工作的照片	北京时间记者	78506 次
29.	蓝白相间美到让人窒息！偶遇摩洛哥乌雅达城堡	摩洛哥特色建筑墙面照片	北京时间记者	63806 次
30.	现场直击！老挝国家主席本场乘专机抵达北京	客梯准备照片	北京时间记者	133948 次
31.	浙江副省长"一带一路"进出口增长贡献率第一	"一带一路"高峰论坛媒体采访席照片	北京时间记者	95924 次
32.	第三次访华！直击西班牙首相拉霍伊抵达北京	西班牙访华飞机照片	北京时间记者	164012 次

直播	标题	封面	来源	播放次数
33.	论坛新闻主任王司长会带来什么大新闻	王司长受访照片	北京时间记者	100197 次
34.	"一带一路"志愿者竞争激烈 百里挑一不夸张	媒体服务台工作人员照片	北京时间记者	79796 次
35.	东方丝绸之路的爱情故事 西方歌剧也能完美演绎	指挥家指挥瞬间照片	时间编辑部	89974 次
36.	音乐无国界丨丝绸之路上的古老乐器如何奏响世界	"跨越时空的对话"节目封面	时间编辑部	81087 次
37.	惊!"一带一路"记者竟然吃这些……	"一带一路"特制蛋糕照片	北京时间记者	169087 次
38.	探秘"一带一路"高峰论坛新闻中心最火点	资料书籍成列处照片	北京时间记者	59675 次
39.	独家探秘方寸之间的"一带一路"新闻中心	新闻中心及工作人员工作时的照片	北京时间记者	51377 次
40.	中国企业在摩洛哥建高速:通行效率杠杠的	记者在现场报道时的照片	北京时间记者	116309 次
41.	独家专访土耳其代总领事:合作融洽就会大事化小	土耳其代总领事受访照片	北京时间记者	51609 次
42.	中资企业工作的土耳其美女:中文真的好难啊!	中资企业的土耳其员工受访时的照片	北京时间记者	93291 次
43.	同时看到海豚和水母:土耳其亚欧分界海峡厉害了	亚欧分界海面上的游轮照片	北京时间记者	59765 次

续表

直播	标题	封面	来源	播放次数
44.	北京时间探访中以轻轨施工现场：中以工人成朋友	记者在现场报道时的照片	北京时间记者	57206 次
45.	海上玩转中以阿什杜德新港：未来贸易枢纽真牛掰	记者现场报道时的照片	北京时间记者	95596 次
46.	外国人也从中国买买买：跨境支付点亮"一带一路"	记者和外国友人合影	北京时间记者	83994 次
47.	摩洛哥帅哥街头尬舞：不当明星真可惜！	摩洛哥艺人照片	北京时间记者	108342 次
48.	土耳其集市逛起来　老外推销商品有一套！	记者采访当地商人照片	北京时间记者	56370 次
49.	土耳其历任苏丹的故宫　看昔日奥斯曼帝国的辉煌	土耳其历任苏丹宫殿的照片	北京时间记者	70709 次
50.	直击远东第一口岸的中俄国门，眺望对面	中俄边境国门照片	北京时间记者	80284 次
51.	穿越古丝绸之路重回西域揭开新疆美女神秘面纱	舞蹈演员演出照片	北京时间记者	92697 次
52.	"王自健"竟然来新疆开饭店了？到底有多好吃	记者和美食合影	北京时间记者	70303 次
53.	带你看马云摸过的陨石　为"一带一路"电商铺路	马云照片	北京时间记者	92587 次
54.	一座车站带来一座新城　揭秘古丝路上的新客站	新客站图	北京时间记者	118355 次

直播	标题	封面	来源	播放次数
55.	当中欧班列驶过沙漠　我们看见这群人的坚定守候	沙漠景色图	北京时间记者	103898 次
56.	看大漠孤烟！飞掠天山到火焰山的激荡西域边关	沙漠骆驼景色图	北京时间记者	114439 次
57.	丝绸之路国际总商会主席讲述大唐西市历史	记者采访图	北京时间记者	51116 次
58.	品丝路文化赏异域风情　探访大唐西市风情街	大唐西市风情街	北京时间记者	51351 次
59.	讲好铁警故事　忠诚履行职责	铁警工作场景图	北京时间记者	102984 次
60.	从德国飞机到法国红酒　中欧班列上竟然装这些？	中欧班列图	北京时间记者	66006 次
61.	厉害了！中欧班列过海关一节车厢只用三分钟	记者采访图	北京时间记者	55439 次
62.	上帝视角俯瞰中欧班列驶过乌鲁木齐新站	乌鲁木齐新站俯视图	北京时间记者	58109 次
63.	每天重复一个动作　看他们怎样在平凡中做出伟大	采访图	北京时间记者	56382 次
64.	走进甘肃省博物馆　看古丝绸之路留存多少	甘肃省博物馆内图	北京时间记者	56964 次
65.	走进丝路明珠金张掖　探访亚洲最大室内卧佛	室内卧佛图	北京时间记者	55417 次
66.	透过千年烽火　看中欧班列开进戈壁雄关	戈壁雄关图	北京时间记者	59765 次

直播	标题	封面	来源	播放次数
67.	走进敦煌　唤醒封存黄沙中的千年艺术奇迹！	敦煌图	北京时间记者	64545 次
68.	见证"新西辆"看看今天的火车如何拼接在一起	中欧班列图	北京时间记者	53524 次
69.	铁路货运全靠它？看兰州北站的"大脑"如何运转	兰州北站工作图	北京时间记者	46030 次
70.	"天涯共此时'一带一路'"大型新闻行动启动	btv　天涯共此时封面图	北京时间记者	77869 次
71.	听埃及部长们讲苏伊士运河上的"一带一路"故事	埃中投资论坛现场图	中国青年报	68631 次
72.	民心相通，"一带一路"更顺畅	"一带一路"国际合作高峰论坛	北京时间记者	94293 次
73.	和中欧班列一起见识丝路上最繁华的交通枢纽	兰州西站图	北京时间记者	51737 次
74.	放慢脚步　看西北便民小慢车63个春秋的生命记忆	绿皮火车图	北京时间记者	62807 次
75.	看飞驰的河西走廊！随中欧班列穿越雄浑大漠	新疆特色地貌照片	北京时间记者	129918 次
76.	中欧班列—走进宝天英烈博物馆	博物馆纪念浮雕	北京时间记者	46690 次
77.	蔡家坡车站：展示标准化作业	蔡家坡车站照片	北京时间记者	54129 次

直播	标题	封面	来源	播放次数
78.	绝佳视角穿越戈壁荒原看奔驰的西域丝路风景	火车穿越戈壁滩的照片	北京时间记者	116419 次
79.	西安西站：西安电务段小雁塔	小雁塔照片	北京时间记者	47076 次
80.	车站信号楼—中欧班列运行的神经末梢	班列车头照片	北京时间记者	55952 次
81.	机车调度室："钢人铁马"号机车	机车头照片	北京时间记者	88613 次
82.	全国办理量最大的铁路货运编组站—新丰镇车站	调度室内工作照片	北京时间记者	46063 次
83.	中欧班列出发在即 记者探秘班列驾驶舱	中欧班列车身照片	北京时间记者	112763 次
84.	独家专访李小龙：民心相通 共享丝路盛宴	月牙湖照片	北京时间记者	102425 次
85.	独家丨巴基斯坦前财政部长：想把支付宝带回家！	巴基斯坦前财政部长受访照片	北京时间记者	68796 次
86.	独家丨联合国前副秘书长：中巴友谊全速升级	联合国前副秘书长受访照片	北京时间记者	50852 次
87.	独家丨总导演陈维亚揭秘晚会凭啥刷爆朋友圈	记者与陈维亚合影	北京时间记者	222364 次
88.	"一带一路"高峰论坛新趋势 专家解读看这里	采访间照片	中国青年报	109864 次
89.	桑吉瓦：我们是一个团队，更像是家人	桑吉瓦受访照片	中国青年报	63155 次
90.	中欧数字协会主席鲁孔乙：中国是属于未来的地方	鲁孔乙受访照片	中国青年报	86183 次
91.	海外打拼20年 央企老总都经历了什么	建筑工地上的照片	北京时间记者	159562 次
92.	高铁何时修到伊朗？中伊商会会长很期待	商会会长受访照片	北京时间记者	144858 次

直播	标题	封面	来源	播放次数
93.	对话与嘉宾、美国环保协会总裁戴芮格	戴芮格照片	中国青年报	61501 次
94.	论坛现场，听全国友协副会长宋敬武谈民心相通	论坛现场宋敬武照片	中国青年报	97552 次
95.	联合国规划署主任埃里克·索尔海姆谈一带一路	埃里克·索尔海姆照片	中国青年报	99036 次
96.	著名学者廉思谈一带一路民心相通	廉思照片	中国青年报	72109 次
97.	外交官眼中的"一带一路"	访谈现场照片	北京时间记者	235589 次
98.	独家丨国宴倒计时！大师揭秘"一带一路"元首桌上菜	厨师受访照片	北京时间记者	184193 次
99.	独家专访丨"一带一路"彰显文化自信	访谈现场照片	北京时间记者	122676 次
100.	独家专访：于丹聊文化那些事儿	于丹演讲照片	北京时间记者	145000 次
101.	揭秘文莱丨这座高架桥竟然横穿原始热带雨林？	高架桥穿越雨林照片	北京时间记者	83769 次
102.	中国人在非洲：一个人撑起来整个安检设备维护站	工作人员受访照片	北京时间记者	45759 次
103.	厉害了！非洲人民也看三生三世十里桃花	记者在电视前的照片	北京时间记者	114378 次
104.	非洲大陆上的村村通　跟中国技工到非洲修电视	记者在非洲农村照片	北京时间记者	72266 次
105.	你知道吗？中国清凉油在非洲的正确使用方法	记者与当地人交流动图	北京时间记者	164991 次
106.	探秘中国数字有线电视在非洲的MM客服团队	非洲客服团队照片	北京时间记者	74378 次
107.	"一带一路"北京ing带上你的胃"新疆"撸串可好	烤串照片	北京时间记者	65794 次

直播	标题	封面	来源	播放次数
108.	"一带一路"看北京：揭秘外国人去红桥的原因	红桥市场的照片	北京时间记者	138731 次
109.	"一带一路"看北京：老外为啥都爱逛秀水街?	外国人在秀水街购物	北京时间记者	139868 次
110.	"一带一路"ing 几十块钱就可以饱食一顿泰餐?	泰国美食照片	北京时间记者	88238 次
111.	阻力"一带一路"听文明引导员讲述背后的故事	活动标题照片	北京时间记者	84865 次
112.	走街串巷看北京 寻找胡同儿里的"一带一路"	胡同照片	北京时间记者	93887 次
113.	走进天坛 体验北京特色"一带一路"	天坛照片	北京时间记者	49251 次
114.	"一带一路"主题邮局你见过吗? 戴玉强当局长!	戴玉强演唱时的照片	北京时间记者	110671 次
115.	美女律师强强联手 揭开"一带一路"神秘面纱	律师活动照片	金律良言	312380 次
116.	丝路探秘之广州南沙港的"黑猫警长"	海港与记者照片	央视新闻网	120299 次
117.	丝路探秘之土耳其小伙"情迷"西安	沙漠骆驼照片	央视新闻网	59330 次
118.	丝路探秘之南海渔民的日常	南海渔港与记者照片	央视新闻网	74273 次
119.	丝路探秘为了体验拖轮生活记者豁出去了	拖轮照片	央视新闻网	51839 次
120.	丝路探秘之700年坚持干一件事的家族	记者在港口的照片	央视新闻网	84432 次

2. 语料库分析法

由于直播形式的特殊性，以及样本多、时长太长，本文首先将各直播标题围绕的主题内容建成一个小的语料库，然后再将其直播中凸显的讲话按照所需指标建成一个具体的语料库，并对其进行相关分析。

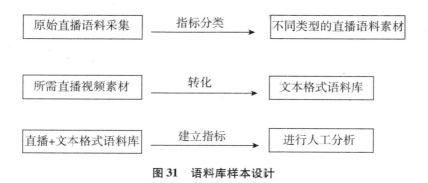

图31　语料库样本设计

3. 指标建立

根据研究目的和需要，将分析指标构建如下：

（1）报道总量

（2）报道来源

（3）报道呈现形式

（4）报道叙事

（5）叙述者

（6）报道话语行为类型

（7）播放量

三　"跨越时空的对话"报道的话语表达

1. 主导性的标题侧重

所谓标题是可能具有主观色彩或带有偏见，它反映了新闻生产者对知识框架、观点态度和新闻的宏观表达，承担概括主题的作用。本研究对所有直播标题进行分析，标题中带有"一带一路"的共有38个，占整体标题的三分之一。与传统新闻文本通稿式的标题不同，直播标题更有主观的情绪偏向和主导意识，且通俗易懂，夺人眼球的词语进行描述。例如《丝路探秘之广州南沙港的"黑猫警长"》《"一带一路"主题邮局你见过吗？戴玉强当局长!》《你知道吗？中国清凉油在非洲的正确使用方法》《厉害了！非洲人民也看三生三世十里桃花》《中资企业工作的土耳其美女：中文真的好难啊!》《海上玩转中以阿什杜德新港：未来贸易枢纽真牛掰》等。

2. 平民化的语言风格

在"跨越时空的对话"直播中，主持人话语呈现出平民化的语言风格，生活化、家常式的直白表达方式，在话语方式上更多采用平铺直叙和白描的方式，同时从 P2 中可以看出主持人的话语中穿插着中国各种经典的俗语和古话，而在 P1 称称呼上则更多选择了"我们"或者"我"等第一人称的叙述方式，使得话语更加具有亲和力和民生气息。

P1：在直播《"一带一路"国际合作高峰论坛圆桌峰会》中，主持人说道，"昨天我们用移动直播加上电视信号这样的方式直播了高峰论坛的开幕式，我们设在前方国家会议中心的移动直播点也是在第一时间为大家带来了新鲜的视角和观察。那么今天上午呢我们仍然是沿用了台网融合的模式，大屏加小屏给大家带来圆桌峰会的直播，接下来我们还是给大家来聊聊丝路的故事，首先我们一起去看看中国的南大门——广东。"

P2：再看主持人评论时所说，"现在我们再通过这个发展，我们会发现与世界的联系也会特别近了，老百姓平时的生活就能够感受到，比如我们在埃及就能吃到凉粉，然后在伊朗能见到果丹皮，枣泥点心，糖蒜还有羊肉泡馍，所以说无论是古丝绸之路繁盛的时候，还是全球日趋一体化的今天，人类都是你中有我我中有你，息息相关，命运与共的。"

除了平民化的话语风格，在直播节目中还可以同期听到民众熟悉的生活场景声音，记者采访直播的声音交汇和融合，例如在《土耳其集市逛起来，老外推销商品有一套！》的现场直播中集市上的声音与记者的语言交汇在一起，这和方式使得画面的真实感和民生感都会有很大的提升，真实感觉到"一带一路"与彼此息息相关。

3. 全方位的画面镜头

画面也是一种语言符号，是一种态度表示。在"北京时间"的"圆桌峰会"直播中，开场是两位主持人的棚内介绍，后面则是广州的风景加解说词的画面，辅以广东出入境工作人员的同期采访声；而后再次接上广州的风景加解说词的画面，转场利用写有"中国倡议，世界共享——'一带一路'国际合作高峰论坛直播"的动态封面，转接到棚内主持人的评论解说；继而又转接到我们的"一带一路"采访节目上；紧接着转场又转接到电视信号"一带一路"动画宣传片上，最后则是对"一带一路"国际合作高峰论坛圆桌峰会的现场直播。仅在一场直播中就运用了多种视觉呈现方式，不仅将幕后的编辑工作呈现出来，也将各个小的专题节目穿插其中，形成一种全方位的画面呈现。

4. 国家的交流发展主题优先

标题与头条都是一种传播语言，表现了传播者一定的态度倾向。"北京时间"的"跨越时空的对话"共有 120 条直播条目，摘取其中的焦点头条新闻，呈现的规律见表 10：

表 10　　　　　北京时间高峰论坛直播语料头条新闻直播整理

时间	报道名称	题材
2017 – 5 – 15	"一带一路"国际合作高峰论坛圆桌峰会	国家发展建设
2017 – 5 – 13	回放｜"一带一路"国际合作高峰论坛全体会议	国家发展建设
2017 – 5 – 14	快来给普京接机！听说同时来了七架专机？	国家领导人

时间	报道名称	题材
2017－5－13	"一带一路"共襄盛举 共谱蓝图	国家发展建设
2017－5－13	清华学霸志愿者带你玩转"一带一路"峰会	国家文化交流
2017－5－13	一带一路北京ing 巴基斯坦人原来吃这样的烤串	国家文化交流
2017－5－13	假如你是马可波罗，离开中国你带走啥？	国家文化交流
2017－5－7	出门！中欧班列从这里走出中国国门	国家文化交流
2017－5－7	习大大点赞 点亮丝绸之路的竟然是他	国家领导人
2017－5－5	"天涯共此时'一带一路'"大型新闻行动启动	国家发展建设

在收集的10条直播中，头条新闻的构成涉及国家领导人政治活动有2个频次，国家的发展建设有4个频次，国家文化间的交流有4个频次。从中可以得知：国家间的文化交流和发展建设的有关新闻占据了专题直播中的头条位置，呈现的是对发展主题的优先和重视。

四 "跨越时空的对话"报道的社会实践

1. 宏观实践

（1）公平交流的大国外交体现

在习近平主席提出的亲诚惠容周边外交理念，构建人类命运共同体等思想指引下，中国正在成长为一个更加坚定、自信、负责任的大国，世界对此有目共睹。而习近平主席在"一带一路"高峰论坛圆桌会议的致辞中，倡导把"一带一路"建设国际合作同落实联合国2030年可持续发展议程合起来，同亚太经合组织、东盟、非盟、欧盟等区域发展规划对接起来，同有关国家提出的发展规划协调起来，产生"一加一大于二"的效果。

费尔克拉夫认为，"话语不仅反映和描述社会实体和社会关系，话语还建造或构成社会实体与社会关系，不同的话语以不同的方式建构这种至关重要的实体，并以不同的方式将人们置于社会主体的地位。① 习近平主席提出有关全球的倡导建议，表明中国已经做好了份内之事，谋求与他国构建命运共同体，实现共同发展，凸显中国是一个有志于承担国际事务的负责任的大国形象，因此，整个专题直播专注于国家间的交流合作及相关议题呈现。

（2）全球责任观的话语呈现

以习近平主席在主持"一带一路"高峰论坛圆桌峰会的致辞直播为样本，他用隐喻的方式将"一带一路"比做一对腾飞的翅膀。"翅膀"代表的是一种和平，更加有利于真正让大家感觉到"以雁栖湖为新的起点，张开双翼，一起飞向辽阔的蓝天，飞向和平、发展、合作、共赢的远方"的深层含义。在介绍广东的直播中，场景解说词里用到"海路迢迢，人来人往，融合与共存，传承与创新，'一带一路'让这座城市再次展开文明与复兴的新画卷，让我们，让世界，拭目以待"。同时也在"一带一路"直播中选取各国民众的看法，让各国民众讲述自己对"一带一路"的希冀。由此可知，在直播中所表现的是中国作为负责任的大国，通过"一带一路"促进全球发展的美好希冀。

2. 微观实践

（1）镜头语言的亲近

视觉语法理论认为图像取景的距离反映了社会关系的远近，取景越近，与观看者的关系就越亲密，图像的取景视角也反映了图像制作者想要表明的态度。在传统媒体对重大会议的新闻报道中，通常是站在全知全能的视角上，自上而下的姿态讲述会议发生的经过，画面镜头通常都是宏观的全景。但"跨越时空的对话"直播中，更多的是主持人以朋友的姿态与被访者沟通，镜头多为中近景，呈现

---

① ［英］诺曼·费尔克拉夫：《话语与社会变三》，殷晓蓉译，华夏出版社 2003 年版，第 3 页。

出一种亲近的镜头语言，与观众产生有效互动。如《一带一路北京ing 巴基斯坦人原来吃这样的烤串》直播，通过主持人参观和品尝北京本地的巴基斯坦餐厅，侧面表现在"一带一路"背景下，巴基斯坦人在北京的生活状况，目的是通过画面的丰富与日常场景呈现，拉近与他域文化的交流距离。

（2）民生视角的全面报道

在梵·迪克看来，话语的认知视角是非常重要的，"没有一种关于记者撰写新闻、读者阅读和理解（或不理解）的新闻认知理论，我们就无法了解什么是大众传播，以及它在形成、确认和改变我们的知识和对这个世界的态度中扮演了何种角色"。[①] "跨越时空的对话"话语认知视角更多是民生视角，由小及大组接完成全面报道。选取的 120 场直播专题中，民生取向的报道就占据其中一半以上如旅游、生活、交通、饮食等，可见关注民生是主流媒体直播中共同的责任担当。

总之，"北京时间"作为主流媒体新闻直播平台，通过其结合时事热点而又另辟蹊径的直播内容策划，使得每一场专题直播取得了良好的传播效果。"跨越时空的对话"话语实践中，通过直播议题设定、内容策划、记者采访、主持人评述、现场直播等形式、语言和画面，呈现出独特的民生视角与全球视野，表达中国作为负责任的大国形象，对全球发展所作出的努力。

---

① ［荷］托伊恩·A. 梵·迪克：《作为话语的新闻》，曾庆香译，华夏出版社 2003 年版，第 2 页

第五章　主流综合门户网直播的转型升级

　　以腾讯、网易、搜狐、新浪为代表的综合门户网是中国互联网开放的第一代产物，浓缩了整个互联网发展经络，从平台级产品的市场化运作上升到内容级产品，化身为国家主流媒体，承担监控社会、反映民情、教育民众、娱乐大众的介于体制内与市场结合的新型主流媒体。拥有庞大的用户基数、粉丝量、内容产品与品牌影响力。同时，他们也是直播市场的最早开拓者，起始点是利用互联网的渠道优势作为传统媒体的直播端口，释放独特的开放性与互动性。随着主流媒体自身平台建设的丰富化与多元化，其直播进入转型与升级阶段，所谓转型是指门户网直播开始着力打造自身的内容产品，从平台级产品迈向内容生态，以更丰富的产品线、产品内容、渠道优势、运营机制的灵活性，在直播领域里继续推进与领先。所谓升级是指从泛娱乐化的个人秀场直播、全民直播走向以资讯直播为核心的产业化，商业模式逐步成熟。本章节首先介绍了综合门户网直播的优势与特色，接着分析了其内容生产架构与平台建设，最后以文本分析的方式对个案展开研究，揭示综合网直播运营的现实境况与竞争力提升路径。

第一节 综合门户网直播的竞争优势

中国的门户网是在资本市场与体制放开的双重推力下的产物，四大门户网搜狐、网易、新浪、腾讯基本遵循着同样的发展路径：从模仿雅虎模式起步，以搜索引擎为基础，集中于软件与平台营运，依靠融资与上市做大，经历互联网寒冬，以增值服务与广告为赢利主打，以品牌奠定流量，以流量完善产品线。

一 资本与体制合力推动的门户网直播发展

综合门户网最早始于互联网商业中的 ICP（internet content provider 互联网内容提供商），是指将网络上庞大的各种信息资源加以分类、整理并提供搜索引擎，让不同的使用者能够快速查询信息的网站。几大门户网站兴起的背景、遭遇、经营模式都存在相似之处。1993 年四通利方成立，开办了 SRSNET 网站，1997 年引入 650 万风投，成为国内首位引入风险投资的 IT 企业，1998 年收购海外最大的华人网站"华人咨询"成立新浪网，2000 年在纳斯达克成功上市。1997 年网易 BBS 开始运营，1998 年 2 月推出其旗下最著名的163. com 产品。在近乎同一个时间段的 1998 年完成两轮风投的爱特信网站更名为搜狐，它是中国首家大型分类查询搜索引擎网站，2000 年也在纳斯达克成功上市。四大门户网开始之初，基本上是模仿雅虎的发展模式即以搜索引擎为基础，为用户提供平台服务，成为互联网内容提供商，采取了"风险投资＋网络广告"的经营模式。在经历了同样的上市圈钱、互联网泡沫烧钱的市场洗涤后，四大门户网各自完成自身的转型与定位：新浪布局社交端口以突出新浪微博为特色产品，成为在线媒体及增值咨询服务提供商。搜狐选择多元化，搜狗引擎成为核心产品，是集电子商务、通讯和移动咨询增值服务公司。网易则选择收费增值业务，主打游戏作为现金流产品。腾讯以 QQ 与微信两大主流产品为核心圆，以用户洞察和与用户需求不断更新的丰富产品线获得巨大流量。2015 年，网易开始布局直播，将直播视作是跟帖之后最重要的新功能。2016 年间出了"2016年春运直播"，全程 360 小时不间断进行全景直播，吸引了超过 2200 万网友参与直播讨论。在体育直播科比告别战中，共有 1108.9 万人参与了直播观看和互动。2016 年 4 月对日本熊本地震的跟进报道，连续 5 天不间断直播救灾进展创造了 3500 万用户参与量。同年 7 月20 日，网易北京联合网易号高速 FM99.6 对北京暴雨进行了全天候直播。① 2016 年腾讯率先在各大新闻客户端首推"直播"页卡，页卡位置设在腾讯客户端首页下方的第三顺位，属于一级栏目设置，非常醒目。页卡下拉内容丰富，包括体育赛事、社会热点、娱乐资讯、自媒体等多种直播内容。用户只要打开手机客户端就能便捷观看自己感兴趣的直播内容。其后开启的《一个女孩的车站》直播，引爆社交网络，后又关注上海迪斯尼开幕、2016 年高考、南方水灾等热点事件，并策划了《造熊季》《黑镜实验》《十三邀》等人文类资讯内容②。门户网直播成熟的标志是：直播拥有与新闻、推荐并列的一级入口。

　　以资本投融资与上市做大的四大门户网站也是中国传媒体制内的产物，政府一方面放任其资本化、市场化运作，作为互联网强国的塔基力量，另一方面又通过新闻采访权设限，控制其内容的原创生产。这种机制促成了综合门户网站短时间内获取业外资本，开放

---

① 《直播风潮来袭 网易新闻凭什么站在风口?》，http://www.ccidnet.com，2016 年 5 月19 日。

② 《腾讯新闻首推直播页卡 跑步进入移动直播时代》，http://www.cctime.com/html，2016 年 5 月 9 日。

灵活释放自身特性，融入世界互联网通道。同时，又能从核心层面掌握其发展命脉。因而以新浪、搜狐、网易、腾讯为代表的综合门户网形成与传统媒体从争议到合作共赢的多次磨合阶段。第一阶段是互联网对传统媒体用户与市场领域的蚕食。门户网诞生的最大冲击就是以复制新闻瓜分传统媒体的信息市场，门户网是以"不正名"的身份在信息高速公路上掠夺资源，分流用户，实现跑马圈地，完成品牌的树立与粉丝沉淀。这阶段由于传统媒体成为门户网的"搬运员"，大量的无偿的信息资源被门户网转载并侵用，两者是以对立面姿态在用户层面与内容平台层面进行较量。所以，2005 年 10 月，全国 20 多位都市报的老总齐聚南京，发布《南京宣言》，呼吁全国报界联合起来，改变报纸沦落至为门户网站"打工"的地位，提高传统媒体对商业门户网站的议价能力。3 个月后，解放日报报业集团向全国 38 家报业集团发出《发起全国报业内容联盟的倡议书》共商成立报业"内容联盟"，"以一个联盟对抗另一个联盟"。这种对立一直持续到数字化浪潮的全面席卷，传统媒体开启数字化战略，纷纷推出手机报、数字网站等向门户网叫板，意欲重新夺回用户市场，而经过互联网屡次大浪淘沙后，经过洗涤的门户网已经成功转型，以多元化细分市场占领制高点，成为新型的主流媒体。传统媒体与门户网终于携手图谋共赢，以各自的优势取长补短，以内容合作和平台共建来完善各自的互联网布局。直播就是在共赢理念的主导下，实现门户网与传统媒体的互相渗透与利用。

门户网直播的成熟期是基于其客户端的全面完善，目前四大门户网的直播产品大致分为：内容产品，即以重大事件的转载或合作的模式。如新浪直播与人民网合作的"两会"直播。"直播＋"产品，即以围绕生活、娱乐、体育、电商、游戏等增值与收费服务为主打的系列产品。平台产品，即客户端是门户网直播的主要领域，庞大的粉丝积累为其招徕了大量的流量与影响力，相继推出有自身特色与用户需求的直播产品。数据显示，搜狐客户端直播是用户量最大的直播平台。新浪微博直播是传统媒体入驻社交平台的首选，网易的直播＋服务也实现了与传统媒体的深度合作。腾讯旗下拥有：腾讯直播、企鹅直播、NOW、QQ 空间直播以及斗鱼等游戏平台直播，高度基于已有用户群，成为腾讯直播布局的战场。

总之，门户网直播不仅为自身开拓了产品线布局，满足普通民众最基本的话语释放可能，同时也成为传统主流媒体必不可少的平台通道。

二 综合门户网直播的竞争策略

迈克尔·波特认为竞争优势是竞争性市场中企业绩效的核心，提出获取竞争优势的三个基本战略：成本领先战略、标歧立异战略和目标，集聚战略。在他看来，竞争优势归根结底产生于企业为客户所能创造的价值：或者在提供同等效益时采取相对的低价格；或者其不同寻常的效益用于补偿溢价而有余。[①] 搜狐、腾讯、网易、新浪等门户网站进入直播领域具有天生的资源优势，那就是互联网平台开放与交互，凭借自身优越的渠道资源逐步开通各类直播间，以自己的介质特点与沉淀的用户量获取点击率与商业变现，综合门户网直播起步于 PC 端，繁荣于移动 APP 直播的便捷。门户网所拥有的行业资源与资本，为直播平台发展提供了强力支撑，门户网起始点是以平台为支撑，以搜索引擎为主手集合各类信息源。从竞争优势理论来看，目前，门户网直播的竞争关联主体包括：以个人秀场为主的垂直直播、电商直播、传统媒体直播与门户网内部的竞合关

---

① ［美］迈克尔·波特：《竞争优势》，陈小悦译，华夏出版社 2005 年版，第 10－12页。

系。由于互联网庞大的产入投资，成本可控因素空间不大，大多综合门户网无法在成本领先战术上超越对手，因此，差异化标新立异与集聚战略是应对竞争并创造优势的主要策略。

（一）直播定位：以品牌资源为区隔

20世纪70年代，艾·里斯与杰克·特劳特提出定位理论，认为定位要从一个产品开始。那产品可能是一种商品、一项服务、一个机构甚至是一个人，也许就是你自己。定位是你对预期客户要做的事，是你要在预期客户的头脑里给产品定位，确保产品在预期客户头脑里占据一个真正有价值的地位。[①] 定位就是首先找到产品的独特性，然后根植于用户心中，在他们心智中形成有关产品的差异化。目前，门户网的产品线主要集中在时政新闻、文化娱乐、电子商务、社群和服务类，而直播镶嵌其中。直播的定位基本上是依傍母品牌的资源优势，利用独有的定位形成差异化优势。2010年可以视为综合门户网直播的转折点，在此之前，门户网的直播都是镶嵌在新闻页面下，针对重大事件提供文字、图片、视频的直播报道。2010年1月9日，新浪推出"中国影响时尚2009盛典"是国内第一个微直播，所以，门户网对直播的真正切入是从社交端口开辟差异化竞争战略。新浪微直播运用自身强大的社交平台优势和集揽的大量用户群体，将动态的、直观的、视觉传达与及时互动参与连接起来，使直播正式以一种独立的媒介形态立世。其后，各大官方网站纷纷开通微直播，如2011年"两会"使用微直播官民互动，传递心声，交流意见等，微直播被广泛运用在赛事活动、重大事件以及日常事务直播报道中。新浪微博曾经是中国最具影响力的社交媒体平台，聚集了大量的网络领袖与红人，并拥有海量的粉丝群体，在社交直播

---

① ［美］艾·里斯、杰克·特劳特：《定位：争夺用户心智的战争》，顾均辉、苑爱东译，机械工业出版社2015年版，第3页。

端口具有无法比拟的竞争优势。网易的核心竞争力在于游戏与社群，因此，网易直播以泛娱乐直播为其差异化竞争策略。腾讯的核心竞争力是在于其拥有 QQ 与微信两大自媒体平台，因此，其直播产品线主要围绕自媒体直播展开，旗下共计九款直播产品。而搜狐的影响力集中于新闻客户端，它以新闻资讯引领综合门户网作为其差异化竞争策略，因此，搜狐直播的竞争优势是客户端特别是移动新闻客户端。2013 年，随着技术 4G 普及，网速与流量的便捷催生新闻客户端占领移动端口，移动直播成为主流，门户网的竞争领地从 PC 走向移动。门户网开始从差异化竞争迈步竞合与融通，在内容层面，从泛娱乐主打走向以泛资讯为主，全面步入直播 + 时代；在平台层面发挥渠道优势，在拓深与拓展上与传统媒体相互交融并取长补短。2016 年成为综合门户网直播的一个里程碑，4 月腾讯推出直播一级页卡，标志着直播进入一级产品线；7 月搜狐嵌入以娱乐主题的"千帆直播"；8 月网易发布网易直播"天网计划"，取消传统的视频架构，将直播作为网易内容端未来运营的重点，9 月新浪新闻首页增加直播频道，正式在一级端口布局直播。①

（二）直播形态：从泛娱乐走向泛资讯

门户网直播起始于网络红人直播，逐步向游戏、体育、活动等直播渗透，它颠覆了门户网既往的资讯报道方式，新闻重构信息渠道和传播手段，包括内容策划，与内容合作伙伴的共建方式、商业合作的多重可能等。随着综合门户网独到内容的品牌凸显，与传统媒体内容合作的精细化和全面突破，其内容经营逐步成熟。所谓从泛娱乐走向泛资讯是指门户网开始以新闻直播为产业核心，围绕资讯布局直播产业链。这种战略布局的原因在于：

---

① 《2016 - 2020 年网络直播行业深度分析报告 直播行业浸入红海》，http://www.chinairn.com，2016 年 10 月 26 日。

1. 短视频冲击

门户网回归新闻资讯直播战略的一个根本推动是短视频正在分流大量的流量，后者以更便捷的方式占有用户更碎片化的时间。抖音短视频的崛起视为代表，截至 2018 年 6 月短视频的用户规模达已5.94 亿，占整体网民规模的 74.1%。与短视频跑马圈地快速鹊起的势头不同，直播的表现却不尽如人意，如果说 2016 年是直播元年，各类媒体纷纷布局并形成一定影响力，直播产业化初现雏形。2017年则是直播洗牌之年，共有 100 多家直播媒体倒闭兼并，直播回归理性竞争。到 2018 年 6 月直播用户达到 4.25 亿，仅比 2017 年底增长 294 万。用户使用率下降 1.7 个百分点，游戏、真人秀、演唱会等直播产品的用户均有所下降。① 这意味着短视频正以其独特的价值特性抢夺直播市场，直播自身也进入优化整合的调整期，需要找到与短视频、垂直门户网直播等与对手差异化竞争的头部产品。经过二十余年的发展，门户网资讯平台已经搭建，是传统媒体最大的内容分发地，同时，也汇集了大量的优秀采编人才，如《南方都市报》前资深记者、孙志刚事件的报道者陈峰曾经被网易招至旗下。资讯直播特别是新闻资讯对社会问题的深入展开与唤醒群体的社会动员能力是短视频无法跟进的，是与直播竞争的短板，门户网拥有与传统媒体合作的内容资源，又能通过新闻资讯直播为头部产品，从而拉开与短视频的正面竞争。

2. "后真相"的表达需求

2018 年 4 月"今日头条"发布信息，今后将以"字节跳动"品牌名称取代头条，意味着企业逐步淡化头条的影响力，但引发的思考是依靠大数据算法锁定用户群体需要的聚合类媒体，是否真的能

---

① 《2018 年中国网络直播营销市场研究报告》，https://www.sohu.com，2018 年 4 月 8日。

凭借技术的单一路径对接用户个性化需求。以技术解释的真相是否就是用户需要的真相或者是事实的真相，已经成为技术主导时代的最大质疑。1992 年美国《国家》杂志首次提出"后真相"概念，意在形容情感对舆论的影响力超过事实。现在，后真相的话语又往往被用来解释民众为什么做出不明智的原因。推动传播发展的技术总是体现出其两面性：一是技术的赋权消解了信息生产者的角色边界，在直播中人人可以成为"摄像机"参与社会事务的生产与消费，通往人体器官的各种要素都可以被演化为发声通道与信息接收器，从而出现了迎合人体各类信息感官触点的媒介载具，基本上已经充盈了我们的听觉、视觉、嗅觉等符号系统。所以，技术这种介质本身也是一种讯息。二是技术的赋能在释放人体各种感官，并积极参与社会事务的谈论过程中，人人都是信息源的另一面就是信息杂音与泛滥的无穷尽。信息最多也是信息最少的时候，大众对社会真相的识别与理解来自多重解释，导致人的情感与内容真相不断交织、重合或者矛盾，因而，"后真相"成为信息传播者不断需要诠释的，能与事实接近的信息陈述。

正是因为"后真相"的存在，信息的杂芜，话语的多元主体生产，渠道的无处不在，技术的赋权与赋能，人体延伸被空前释放。因此，对真实的、可信度的、权威的信息挖掘与解读能力反而又成为稀缺资源。于是，拥有内容生产、内容分发、内容平台的媒介载具在信息泛滥与真相稀缺的时代，成为最具解释力、执行力与扩散力的信息传播者。在此背景下，拥有内容生态搭建能力的门户网自然而然会选择以泛资讯直播的核心定位来应对竞争和迎合"后真相"时代的用户满足。

（三）直播运营：从分发平台到内容生态

门户网直播作为一种互联网产品是由内容产品、服务产品和关系产品组成，由于自身没有独立的采访权限，因此，更多布局在体育、游戏、娱乐等服务产品，并在此基础上建立关系产品，以互联网的开放性、交互性、信息的综合性、使用的便捷性实施定位与运营。长期以来，综合门户网承担的是信息分发角色，利用海量的渠道端口与各类传统媒体合作，将传统媒体静态的信息内容数字化、可视化与随身携带。如腾讯与地方媒体合作的网络版"腾讯大楚网""腾讯大渝网"等，将传统媒体丰富的信息内容在虚拟空间里不断扩散，并以互联网思维的方式带动传统媒体迎合新媒体，本质上承担的是内容平台的作用。在直播产品布局上，主要围绕三条主线推进：

1. 自创头部原创产品

目前，个人秀场直播、赛事直播、活动直播是综合门户网直播的主要产品形态。以网易为例，2017 年伊始，为发挥网易在资讯直播上的优势，网易传媒将时尚、科技、网易公开课和直播等中心进行整合，重组为直播事业群，下属 10 余个强势内容频道和网易公开课 APP，彻底打通频道资源和采编流程，把内容和直播价值最大化。根据 TalkingData2016 年发布的网易新闻用户画像报告，在切尔诺贝利 30 周年、亚太连锁地震等大事件发生及传播期间，网易新闻用户活跃度远高于新闻资讯整体活跃度。截至 2016 年年底，网易新闻直播已实现原创直播 14000 场，参与人数近 20 亿，月均增幅 172.76% 的傲人战绩，其中人机大战、南方洪涝灾害、霍心大婚等直播均吸引了超过 6000 万用户关注参与。里约奥运期间，网易新闻用户人均每天观看奥运直播和视频时间高达 45 分钟。[①] 直播成为网易新闻专业和优质内容生产变革的核心，也让"泛资讯"这一平台级的战略制高点有了更多的"落地"方式。与此同时，网易新闻针对 PGC 直

---

① 《网易新闻活跃率行业第一 直播成用户粘性"利器"》，http：//www.sohu.com/，2017 年 1 月 13 日。

播生产者以及网易号等内容创业者推出的"合伙人"计划，以新的内容生产组织和利益分配方式，创造平台与更多优质内容创业伙伴共赢的生态圈，也让用户享受到了更加多样化、个性化的资讯内容。截至 2016 年底，网易新闻平台已有 15 万个优质网易号入驻，日均贡献的流量超过 60%。

2. 作为流量端口，进行内容平台的深度合作

直播形态对传播渠道的需求，要求它必须与其他平台合作，将自身平台建构与更大的媒介生态系统联系起来，形成介质与平台互相融合并打通。如新浪、"一直播"与《人民日报》合作的"人民直播"于 2017 年 2 月 19 日上线，既标志着传统媒体进军直播的方向，也是门户网强大的流量端口的品牌影响力彰显与战略部署。2016 年 3 月 1 日至 3 月 16 日，腾讯新闻携手《新京报》，呈现了全景两会直播，连续 16 天累积 98 小时直播，记者采集直播素材的手机上都安装了腾讯网自主研发的"移动直播平台"。前方记者在现场可以通过移动直播台拍摄、采集视频素材，实时传输至云剪辑平台，实现实时多路信号传输。还采用了手持移动直播云台，用以保持手机拍摄时画面的平衡稳定、不抖动，同时还可以通过手柄上的按钮灵活调控拍摄的角度。这是门户网实施内容分发与平台合作的成功典范。2016 年 5 月，新浪名为"天眼"的直播平台成立，目前已有 100 余家机构类媒体与新浪新闻达成了直播合作意向，包括央视、新华社、澎湃新闻、新京报等。2016 年 8 月，网易推出"天网"直播战略，对排名前 100 的优质直播 PGC 引入"TOP100 伙伴计划"，力求打造全球泛资讯直播平台，2016 年 11 月网易直播中心成立。

3. 以资本为抓手控局直播产业

2018 年 3 月腾讯以 6.3 亿投资游戏直播的领导者之一的斗鱼直播，同时入股虎牙直播，看好游戏直播强大的后发之势与变现能力，

此次融资后，腾讯将控股斗鱼。特别是 2017 年 8 月互联网新政出台，"双证上岗"规定，直播平台必须获得《网络文化经营许可证》，新增的企业还必须获得《信息网络传播视听许可证》。申请者必须满足 2 个条件：一是持证企业须为国有控股企业；二是注册资本在 1000 万元以上。因此，大型平台只能寻找能够并购持证的"壳资源"收购，而小平台只能寻求被持证企业并购。

在目前的三条主线中，自创直播品牌与缔造直播产业链是门户网直播战略的重心所在，2015 年 4 月，网易率先布局"内容直播化"方向，发起资讯直播的探索，内容形式以图文为主。2016 年初视频开始被媒体重视，几乎涉及到主流门户频道，包括新闻、时尚、财经、本地等频道，网易新闻客户端的直播内容多元化涵盖了所有的主流频道，其产品线与平台建设已经成熟。在此背景下，门户网开始向内容生态布局，所谓内容生态是指以内容为核心，实施内容生产、内容分发、内容变现。内容生态是一个稳定的、循环的闭合圈，优质的内容是基础，能够满足用户需求获得流量；内容分发是门户网强大的渠道端口的优势所在，能够实现内容的合理推送，形成立体化、全面化的信息渗透；内容变现则是依靠前两者的积淀通过流量与商业导入来实现赢利。

2016 年 3 月 1 日，腾讯正式启动"芒种计划"，致力于打造媒体共赢生态圈，目的在于整合腾讯整体资源、拓展内容分发渠道，从内容生产、流量扩展、用户连接和商业价值上，为媒体或自媒体的发展提供更好的支持。随着"芒种计划"的推进与实践，大量机构和自媒体开始进入腾讯新闻直播平台并上传优质内容，资讯直播场次趋向高频、稳定，通过这些丰富的直播内容，腾讯新闻提高了用户黏性，留存住了更多的用户。2017 年，腾讯开启新一轮内容开放战略，企鹅号成为承载"大内容"生态的宽平台，通过全平台分发、精品内容孵化、版权保护和资金支持四项政策的支持，搭建内容生态平台。①

第二节　综合门户网直播的内容生产机制

作为最早进入直播领域的综合门户网经过多年的积累在产品线、平台、品牌、用户量、资本等方面已经成熟。具备完整的内容生产链条、丰富的内容储备和成熟的平台建设。各大媒体直播生产内容架构有共性也有各自特色。

一　腾讯直播：视频+微博+实时数据的"秒互动"

腾讯直播的核心产品在腾讯客户端。2010 年腾讯新闻客户端正式上线，截至 2017 年腾讯客户端的用户活跃量位居新闻 APP 的第一位。2016 年 4 月 30 日，腾讯新闻客户端正式推出直播页卡，用"大事小事看直播"的理念打造全新资讯形态，对移动端整体框架进行了重构。腾讯直播的分发渠道主要包括两大入口：一是腾讯视频应用的直播页卡；二是腾讯新闻应用内直播页卡。前者主打明星经济和"网红"经济，以泛娱乐内容为主；后者主打泛资讯内容。腾讯新闻更新版的界面分为新闻、直播和关心三大页卡，在直播页卡中还可获取直播节目预告。2016 年 11 月 23 日在直播页卡中新增了直播专题，将之前推出的同类型、系列节目进行整合，打造垂直细分市场，如经典课堂、文艺现场、理想国等。2016 年 12 月将直播页卡中节目进行了频道分类，将之前的直播节目进一步细分为资讯、文艺、娱乐、财经、体育等类别，并设置精选频道将热门话题直播节

---

① 《企鹅号全新升级 腾讯内容生态走向全面开放》，http://tech.qq.com/a/20171108/034976.html，2017 年 11 月 8 号。

目放在频道分类第一栏中。2017 年 1 月 19 日开始支持直播节目的预约，支持用户对自己喜爱的直播节目设置预约提醒。目前，腾讯布局了 9 家直播平台，其中自建平台就有"NOW 直播""QQ 空间直播""腾讯直播""腾讯新闻""企鹅直播""花样直播"等产品线。①

腾讯直播的生产特色体现在其"视频 + 微博 + 实时数据"三合一的"全直播"模式。2010 年 5 月 11 日，腾讯网宣布与央视网联手合作，成为独家在线直播 2010 年南非世界杯的门户网站，"视频 + 微博 + 实时数据"三合一的"全直播"模式为新媒体赛事报道做出了大胆探索。在腾讯网世界杯直播页面上，将视频在线直播、腾讯微博直播、专业数据库 ProZone 的数据直播三种直播形态融为一体，调动各方可利用资源，为用户带来精彩的赛事体验。除了观看视频和解说词来了解比赛，网民还可通过微博更新、热门搜索掌握更为全面的信息，让用户享受到仿佛置身世界杯比赛现场的体验。通过三种直播形态的有机融合，实现用户从"浅层次观看"到"专业性参与"的升级。在世界杯中，腾讯微博发挥了独特的互动价值：QQ 弹窗每推送一个进球消息或比赛结果，就有大量网民在微博上发布相关内容，发表自己的观点并参与话题讨论。腾讯将 QQ 即时通讯平台和网站新闻、微博等各个通道全部打通，并做到有效整合，从新闻产生、推送到互动，都能够在各自的渠道保持畅通和快速，将第一手新闻信息在第一时间传递给用户。②

腾讯的视频 + 微博 + 实时数据的"秒互动"模式，充分发挥了各自产品的传播优势：QQ 可以在个体用户与群体用户间实现信息共享；腾讯新闻网站及时发布信息；腾讯微博则在微博空间进行信息

---

① 郭全中：《我国互联网直播业发展综述》，《传媒》2017 年第 6 期。
② 《腾讯：全直播秒互动　全面提升影响力》，《成功营销》2010 年第 8 期。

交换。直播将腾讯媒介属性有效整合，实现直播者与用户、用户与用户之间"零距离、零时差、即时互动"的实时共享。

二　搜狐新闻：首创"大事件"直播间优势

"视频＋音频＋图文"直播模式是移动互联网时代的标配，2013年搜狐新闻在手机客户端首创互动直播模式，"大事件"互动直播间成为搜狐直播中最具特色的产品之一，以独有特色将及时消息与深度报道相结合，在第一时间呈现新闻现场。其内容定位以大事为中心，偏重重大政治事件、关注度最高的社会问题热点等，强调现场和悬念，通过图文、语音和短视频等多种媒体手段，对新闻事件本身进行全方位的表达。2013 年 8 月 28 日，"聚焦李天一案第一次开庭"在"大事件"互动直播间开播，吸引了近 40 万受众在线关注。2016 年 1 月至 4 月，"大事件"互动直播间就进行了 36 场直播。仅"两会"期间的相关直播报道有 22 场，在线观看人数累积达到 2549万人。同时，依托搜狐新闻手机客户端的技术支撑，在直播过程中实现了信息传递者与用户间的及时互动，为他们提供多角度的信息分析。

目前，"大事件"互动直播间已成为一个专注报道重大政治新闻、自然灾害、恐怖袭击事件、社会问题等用户关注度最高的专业直播平台。依托搜狐新闻手机客户端的技术支撑，在直播过程中实现了互动直播间信息传递者与接受者间的实时互动。搜狐直播流程分为生产和分发两个阶段，在直播启动时，生产端即"大事件"互动直播间的操作团队做好人员分工安排，直播统筹负责撰写直播推广文案、确定直播间标题、建立直播间临时协调指挥群，分配人员角色。主持人建立并开启直播间，反馈新建直播间后台 ID，并迅速进行信息录入与更新。[1] 前线记者进行实地采访并连线，完成独家新闻信息采编，并将成稿在直播间拆分上传，根据现场拍摄或录取视频，经直播统筹沟通前线记者与后方保障，视直播进展情况指挥完成独家热点策划，根据事件的时间节点把控信息发布速度。在直播进入尾声时，直播统筹负责撰写结束语，主持人在直播间发布结束语后关闭直播间。发布端即搜狐新闻中心"五大哨所"各自接收发布端发送的直播间 ID，并放置各端口推广位，尤其是新闻客户端进行推送，扩大影响力。

三　网易直播：以"网易号"主打自媒体直播

2015 年 11 月网易直播中心成立，它是对网易新闻客户端的整体升级和改造，是一种"对新闻报道方式、模式的革命性变化"。网易直播中心高级总监庄稀海认为，网易直播将改变新闻的定义，"以前是对新近发生的事实的报道，而网易要做的是对正在发生的事实的报道，甚至是对参与正在发生的事实的报道。"网络直播的重要特性是互动。2016 年 4 月 19 日，网易发布自媒体直播平台——网易号，低门槛为自媒体人提供信息发布平台，网易号打开了自媒体直播的新领地。

网易直播遵行的是内部运作模式。直播中心并不需要搭建自己的内容团队，而是网易所有部门参与，通过整合内部资源实现内容生产，记者到现场，打开手机可以马上开启直播。没有特别的角色分工与繁琐的采编流程，高效、及时、无缝对接的生产机制能迅速捕捉第一现场信息，同步回传事件人物的全过程与风貌，供用户评阅与参与。同时，网易直播通过"网易号"实现专业生产（PGC）

---

[1]　胡昆：《搜狐新闻手机客户端大事件互动直播间研究》，广西大学，硕士论文，2016年。

的底层架构：网易号实行申请制，通过注册机构、个人身份验证等提高入驻门槛，其中，少数高端 PGC 将由直播中心控制，并限定高端 PGC 数量。同时，突出自媒体生产特色，两者结合多头开发直播渠道源。[①] 在网易，直播中心与其他各部门是并列关系，执行过程中提供技术支撑、演播室整体架构策划等职能，其他合作中心负责提供资源、联系嘉宾、提供宣传档位等，各自承担最擅长的部分。网易整个直播构架是通过一系列直播生态链的搭建，实现对网易传媒的改造，将新闻客户端升级到直播新闻客户端。

四　新浪平台赋能的共同生产

作为国内最大的门户网站，新浪新闻秉持"快速、准确、全面、客观"的新闻理念，探索"直播 +"计划。新浪的特色产品是新浪微博，为其吸纳了大量的网络大 V 入驻，也区隔了新浪的定位差：以社交化媒体的差异打造综合门户网。

同时，新浪自身拥有广泛产品线如手机新浪网、新浪微博 APP、新浪门户等，都能为合作伙伴提供内容发布平台的多渠道选择。新浪新闻直播生产模式是赋能的共同生产　所谓赋能的共同生产是指利用新浪社交门户网的定位，以其拥有的庞大博主资源作为专业生产者资源，与用户的自生产结合的生产方式。如 2017 年在国内开始流行的"Vlog"，这是一种网络视频日志，以视频的方式记述个体的日常生活。Vlog 起源于 Youtube，2012 年，Youtube 上出现了第一条 Vlog，截至 2018 年 01 月 19 日，Youtube 平台上每个小时就会诞生2000 条 Vlog 作品。

2017 年 video blog 全面盛行到国内各大微博网站，尤其以新浪微

---

① 陈莹：《网易直播战略初露峥嵘》，http://www.cbbr.com.cn/article/104034.html，2016 年 5 月 17 日。

博为直播重地。

Vlog 的最大特征在于其内容的真实性，带有 vlogger 鲜明的人物个性，使面对镜头真实的 Vlogger 和观众之间形成了"强关系"，而且这群 Vlogger 的粉丝粘性相对较高。Vlog 一方面在内容上可以提供良好的创意，具有一定的观赏性和娱乐性。Vlog 是依靠有一定粉丝量的 Vlogger 即网络红人或大 V 带动的短视频，以记录他们的日常生活为主要内容，通常大 V 们的生活常态容易引起其粉丝的关注与留意，以其身份的特殊性与场景化带动共鸣。所以，新浪微博的社交平台定位与大量的 Vlogger 入驻为其推广 Vlog 提供了无与伦比的竞争优势，形成了与媒体、机构、自媒体人等进行合作的视频直播模式。

同时，新浪直播的特色还体现在其实行白名单制度，只对白名单里的账号开放直播功能，在平台有过违规行为的用户，将被永久拒绝在直播门外。这样的利好是保证了内容生产质量的优质性与品牌效应，只将优质的内容开放于有共同兴趣的社群，以良好的口碑引发共鸣并参与社会事务的讨论。所以，新浪直播以赋能的方式履行共同生产，本质上是最大限度以视频文本的互动与互换释放大 V 们的网络动员能力，并焕发社会大众的参与感。

五 "风直播"精品的 PGC 生产

在大技术＋大内容的驱动下，凤凰网推出"风直播"，通过凤凰客户端＋凤凰 PC 端＋凤凰 WAP 端＋一点资讯合力打造的 1 亿＋用户的分发平台，全方位覆盖目标群体。依托强大的用户支撑，"风直播"平台生产的内容涵盖健康、时尚、美食、旅游、文化等多领域，从时尚大秀到体育赛事，从环球旅行到美食教程，"风直播"主打的是专业生产（PGC）模式，即运用专业生产者推送专业化的信息内容，一种重要的方式就是与权威的信息源合作，借助他方具有公信力的内容实现平台化生产。为了保证 PGC 的内容量得到了充分保障，"凤直播"已经与多个内容源达成了合作，其中包括新华社为首的具有官方资质的新闻源，公安部交管局、最高法在内的政务直播，以及微吼、火秀等专业直播机构。依靠凤凰卫视，整合凤凰资讯、凤凰财经、凤凰科技、凤凰时尚、凤凰娱乐、凤凰体育、凤凰旅游、凤凰健康八大频道资源，为凤直播平台内容提供持续而多样的保障。"凤凰号"提供海量自媒体内容源，使"凤直播"有意识地鼓励和引导自媒体投入到直播内容的生产中，充实了整个平台的内容厚度和深度。①

总之，各大综合门户网纷纷利用自身的特色架构直播生产平台，并以不断创新的产品形态与技术更新对接时代需求，体制外的灵活性与强大的资本动力为门户网的直播发展拓宽了路径并找到成熟的商业模式。

第三节　主流门户网直播运营的价值点与变现

2016 年后综合门户网视频直播呈现爆发式增长，无论是自身产品线还是与其他内容电商合作的平台建设都已经日趋成熟，而且体制外的灵动性赋予其直播实现商业价值变现的可能与必要。

一　门户网视频直播运营的价值点

所谓价值点是一个企业或者组织或者个体独有的、排他的、能满足他者个性需求的、实现产品或者企业自身价值增值的特有的资源、定位和机制。从 1997 年到 2017 年经过二十年间，从模仿、追随

---

① 《凤直播发力资讯直播，凤凰欲借专业度抢滩直播版图》，http：//www.sohu.com/a/121810608_250147，2016 年 12 月 16 日。

到树立特色，实现差异化竞争，综合门户网以其独树一帜的定位与运营机制找到商业网成熟的运作模式。在直播领域，无论是腾讯瞄准时间基点的"秒互动"，还是新浪赋能的共同生产，亦或网易自媒体直播等都为门户网直播市场的拓展书写浓墨，延伸了门户网的整体商业变现渠道。目前，综合门户网的内容生产机制大致可以分为三种：专业化生产的 PGC、用户生产的 UGC 和专业生产与用户生产结合的 PGC + UGC 模式，三种模式各具价值点。

（一）PGC + UGC 模式的价值点

PGC + UGC 模式的价值点是指充分运用了专业化生产与用户生产的双重生产机制，释放了两者的生产积极性与优势互补，其价值点是能够全方位、立体化展示社会每个角落，以对话、互动、辐射的态势揭示国情大事与民间生活常态。专业化生产者的组织能确保信息源的权威、真实与可信度，同时专业生产者能够把控信息生产的开放与自由带来的风险性。而用户参与则可以将直播的视角触及社会大众，将人人都是"话筒"与"摄影机"的社会监督功能展开。整合两者的合力可以增加直播的专业性与通俗性。从直播内容产品划分。门户网视频直播可分为新闻、影视剧、游戏、体育等系列产品，为了显示 PGC 价值点，腾讯直播与安徽卫视、天津卫视、湖北卫视等 15 家地方卫视进行合作，对卫视节目进行 PC 端直播，网民们通过登录账号，在直播页面发送弹幕，参与到节目的讨论中，实现了 PGC 与 UGC 的结合。同时，用户也参与到直播内容生产的过程中，丰富了内容生产的信息量，夯实了传播的广度与深度。专业团队生产的内容与用户进行实时互动与生产互补，是两个不同类型生产群体的取长补短，不断完善中寻求在现场的真实。

（二）UGC 独创模式的价值点

所谓 UGC 独创模式是指用户生产占主导的一种直播生产方式，

这种模式的价值点是用户需求能够与生产者开发同步，能够更省却专业生产较为繁琐的审核流程与指导框架。对接直播介质特性，能随时随地随意将社会实景借民众之眼与手，呈现于用户基数最庞大的门户网各个端口。而且其价值点还体现在以民众的声音、图像传递自我表达，可以较专业化生产更能贴近其心智，引发群体性共鸣与社会动员机制的形成。如"凤凰号"主打的自媒体直播生产，用户自主生产内容，借助凤凰各个端口进行内容的分散与传播，直播过程中，用户随时与其他用户同步互动，解析问题，共同完成整个直播生产。当然，这样的内容是有特定限制，以腾讯直播为例，其频道中的游戏、体育是依靠主播个人完成内容生产的全过程，用户可以在直播过程中与主播进行文字或语音对话，共同参与直播内容的互动与完成。

（三）PGC 中心控制模式的价值点

所谓专业化生产（PGC）模式的价值点可以从两个方面考量：社会性与经济性。在社会性层面，专业化直播生产可以确保主流媒体话语传播的主导性、公信力与权威性，以门户网的渠道影响力传播政府的主流声音与治国方针，这是门户网作为新型主流媒体的职责所在，所以越来越多的传统主流媒体与门户网合作，一方供应优质的信息源补偿商业网采访权缺失的信息盲区；一方则提供多年孵化积累的渠道资源与用户量，两相结合实现强强共赢。所以 PGC 专业生产模式在中国国情与体制内有其特殊的价值意义。在经济价值层面，专业化生产提供的是优质的信息内容，这是互联网媒体商业运作的基石，内容的贩卖与运营是媒体二次销售，实现商业变现的根本。信息过剩时代，优质的信息内容演化为稀缺资源，是可以吸纳用户付费获取的变现渠道。比如网易直播通过"网易号"实现PGC 直播的底层架构："网易号"实行申请制，通过注册机构、个人身份验证等提高入驻门槛，少数高端 PGC 将由直播中心控制，并限定高端 PGC 数量。专业化水准的专业内容生产确保了内容的高端与可信度，能够帮助媒体实施区隔竞争的同时，获得额外的资本溢价。

二 综合网视频直播的价值变现

分析综合门户网生产类型价值点的目的是为探讨如何实现其直播产品的变现方式，以商业运作的门户网可以在体制外实现产品的价值变现，PGC、UGC、PGC + UGC 等三种主要的生产机制决定了其内容形态与产品线布局，在此基础上衍生了几种主要的门户网直播商业模式。目前，门户网直播基本涵括了直播的主要类别：以点播等代表的版权直播、以电商延伸代表的垂直直播、以服务产品为主的泛娱乐直播和内容主打的新闻直播。

（一）内容付费

内容付费大多是为版权的付费，这种变现方式大都表现在专业化生产的 PGC 模式中。首先孵化优质的内容、形成版权的排他性、吸纳流量并转为资本。直播作为一种特殊的传媒产品，其产品线布局依然是围绕媒介产品提供给用户的使用价值展开。直播凸显了生产与消费的同步性、不可分割的特点，使信息传播更具真实性、时效性、现场感与参与性，新闻直播产品售卖的是对时空消解后形成的信息带入感的程度如何。直播又展示了"全景监狱"的功能，其教育、文化传承与娱乐更多是以服务产品和关系产品的方式出现。所以，体育直播、游戏直播、教育直播等能为用户提供物质到精神层面的各类产品填满了门户网直播的各个产品线。但是作为主流的门户网直播，内容产出与投资收益依然是主流门户网的核心要义。

内容的独有性与排他性可以为生产者带来关注度，进而通过付费收看的方式完成变现。所谓门户网站视频直播实行内容收费制，是对直播视频的观看内容设置门槛，用户支付成本后才能完成全部的观看体验。互联网的特性是开放、免费与共享，这样的逻辑思维促成用户的"拿来主义"免费之上，互联网内容收费只能是针对少数群体的特殊要求，或者是特殊产品的特定市场。大致可以分为两种情形：一种是部分收费，先期以免费的方式吸粉，获取其注意力，满足其浅层次需求，进而以后续付费方式完成内容消费的全体验。另一种是全额收费，这是针对用户的特殊要求或者定制产品实现，表现为内容的独有与排他，比如说独播剧、体育赛事与参与性强的互动游戏等。腾讯、搜狐等直播都有付费视频，用户自主选择，付费观看，满足特殊群体的特殊需求。

如网易直播是第一家实现 PGC 直播知识变现的平台。2017 年 1 月，网易直播 PGC 内容的占比已经接近 50%。PGC 直播用较少的成本，制作出了一批精彩而且叫好叫座的节目。PGC 直播的售卖在 2017 年甚至超越了频道直播，也成了网易直播营收的增量。网易直播事业群将重点发力一个全新的方向——公开课的知识变现。网易公开课是一个拥有 7 年历史的优秀客户端，推出了以 TED 为代表的众多优质课程资源，拥有大量的用户和良好的口碑。一方面，优质直播将以直播回顾或者是短视频的形式加入公开课，丰富其内容；另一方面，伴随着整体资源的打包导入，实现教育、时尚、亲子、科技等频道同步推广。网易公开课作为业界领先的教育视频客户端，在此时切入知识付费，有希望成为这一市场的真正王者。一是公开课海量的免费资源和付费内容能形成有效的互补，二是公开课的受众群非常准确，就是渴望获取知识的年轻人、白领，他们也是知识付费的主要群体。①

---

① 韦青清：《网易直播：资讯直播的先行军》，《传媒》2017 年第 4 期。

（二）流量变现

流量（traffic）本意是互联网上用户的访问量，是用来描述访问一个网站的用户数量以及用户所浏览的页面数量等指标。常用的统计指标包括网站的独立用户数量 UV、总用户数量（含重复访问者）、页面浏览数量 PV、每个用户的页面浏览数量、用户在网站的平均停留时间等。在互联网上流量的背后是由一个个小 Cookier（用户节点）组成网状散点，他们是互联网的生产者、观赏者、使用者与付费方。流量能够转为商业资本并参与到商业行销，秉承的理念是经济学中的"长尾理论"。在长尾理论看来，商业和文化的未来不在于传统需求曲线上那个代表"畅销商品"（hits）的头部，而是那条代表"冷门商品"（misses）经常为人遗忘的长尾。在互联网世界里，无数个网状、散点的用户由于对统一需求商品的倾向性聚集在一起，点击网页、浏览、评价，使用并完成信息消费，这些庞大的节点可以在某个时间段在特定空间汇集成为巨大的注意力资源，从而使其具有了资本增值的可能与必要。他们就像互联网上长长的巨龙，个体的微小 Cookier 通过网络链接成为巨大的消费场域。这正是长尾理论所揭示的冷门的、忽略的、不经意的个体可以激发巨大的流量市场并转为一种资本的力量。所谓流量变现就是将互联网上散居者聚合为独有的资源，应用其注意力实现资源的售卖。

门户网流量变现的方式之一就是广告与增值服务，直播平台的广告包括启动广告、弹幕广告等一直是视频直播的常规赢利模式。而在增值服务上，巨大的流量市场还是视频直播的未完全开垦地，但是腾讯的"使用免费 + 流量变现"成就了其国内市值冠军，亦如"精品硬件 + 独特生态"成就了苹果这样的全球市值冠军。正如马化腾所言，掌握大量的流量之外，腾讯善于留住流量的手段就是社交，黏性的提高可以让用户更加牢固，相应产生的价值也就会逐渐浮现。

最为出色的就是腾讯的游戏直播，通过巨大的流量转化为游戏用户，在通过游戏中的诱导机制，致使玩家付费，包括打赏等激励机制。

（三）打赏变现

打赏变现主要运用在 PGC + UGC 生产模式中，内容上线吸引用户，用户关注并支付货币，获得利益。直播不同与其他新媒体产品一个重要点是它的主播角色的生产力力量，在直播中直播不是单纯的角色演出或者传声播报，而是重要的生产者与流量的吸纳者。在某种程度上，主播是一种知识产品，具有不可磨损性与增值性，通常会产生超过自身价值的溢价。在此基础上建立的直播打赏变现本质上售卖的是其关系产品，是用户基于对某个或者某类主播的观赏性与内容的共鸣性做出的个性化的货币支付。这个货币交易是基于精神层面的共享与娱乐，是价格与价值无法等比的关系缔结与交易。如 Papi 酱（本名姜逸磊）凭借在新浪微博个人账号发布的一系列原创短视频获取千万融资后，成为强吸金能力的"网红"，以打赏为起点带动平台经济的发展。借助既有的粉丝，在视频中推荐化妆品，发展到与品牌合作、代言，实现价值变现。在主播知识产品获利的同时，平台也可以凭借其广告收入分成赢利，视为平台的红利市场。

（四）IP 孵化

所谓"IP"（Intellectual Property）本义是"知识产权"，可以指人，也可以是物，IP 孵化就是通过对人或事物的培养，使其成为独立的品牌资源，可以创造个体价值或者事物增值。一个强 IP 必须具有三大属性：一是传播属性，IP 具有超广的内容覆盖率，能在社交媒体上迅速传播与跟帖，如周杰伦为《英雄联盟》所作的主题曲《英雄》在 QQ 音乐上登陆，仅仅一条微博就能在很短的时间内，获得上万的转发率。二是内容属性，即 IP 优质且有价值，如号称 2016 年第一网红的"Papi 酱"，发布的视频具有清晰的价值观，非常吻合年轻群体崇尚真实、摒弃虚伪，带有几许幽默与热忱看待社会。三是情感属性，即 IP 可以吸引粉丝并产生共鸣，四是故事属性，即 IP 具有丰富的内涵性，能开发延伸的品牌产品。如网易其直播优势可以概括为：态度 + 品质 + 运营，推出"TOP100 伙伴计划"，精选 100 家流量最高、社会影响力最大的 PGC 生产者，为他们提供最佳的推广资源和收入回报，打造顶级 IP。①

（五）开源获利

门户网直播的优势资源是其平台的品牌影响力与渠道的丰富性，所谓开源获利就是门户网充分利用自身的平台量作为第三方内容分发商。众所周知，开放 API 是互联网联通世界的关键。门户网的长处是渠道与资本促动的技术优势，完全有可能成为他方直播的平台通道，短板是受制采编权的信息盲区，所以，门户网站视频直播平台应该开放 API，让第三方软件参与进来，提供更好的直播服务和更优的直播体验。

（六）广告投入

目前直播平台商业模式主要有三种：常规硬广（包括开屏、首页 banner、热门话题、全站 push 等）、软广（包括定制 logo、定制礼物、定制专题等）及量身定制的整合营销。能赢利并成为未来走势的是信息流原生广告，切合直播节目投放的原生广告也不易被察觉，在无形之中接受广告理念，为广告产品拉拢潜在的消费者。直播营销最吸引广告主的优势在于实时互动性，其相对成本较低，未来在各直播平台营收中的占比有望持续增高。据艾瑞报告，2019 年直播广告的市场规模或将突破 50 亿元。但其定制化的销售方案为规模化发展带来困难，且依赖于网络直播市场的发展，为其市场规模的增

---

① 《网易直播商业计划：100 个 PGC"爆款"打造顶级 IP》，《网易新闻学院》2016 年 8 月 5 日。

长带来潜在壁垒。

（七）互联网＋电商的模式

门户网的商业化运作能使他们与电商亲密合作，进入垂直直播领域，以直播平台＋内容电商的方式推广品牌。直播＋电商的模式，一定程度可以衔接上消费者想要了解商品、品牌方想要告知消费者商品的故事、平台方想要告知用户最好的购买渠道的需求圈，这是三方共赢的选择。如网易考拉海购基于 UGC 和 PGC，利用直播方式打造丰富新颖的内容，目的是为平台带来额外流量，提高点击率和购买量。"直播＋"电商的模式通过互动行为和场景化的构造已经成为了一种新的商业形态。门户网站视频直播的盈利来源多种多样，最终能否达到赢利目标则要根据各平台品牌影响力以及执行中与用户的切合点。但内容和渠道依然是商业变现的根本，优质的内容可以实现版权售卖与内容付费，并以流量吸引广告。丰富的渠道可以作为实现垂直直播并放大网红经济，以开源平台获取额外利润。

总之，几大主流门户网直播的商业运营都较为成熟，他们以夯实的资本力量与体制外的运作流畅性肆意渗透在直播的各个领域，形成丰富的产品线并不断创新形态，探索新的路径，作为对巨大资本的回馈，门户网对商业变现的渴求与投资回报率的期待必定高于其他传统媒体的直播，这就要求门户网运用既有的成熟的产品线和产业模式，叠加赢利机制。

第四节　腾讯"我们来了"对"两会"直播的话语解读

本节计划运用话语分析理论，以腾讯"我们来了"两会直播为研究对象，探讨其报道的话语实践。作为四大门户网站之一的腾讯和新京报强强联手，推出视频新闻项目——"我们视频"专注于新闻，集中移动端新闻视频的报道，包括直播、短视频和长片。倡导用视频形式覆盖新闻热点和重要现场，重点突出新闻、视频、手机、专业和人性五大关键词，并获得了中国应用新闻传播学研究会的"2017中国应用新闻传播十大创新案例"。"全国人民代表大会"和"政协全国委员会"在中国民主政治的建设中具有重要意义，代表委员通过提案将基层群众的呼声和要求传达给党和政府，有助于推动国家民主政治建设的步伐。"两会"的召开关乎我国未来发展方向和群众的切身利益。正是因为"两会"的重要性，所以它一直是各大媒体和全国人民所关注的热点，并且媒体对"两会"的报道也是对国家政策方针的一次全面宣传，不仅能传达党的政策，同时也可以提高民众参与政治事务的积极性。移动新闻直播已经成为主流媒体的新型报道方式，民众得以更加直观地参与到"两会"报道。2018年"两会"期间，"我们视频"推出"我们来了"两会特别新闻直播报道，采访了来自不同领域的18位人大代表和政协委员，其中不乏白岩松、董明珠、冯远征等为人们所熟知的名人，报道涉及房地产税收、生态文明建设、教育、医疗、养老、扶贫等公众所关心的内容。"我们来了"作为对代表委员访谈的新闻直播，通过对直播中代表委员话语的分析可以探究他们履职和提案内容的话语建构，以及所呈现的媒介形象。

一　话语分析理论与研究框架

本研究从话语分析视角出发，从文本和语境两个维度，由表及里地对"我们来了"系列直播的建构过程和意义进行了剖析，同时还采用了参与式观察法的研究方法，不仅对话语文本进行剖析，也将研究视域从封闭的文本延伸到社会范畴。

（一）新闻话语

新闻是一种文本，通过一定的语言描述系统构建新闻事实，通过文字或口语的形式传递信息。"新闻话语作为一种话语类型，具有我们所定义的话语的所有特征：首先新闻话语无论是在语义上还是在语用上都是非常连贯的；其次该话语是一种交际形式，而且这种交际是发生在报纸、广播、电视和听众之间的一种动态过程。"① 本研究的移动新闻直播话语可以看作是电视新闻话语中的一类，可借鉴电视新闻话语的研究方法。电视新闻话语的组成分为语言符号和非语言符号，语言符号——画面内和画面外的言语、屏幕和画面内的文字。非语言符号——形状、体态、表情、服饰、色彩、空间、图标、特技等图像、造型和各种音响的肖像性和标志性符号，是由多种符号综合表义手段组合而成。梵·迪克认为，电视话语是一种"混合话语"，电视新闻作为一种社会媒介话语，与文本话语一样有着特定的语义规则，运用一定的语言系统构建新闻事实。因此，从这个意义上，电视新闻话语和其他话语形式并无区别。过去对新闻话语的关注多集中于书面新闻话语语类上如通讯、新闻专题等，但随着移动新闻直播兴起，文本不再是由新闻工作者单一完成，而是由新闻产生过程中所有话语者共同完成的双向交流体系。

（二）新闻话语分析框架

费尔克拉夫是英国兰卡斯特学派的代表人物，他的社会文化分析方法吸收了系统功能语言学理论的精髓。在《话语与社会变迁》一书中，他提出了文本、话语实践、社会实践三个向度的研究框架，费尔克拉夫认为一个"话语事件"可以从文本向度分析、社会实践

---

① 李悦娥、范宏雅：《话语分析》，上海外语教育出版社2002年版，第164页。

分析和话语实践分析三个向度上入手。[①] 在费尔克拉夫的话语分析中，文本与社会语境是密不可分的，话语实践是在社会语境中进行的。费尔克拉夫关于"三向度"研究方法为本研究提供了除文本以外的另一种视角——语境视角，这也奠定了本文的研究框架。而梵·迪克的话语分析旨在分析在特定的社会情境中，西方权势集团通过话语和文本的表达进行意识形态的控制。梵·迪克认为新闻生产是一种话语实践，它不仅影响公众对社会事件的态度和认知程度，同时也在改变和塑造公众的认知结构。新闻话语的影响是"结构"性的，不仅会影响单一受众的态度，还会在社会层面上影响社会总体结构、认知和公众议程的设定等。以往的新闻话语研究往往把重点放在新闻生产的社会、文化意识形态因素，很少关注新闻文本本身，但梵·迪克指出对新闻话语的分析不仅仅应该只注意语法、叙事、修辞、文体或者其他结构，也不应该只是研究话语结构在记忆中生成和理解，它还必须分析话语的社会、文化、政治结构（即语境）。本文研究视角是从各个不同的层次（微观结构和宏观结构）对话语结构进行分析、总结、描述。语境视角则是把总结出来的话语特征和产生话语的社会语境，如社会文化因素、社会认知过程、认识的重构与再现等结合起来进行综合研究。因此，本文是将费尔克拉夫与梵·迪克的新闻话语分析框架结合起来，从文本视角和语境视角对"我们来了"展开话语解读。

三 "我们来了"对"两会"直播的文本分析

（一）宏观层面

本研究以腾讯新闻直播在 3 月 2 日到 3 月 19 日进行的 18 场直播

---

① ［英］诺曼·费尔克拉夫：《话语与社会变迁》，殷晓蓉译，华夏出版社 2003 年版，第 2 页

为研究对象，从报道时间、报道主题、报道对象、主要内容以及报道对象所代表的阶层等五个方面对这18场直播进行分类整理。时间上具有连续性，从3月2日到3月19日，每天一场直播，采访对象为来自不同领域的18位人大代表和政协委员。标题以"姓名＋内容概要"为形式，使观众透过标题就可以大致清楚直播的主要内容，简洁明了。此外，每场直播中的内容都涉及履职建议，所以这也是本研究的重点，通过对代表委员关于履职和提案的话语分析，探究他们的话语呈现。

表11　　　　　　　　"我们来了"两会报道的主题与框架

时间	报道主题	报道对象	主要内容	报道对象身份
2018 - 3 - 2	张宝艳：让孩子回家愿天下无拐	人大代表	儿童拐卖	基层代表
2018 - 3 - 3	刘永好：培养新农民满意女儿接班	政协委员	产业扶贫	基层代表
2018 - 3 - 4	朱征夫：收容教育制度违背立法精神	政协委员	收容制度	其他
2018 - 3 - 5	诺敏：履职建言做居民健康的守护人	政协委员	居民健康	基层代表
2018 - 3 - 6	白岩松：我正在研究地域偏见问题	政协委员	高校教育　地域歧视	其他
2018 - 3 - 7	冯远征：国家艺术基金应科学规划	政协委员	国家艺术基金使用　电影分级	其他
2018 - 3 - 8	方来英：资源下沉基层医生更安心	政协委员	基层卫生建设	政府官员
2018 - 3 - 9	陈静瑜：呼吁进行脑死亡立法	人大代表	脑死亡立法　医疗卫生	专家
2018 - 3 - 10	刘贵芳：探索医养结合新模式	人大代表	养老	基层代表
2018 - 3 - 11	郭锐：高素质人才不可或缺	人大代表	高尖端人才培养	专家
2018 - 3 - 12	周剑平：让生态文明进课堂开频道	政协委员	生态文明	政府官员
2018 - 3 - 13	李稻葵：房地产税收要因地制宜	政协委员	个税改革　房产税收　金融	专家

续表

时间	报道主题	报道对象	主要内容	报道对象身份
2018 - 3 - 14	周晔：让特殊孩子享受到正规教育	政协委员	特殊教育 修改相关政策	专家
2018 - 3 - 15	董明珠：和雷军十亿约定年底见分晓	人大代表	中国制造 个税 教育	企业家
2018 - 3 - 16	刘蕾：让民族旅游带动民族文化发展	人大代表	民族地区发展	基层代表
2018 - 3 - 17	蒋胜男：网络小说 IP 开发刚刚起步	人大代表	版权保护	专家
2018 - 3 - 18	梁倩娟：加大电商扶贫政策支持力度	人大代表	乡村振兴 农村电商	基层代表
2018 - 3 - 19	郭凤莲：农村留守老人也需要养老院	人大代表	乡村振兴 养老	基层干部

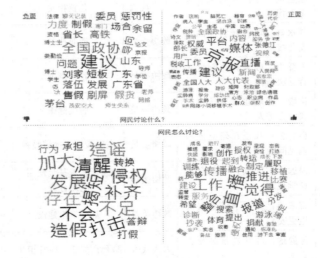

图 32　"我们来了"两会报道的高频词谱

图 32 为网民在这些直播中的讨论，通过词频图我们可以看出网民讨论的重点以及态度。网民讨论的重点也正是直播中的关键内容，具有一致性。

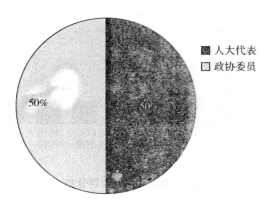

图33　采访对象的分布

图33可以看出，这18场直播中的采访对象的总体情况，人大代表与政协委员的直播各占50%，分布平均。

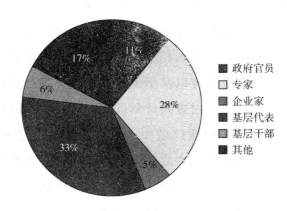

图34　采访对象的层级分布

图34可以看到，以专家和政府官员为代表的精英阶层占比达到39%，以基层代表和基层干部为代表的平民阶层占比同样是39%，所以在腾讯新闻两会直播中，精英阶层和平民阶层的话语分配权是平等的，不管是精英还是普通群众，他们的诉求都可以在这一平台上得到满足。

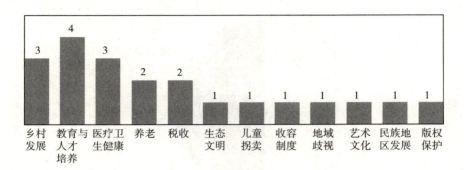

图35　两会报道的内容分布

图35为全部18场直播的内容分布情况，从中可以看出代表委员所关注的重点议题情况。其中最关心的领域是教育人才培养、乡村发展以及医疗卫生健康等，其次养老和税收问题也是关注的重点，其余的有关儿童拐卖、版权保护、地域歧视、收容教育制度等也有代表委员有所提及。这些代表委员所关注的内容，也正是民众所关心的内容，与其生产生活密切相关。在教育与人才培养议题中，还包含了特殊教育、高校教育以及学生的课外辅导等教育议题。在乡村发展的议题中包括了乡村振兴计划以及近年来火热的精准扶贫等相关内容。在医疗卫生健康议题中，除了关注居民健康与素养等，还有基层卫生建设以及脑死亡立法等内容。此外，养老问题与税收问题也是代表委员所关注的领域，也有代表委员从自身专业领域出发提出了很多建设性的提案，例如冯远征带来了国家艺术基金使用的相关提案。浙江省网络作家协会副主席，《芈月传》作者蒋胜男提出保护原创维护网络文学健康发展的建议等。可以说代表委员提案内容丰富，涉及诸多领域，与民众的生活息息相关。

（二）微观层面

为了更进一步探究代表委员提案建议的话语方式及所呈现的媒介形象，选取样本时间长度接近、选题类型相似的四个样本进行分析，分别是《白岩松：我正在研究地域偏见问题》《蒋胜男：网络小说 IP 开发刚刚起步》《冯远征：国家艺术基金应科学规划》《董明珠：和雷军十亿约定年底见分晓》，将这四场直播中代表委员的话语整理成文本，并按照阐释型、评判型、使令型、申明型对他们的话语进行分析。

表12 《白岩松：我正在研究地域偏见问题》（字数：1156）

报道话语类型	字数	百分比（%）
阐释型	846	73
评判型	136	12
使令型	120	10
申明型	54	5

表13 《蒋胜男：网络小说 IP 开发刚刚起步》（字数：1244）

报道话语类型	字数	百分比（%）
阐释型	968	78
评判型	110	9
使令型	93	7
申明型	73	6

表14 《冯远征：国家艺术基金应科学规划》（字数：794）

报道话语类型	字数	百分比（%）
阐释型	568	72
评判型	48	6
使令型	54	7
申明型	124	15

表15 《董明珠：和雷军十亿约定年底见分晓》（字数：1280）

报道话语类型	字数	百分比（%）
阐释型	1118	87
评判型	62	5
使令型	52	5
申明型	38	3

从上述图表可以看出，代表委员关于提案建议的话语主要是以阐释型话语为主，评判型、使令型、申明型话语为辅来进行话语建构的。通过对四位代表委员的话语进行深入分析还可以发现，代表委员在采访中通常在简要说明提案内容后，再对为什么要提出这样的提案作进一步阐释说明，在解释过程中通常还会以社会现状和代表委员自身的经历作为补充。

这里选取 2018 年 3 月 6 日的直播《白岩松：我正在研究地域偏见问题》进行研究。

片段一：白岩松对非名校教育的提案的阐释：

记者：你今年的提案关注了高校领域？

白岩松：是的，我今年的提案就是建议大学建设不能光提"双一流"，还要关注非名校。……首批"双一流"高校共 137 所，但全国高校有 2000 多所，……通过对一些学校的对比发现，北大公告栏上每周张贴的讲座和活动数量，可能是一些地方普通高校几年的量。排名靠前的几所"双一流"高校，每年的经费非常高，……这会让"富的更富、穷的更穷"。

记者：在你看来，这种资源的倾斜会产生什么问题？

白岩松：我在去一些不知名的普通高校和学生面对面交流时，会感受到他们强烈的不自信。言谈举止中流露出"白老师，感谢你来我们这个小学校"的意思。有这种心理，就意味着每年有几百万的孩子在自我怀疑和迷茫中上学，甚至就这样"混"过去了。……未来可能会让经济欠发达地区同发达地区间的差距变得更大。

记者：面对这种情况，你觉得有关部门应该怎么做呢？

白岩松：……在关注"双一流"的同时，加大对非名校的支持力度，两手抓、两手都要"硬"，而对于后者要更"硬"一点，这样才能缩小差距。媒体之前也有报道，过去 20 多年间，全国各地高校从甘肃高校科研机构中"挖"走 4000 多人，那让甘肃的学校怎么办？……

重点部分为白岩松委员在对高校提案内容进行阐释时，结合到现今名校和普通高校在教育资源上的分配不均现状，和这种资源倾斜所产生的普通高校学生不自信的问题，使得呼吁关注非名校的教育提案更加深刻和具有说服力，更能引起社会的共鸣。

片段二：白岩松对地域歧视的看法：

记者：你今年还特别关注地域歧视问题，有什么具体想法？

白岩松：今年有一个提案早就在思考，现在还不够成熟，就是反对地域歧视、抑制地域歧视。我能感受到地域歧视正愈演愈烈，甚至有些不负责任的媒体，本来一件事是某人伤害了某人，结果在报道时直接把个人表述成某个地方。围绕一场球赛、一个突发事件、一条八卦新闻、一起刑事案件，都能在互联网上发现大量关于地域歧视的内容。比如一场球赛结束，明明是一支球队赢了或者输了，结果网上的留言变成了对球队所在地的攻击。如果放纵地域歧视问题愈演愈烈，会使它将来成为社会不稳定和撕裂的巨大因素。

记者：比如在网络上某些地方的人被标签化的现象？

白岩松：……如果纵容歧视，可能在这个领域里你歧视别人，在另一个领域你反而会被别人歧视。比如说你有地域歧视思想，可能在另一个领域里你会遭受性别歧视；如果我对别人有性别歧视，而在另一个领域里可能就会遭遇年龄的歧视。

白岩松委员对地域歧视现象的态度鲜明，那就是反对地域歧视、抑制地域歧视。并通过现实生活中某些不负责任的媒体将个别事件上升到某个地方的做法，明确表示如果放纵地域歧视愈演愈烈则可能导致社会不稳定和撕裂的严重后果。并通过举例来说明歧视问题可能存在于不同领域，而不仅仅是地域歧视，如果纵容歧视，我们都会受其害。

片段三：白岩松关于委员履职的看法：

记者：你从 2013 年开始担任全国政协委员，怎么评价自己这 5 年来的履职表现？

白岩松：如果政协委员被问到过去 5 年做了什么，回答说什么都没做、是抱着学习的心态来的，这是委员不称职的表现。作为政协委员，首先要通过提案推动一些事情的改变……但我想说的是，不单是因为我的提案起到了改变的作用，而是提案纳入到了"声音"之中，成为推动改变的一部分。要问我上一届的履职感受，我觉得功成不必在我，但功成应该有我。政协委员和人大代表要有一种精神，就是要聆听大家期待的声音，然后把它放大、变成现实。

记者：你怎么看政协委员的身份和职责？

白岩松：很多代表和委员的议案、提案之所以能产生作用，一部分是因为通过媒体公开汇集了更多声音，施加推动力，最终促成事情的改变。我觉得政协委员要学会通过与媒体、公众的交流来扩大声音，产生更大的效益。这种声音不一定每次都对、每次都能立即产生改变，但假以时日，可能有想象之外的效果。

　　标注部分为白岩松委员对委员履职的看法，从中可以看到，作为代表委员在履职时最关键的是要学会聆听公众的声音，通过媒体和公众放大声音，产生更大效益，推动提案的实现，这反映了代表委员提案的成功离不开公众的努力，也体现了代表委员努力为民服务、与民一体的媒介形象。

　　德鲁和赫里特治在对职业话语的研究过程中发现，"职业话语表现为角色化倾向，参与者在知识、获取知识的权利、对会话资源的掌握、对话语的参与权利、对专业知识的获取、对完成职业任务的程序的熟悉程度等之间存在着不平等；职业本身对参与者的限制、对参与者施加的限制以及参与者对这些限制的意识和重视程度等，形成职业话语中参与者之间权利的不对等。"[1] 在这18场直播中我们可以看到，记者也即媒体在直播报道中承担着话题"生产者"和"经营者"的角色，代表委员担负着政策"解读者"和"实施者"的角色。例如在3月15日对人大代表董明珠的采访中，记者率先抛出"您一直在反复强调中国制造这个话题，关于这点我也很有感触，在3月9日的代表通道上，您说中国要成为制造强国，必须拥有核心技术。之前你也多次说过要掌握核心科技，你怎么理解这个问题？"以及后来采访结束时总结道"相信未来我们会有更多中国制造的产品，中国制造一定可以走向世界"等。记者通过具有倾向性的话语表达了对中国制造的信心，可以看出记者阐述的观点带有一定的主观倾向。两会代表委员的构成具有广泛性，此次采访的18位代表委员中，政府官员和专家代表，以及基层和农民代表基本持平。在腾讯新闻两会直播报道中，代表委员主要回答了提案内容、以及和提案相关问题的解读、未来政策实施的建议，代表委员在直播中

---

　　[1]　Drew. P. and Heritage, I Talk at work Interaction in institutional settings, Cambridge：Cambridge university Press, 1992, Xii + 580pp.

的话语模式可以总结为提案建议、如何解决和未来展望。

四 "我们来了"对"两会"直播的报道语境

(一) 政治语境

政治语境是指新闻话语生产所处政治环境，具体表现为国家意识形态范畴内的政策方针和宣传。因此"两会"的报道必然与政治环境相联系。一个国家重要的政治活动、政治话语体系是政治语境的核心。通过前期分析得知，腾讯新闻两会直播报道的落脚点在于民生，代表委员关于教育、医疗卫生以及养老、税收的提案内容占了绝大多数，这种定位与我国的政治语境密不可分。通过媒体报道以及党和国家的宣传政策，可以知道当下中国政治语境的核心关键词是"和谐"，中共十六大和十六届三中全会召开后，全面建设小康社会、开创中国特色社会主义新局面成为国家的战略目标。在此背景下"和谐"已成为社会发展的关键词和指向标。"十七大"以来，民生问题一直以来作为核心内容出现在政府工作报告中，促使"两会"话语实践发生重大转向，从以往单向的信息传播方式变为重视服务理念，从公众的角度出发，为他们提供具有新闻价值并与其密切相关的新闻信息。特别是移动新闻直播的兴起，人人皆为话语生产者，可参与到社会议题的设置与生产中，社会大众的政治素养与政治认同能力得到提升。在某种程度上，直播开放的政治语境释放了民众参政议政的政治热情。

(二) 社会语境

随着我国政治民主化进程的推进，公民越来越多地参与到政治生活中来，公民的主人翁意识不断增强，政治意识也不断提高。政治参与是公民通过各种合法方式参加政治生活，并试图影响政治决策的行为。"公民社会是现代民主的社会载体，是国家权威与个人自由之间的缓冲地带，是民主力量的成长和积淀的基地，是民主平衡有序发展的砝码。"① 在互联网高速发展的今天，政府的话语垄断机制在一定程度上被解构，移动新闻直播在为公众提供了更为直接透明的参与"两会"的平台。通过样本发现，农村问题在腾讯新闻"两会"直播中占有相当一部分比重，这与中国的社会语境密不可分。中国是一个典型的农业大国，有着数量众多的农业人口，我们党一直把三农问题作为治国的根本点，从 2000 年开始的农业税改革开始，到 2006 年国家决定取消全部农业税，再到近年来火热的精准扶贫，对农民利益的保障、三农问题的关注一直都是"两会"讨论的重要话题。在此背景下，有关农村的相关议题也是腾讯新闻"两会"直播关注的焦点，满足了国策民心所向。

五　"两会"直播话语实践的启示

本研究认为，腾讯"两会"直播的话语建构具有民本取向和叙事化呈现。在 18 场两会直播报道中，报道对象既有政府官员、专家代表的"精英话语"，又有来自基层干部和农民代表的"草根话语"，不同阶层的代言人都可以在腾讯这一公共平台上发声，直播数量相同，由此可以看出腾讯"两会"直播中精英话语和草根话语在话语分配上具有均衡性。通过对代表委员的话语分析发现其提案的落脚点在于民生。他们关于教育、医疗卫生以及养老、税收的提案内容占了绝大多数，这种话语取向与我国以人为本、和谐发展的政治语境密不可分。

首先，民本思想是中国优秀传统文化宝库中重要的思想资源，习近平总书记提出"以人民为中心"的思想，不仅是对唯物史观的历史传承和创新发展，而且是传统民本思想在新时代的创新性发展。

---

① 刘华蓉著：《大众传媒与政治》，北京大学出版社 2001 年版，第 82 页。

其次，和谐发展的主旨是关注民生，促进社会公平正义，让全体人民共享改革发展成果。目前我国社会正处于发展的黄金期，也是矛盾的凸显期，如城乡、区域、经济社会发展不平衡，就业、社会保障、收入分配、教育、医疗、住房等关系群众切身利益的问题比较突出。这些矛盾和问题也正是腾讯"两会"直播中代表委员提案的内容和重点。另外代表委员关于提案建议的话语主要是以阐释型为主，评判型、使令型、申明型话语为辅推进话语建构。他们在对提案内容进行解释时，常以社会现状和代表委员自身的经历作为补充，叙事化的呈现方式可以彰显代表委员的权威性与贴近群众的媒介形象。

总之，移动新闻直播具有无剪辑的故事化讲述特点，报道文本内容主要为记者与当事人对话，采用"一镜到底"的拍摄方式，在对新闻事实的呈现框架上更加开放与观点多元化。更强调采访过程的"民本位"观念，可以在最大程度上释放社会大众的政治话语权，培养其政治使命感与认同感。

第六章　主流媒体直播用户的满意度实证

主流媒体布局直播的目的是迎合新媒体时代全面转型，实现全媒体融合，重掌话语权。无论是纸媒直播的探索还是网络电视直播的积极拓展，都是其迈步移动端实现新媒体矩阵中坚实力量的必由选择。作为当今中国三大主流媒体矩阵：传统纸媒、网络电视与综合门户网，前两者的优势是公信力积累与内容资源，立足新闻直播监控社会，承担社会瞭望哨。门户网重在丰厚的渠道与用户基数，偏向于垂直直播，以泛娱乐与强互动释放文化传承与娱乐功能。三者又互相渗透或以内容弥补信息盲区，或以渠道搭建内容延伸，以不同的直播形态肩负社会主流使命。2017 年为探究主流媒体直播的传播绩效与用户态度，笔者以实证的方式完成对研究假设的检验，倾听来自市场与用户对主流媒体直播满意度的现实境况。

众所周知，用户满意度是考量媒介传播效果的重要指标。用户满意度理论又称顾客满意度理论或客户满意度理论，最早对顾客满意的研究始于 20 世纪 30 年代，西方管理学界提出用户满意度理论并对其进行概念的界定与探讨，其研究成果成为（顾客）期望与满足的重要理论基础。21 世纪以来，我国逐渐重视对用户满意度的研究，在 2010 年左右达到高峰，这些文献主要是研究影响用户满意度的因素及其之间的关系，并根据实证结果提出对策建议。本章节计划通过用户满意度模型的建立与验证，探索哪些因素影响主流媒体直播的用户满意度，他们的满意程度如何，以便主流媒体更加准确及时洞察用户需求。

第一节　研究的理论基础及相关概念

美国营销学家卡多佐（Cardazo）是最早提出顾客满意度感念的学者，他认为"顾客满意受到顾客为获得产品和付出的努力与对产品的期望这两个因素的影响，而且顾客满意不仅仅取决于产品本身，同时还与获得该产品的过程有关。① 随后，顾客满意度理论引起了很多学者的关注，分别从成本——收益角度（Howard；J. A. 和 J. N. Sheth，1969）②、情绪角度（Hunt，1977）③、认知的角度（Westbrook，1980）对顾客满意度理论进行了界定。④ 综上所述，可以得知用户满意是一种相对于顾客（用户）失望或抱怨而言的心理评价，可以通过这两个层面的研究，对其满意程度进行划分。当感知超过期望时，用户就会感到满意，随着这种差值的变大，就会变成忠诚；反之，当感知低于期望时，顾客会感到不满和失望，进而会产生抱怨或投诉。

---

① Cardozo R, An Experimental Study of Customer Effort Expectation and satisfaction. Journal of Marketing, Research, 1965 (2): 244 – 249.

② Howard J. A &J. N, Sheth. , The Theory of Buyer Behavior, New York: John Willey and Sons. 2004 (4): 121 – 122.

③ Hunt, K. H. CS/D – Overview and Future Research Directions. 1977: 455 – 488.

④ Westbrook, R. A. and R. L. Oliver, The Dimensionality of Consumption Emotion Patterns and Consumer Satisfaction . Journal of Consumer Research, 1991, 18 (1): 84 – 91.

一　用户满意度理论与模型

顾客满意的形成机理包括以下三个方面：期望-失验理论、利益理论以及市场营销理论。它们从不同层面解释了产品或者服务绩效、顾客需要满足程度以及顾客行为之间的联系。从上个世纪开始，为了提高国家企业的竞争能力，很多国家基于这些理论构建数学模型来测度顾客满意度的指标。瑞典于198~年构建 SCSB 模型，它是第一个顾客满意度指数模型，同时日本 Kano 教授也构建了卡诺模型。随后，美国、欧洲都建立了自己的顾客满意度模型。另外，新西兰、德国、加拿大和台湾等几十个国家和地区在重要行业建立了顾客满意度指数模型。如表 16 所示。

表 16　　　　　　　　用户满意度理论的发展流变

模型	提出者	时间	指标	理论依据
瑞典用户满意度晴雨表指数（SCSB）	美国密歇根大学商学院质量研究中心的科罗斯费耐尔博士	1984 年	预期价值、感知表现、顾客满意度、顾客抱怨、顾客忠诚	统计学、数学、心理学和消费者行为学进行了结合
美国用户满意度指数模型（ACSI）	Fornell	1994 年	顾客期望、感知质量、感知价值、顾客满意度、顾客抱怨、顾客忠诚	对 SCSB 的修正，增加了"感知质量"这一维度
欧洲顾客满意度指数模型（ECSI）	欧洲质量组织和欧洲质量管理基金会	1999 年	感知质量、顾客期望、形象、感知价值、顾客满意度指数、顾客忠诚	在美国模型的基础上，模型增加了企业形象，删除了顾客抱怨。
日本卡诺模型（Kano）	Kano 教授	1984 年	基本型需求、期望型需求和惊喜型需求	过去对质量的评价是单一维度的，并不能全面的展示出客户的偏好和需求。
中国顾客满意度指数模型（CCSI）	中国质量协会联合清华北大、人大等	1997 年	形象、预期质量、感知质量、感知价值、顾客满意、顾客忠诚	CCSI 是在 ACSI 的基础上被提出的，是适合中国国情的质量测评模型。

二 有关信息技术或服务的用户模型

由于媒体产品和信息服务具有其自身特殊性，经典的用户满意度模型在解释和研究媒体的用户满意度上存在不足。为更好地解释和预测用户对信息技术或服务的使用意愿和接受程度，学者们提出了技术接受模型（Technology AcceptanceModel，TAM）（弗雷德·戴维斯（FredD. Davis），1986 年）[1]，信息系统成功模型（DeLone& McLean，D&M）[2]（威廉·德隆（William H. DeLone）、以法莲·麦克林（Ephraim R. McLean），1992 年）。关于技术接受模型和信息系统成功模型的主要理论如下：

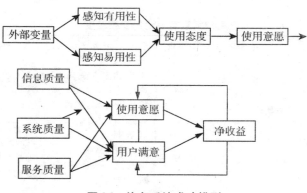

图36　信息系统成功模型

用户满意的服务理念和服务模式在网络新媒体中的应用已较为

---

① Davis F. D，A technology acceptance model for empirically testing new end – user information systems：Theory and results，Massachusetts Institute of Technology，1985.

② Westbrook，R. A. and R. L. Oliver，The Dimensionality of Consumption Emotion Patterns and Consumer Satisfaction . Journal of Consumer Research，1991，18（1）：84 – 91.

广泛，已有的文献中所涉及的研究对象包括搜索引擎①、网站②、社交媒体③、APP④等，主要运用用户满意度理论来评价信息服务的质量，研究更多关注微观层面。

三　主流媒体用户满意度的相关研究

谭天认为传统主流媒体直播转型首先要考虑的是平台，即在哪里直播，这个问题决定了用户规模和忠诚度。如何从直播中衍生出赢利模式，让直播带来的巨大流量实现变现。⑤ 新媒体直播转型关键还是要学会融通，直播在不断推动传播环境的壁垒和局限的同时，将会带给更多机会，完成自我迭代。未来网络直播的发展必然朝着名人化、移动化以及商业化的趋势发展，并且在各行业领域取得良好的效果。喻国明论述了传统媒体转型为线上主流媒体中如何坚持"新闻为立身之本"，他认为发挥自身的优势形成舆论的主流影响力，是重新获得品牌影响力的关键。⑥ 孟雅楠、张丽萍认为直播是展示新闻本真的最佳呈现形式，它超越了文字延时性的局限性，带给用户最生动的视觉呈现。⑦ 总之，国内对主流媒体直播的研究较多使用案例分析法，探讨问题和提出对策，缺乏学理层面的建构与辨析。

---

① 刘健、刘奕群、马少：《搜索引擎用户行为与用户满意度的关联研究》，《中文信息学报》2014 年第 1 期。

② 邓朝华、鲁耀斌：《电子商务网站用户的感知因素对满意度和行为的影响研究》，《图书情报工作》2008 年第 5 期。

③ 唐晓波、陈馥怡：《微信用户满意度影响因素模型及实证研究》，《情报杂志》2015 年第 6 期。

④ 杨根福：《移动阅读用户满意度与持续使用意愿影响因素研究—以内容聚合类 APP 为例》，《现代情报》2015 年第 3 期。

⑤ 谭天：《网络直播：主流媒体该怎么打好这一世》，《人民论坛》2017 年第 1 期。

⑥ 喻国明：《打造新型主流媒体价值范式与影响力的关键—以北京广播电视总台线上直播平台"北京时间"G20 杭州峰会报道为例》，《新闻与写作》2016 年第 10 期。

⑦ 孟雅楠、张丽萍：《主流媒体在重大事件中如何利用直播—以新华社 APP 天宫发射事件为例》，《新闻论坛》2016 年第 6 期。

第二节 研究设计与方法

本节以《人民日报》、新华社等媒体直播为样本，包括其自身APP直播、第三方平台直播等，通过理论依据建立研究假设，提出研究模型，运用问卷法解释影响用户特别是青年用户群体对主流媒体直播满意程度的影响因素，他们的影响程度及相互之间的关系。同时，研究又运用了民族志方法，以具体直播文本为分析样本，辅以深度访谈与自我参与观察，揭示影响用户满意度因素的内在动机。

一 概念模型的提出

根据技术接受模型（Technology Acceptance Model，TAM）及相关直播研究综述可知，直播用户满意度的影响因素主要包括感知质量、感知价值、用户期望、品牌形象和用户忠诚。感知质量包括了用户对信息、系统、服务质量的感知；感知价值则包括了功能型价值和享乐型价值；此外，一个媒体进行直播，其本身的形象构成其品牌形象。这几个因素共同作用影响了用户满意度，它们是否满足了期望值，进而可能造成用户抱怨或者是用户忠诚。

通过相关研究回顾，本研究的用户满意度模型以技术接受模型、信息系统成功模型、美国顾客满意度模型、顾客价值理论为基础，再根据主流媒体直播平台建设的特点，构建用户满意度模型。预设模型如图37：

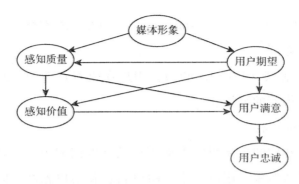

图 37　主流媒体直播用户满意度概念模型

该模型由感知质量、感知价值、媒体形象、用户期望、用户满意和用户忠诚六个变量构成。其中：

1. 感知质量（Perceived Quality）：用户在收看主流媒体直播后对其质量水平的直接感受。本文的用户感知质量包括了用户对内容、系统、服务质量的感知和评估。

2. 感知价值（Perceived Value）：所谓感知价值是指顾客在一定的使用环境中对产品性能、产品属性和表现以及使用结果达成或阻碍其购买意图的感知偏好的评价（Woodruff，1997）。① 本文的感知价值包括功能价值和娱乐价值。

3. 媒体形象（Media Image）：媒体形象是社会公众对媒体的总体看法和评价。② 对于主流媒体直播而言，其本身的形象影响了用户满意度。

4. 用户期望（Uesr Expectation）：用户在收看直播前对其质量方面的期望，与收看之后的体验反差作用于用户满意度，包括信息获取预期、操作与其服务预期。

---

① Woodruff R B. , Customer value: The next source for competitive advantage, Journal of the Academy of Marketing Science, 1997, 25（2）, p. 139.

② 何春晖、钱永红：《论新闻媒体形象的确立与塑造》，《现代传播》1999 年第 1 期。

5. 用户满意（User Satisfaction）：用户在收看直播后产生的满意或不满意的态度。

6. 用户忠诚（User Loyalty）：用户在收看直播后，愿意再次使用和向他人推荐的可能性。

（二）测评指标

在本文建构的主流媒体直播用户满意度模型中，感知质量、感知价值、媒体形象、用户期望、用户满意和用户忠诚为隐变量，不能直接观测和计量，需要用观测变量进行度量。预设各变量的评测指标如表17：

表17   测量指标

一级指标	二级指标	评测指标	测量变量个数
感知质量	感知系统质量 感知内容质量 感知服务质量	界面美观、稳定流畅 内容具有权威性、内容真实 互动性强、直播主持人富有魅力	6
感知价值	感知功能价值 感知享乐价值	获取信息的价值、增长见识的价值 娱乐享受的价值、打发时间的价值	4
用户期望	信息获取、 操作体验、 服务期望	期望系统质量好、 期望内容质量好、 期望服务质量好	3
媒体形象	公信力、影响力、 传播力、个性与特色	影响力交大、公信力较高、 富有特色与个性	3
用户满意		整体满意度、与期望相比的满意度、 与理想相比的满意度	3
用户忠诚		持续使用、向他人推荐	2

（三）提出假设

本研究依据经典用户满意度及信息系统成功模型等理论，结合主流媒体直播的特性，构建了主流媒体移动直播的用户满意度模型，将主流媒体直播用户满意度的影响因素分为几个方面：媒体形象、感知质量、感知价值、用户满意，初步理论假设如下：

根据文献研究，媒介形象是影响用户满意度的一个重要因素；同时，根据网络民族志访谈可以发现媒体和直播平台的形象越好，一般用户满意度也越高。所以，媒介形象与用户满意度的关系假设为：

H1：主流媒体直播的媒体形象与感知质量显著相关

H2：主流媒体直播的媒体形象与用户期望显著相关

H2.1：媒体公信力对用户满意度有影响作用；

H2.2：媒体影响力对用户满意度有影响作用；

H2.3：媒体特色对用户满意度有影响作用。

媒体产品的质量越高，越能实现用户的期望值，促使其购买、使用与消费，获得成本支付的收益，继而影响其满意程度。因此，感知期望、感知质量与用户满意度的关系可以假设为：

H3：主流媒体直播的用户期望与感知质量显著相关

H4：主流媒体直播的用户期望与感知价值显著相关

H5：主流媒体直播的用户期望与用户满意显著相关

根据美国顾客满意度模型的众多应用研究，用户的感知质量直接影响用户的感知价值，决定用户选择媒介产品的内在动因，因此，感知质量与感知价值之间的关系假设是：

H6：主流媒体直播的感知质量与感知价值显著相关

感知质量影响用户对产品的使用价值，继而影响其使用的满意度。因此，主流媒体直播用户对直播内容与形式的感知质量与用户满意度的关系可以假设为：

H7：主流媒体直播的感知质量与用户满意显著相关

H7.1：感知内容质量的高低对用户满意度有影响作用；

H7.2：感知系统质量的高低对用户满意度有影响作用；

H7.3：感知服务质量的高低对用户满意度有影响作用。

根据用户满意度实证研究，用户的感知价值与用户满意度成正相关关系，这里结合直播用户的特点，假设用户对直播的感知价值与满意度的关系为：

H8：主流媒体直播的感知价值与用户满意显著相关

H8.1：感知功能价值的高低对用户满意度有影响作用；

H8.2：感知享乐价值的高低对用户满意度有影响作用。

用户的满意度直接影响用户是否愿意继续使用该产品，以及是否愿意向他人推荐，继而形成用户忠诚，因此，用户满意度与用户忠诚的关系假设为：

H9：主流媒体直播的用户满意与用户忠诚显著相关

二　研究方法

本研究采用问卷调查法收集数据检验所提出的研究模型和假设。问卷法虽可以揭示影响主流媒体直播用户满意度的因素及影响程度，但不能反映用户选择的内在动因。基于此，本研究同时进行了网络民族志观察法，以亲身参与性选择网民作为访谈对象并对其参与的行为与态度进行文本分析。英国社会学家 Chirstine Hine 提出虚拟信息技术的民族志研究方法，她认为虚拟民族志的研究目标是与在线活动相关的用户行为。本文对主流媒体直播的网络民族志研究，主要通过对直播平台和直播虚拟社区的用户参与行为进行观察和访谈，记录分析论坛公告、发帖、跟帖等，对部分直播用户和旁观者进行线上访谈。

（一）问卷法

网络问卷主要是通过微信、微博、QQ、贴吧、论坛等扩散。根据艾瑞咨询的数据，年轻网民使用社交媒体更为频繁，通过社交媒体发放问卷可以直击目标群体，同时兼顾年龄分层，性别比例。所以问卷除发放外，笔者又做了纸质问卷的辅助调查。本研究线上渠道共发放问卷 591 份，其中剔除未使用主流媒体直播的调查问卷，可以用于模型验证的有效问卷有 210 份。纸质问卷的辅助调查共发放问卷 100 份，有效问卷 92 份，其中剔除未使用主流媒体直播的调查问卷，可用于模型验证的有效问卷 33 份。线上线下总计可用于模型验证的数据计 243 份。运用 SPSS20.0 软件对问卷数据进行统计分析，检验各项假设指标与满意度的相关性，研究影响用户满意度的因素及其之间的因果关系。

1. 用户基本信息统计

表 18　　　　　　　　　　　　　　　总体统计量

		您的性别	您的年龄	您的教育程度	您的职业	您的月收入
N	有效	243	243	243	243	243
	缺失	0	0	0	0	0

从性别来看，男性直播用户占比 52.3%，其余为女性用户，这与艾瑞咨询直播用户调查的 65.3% 数据较为接近。从年龄构成来看，介于 18 岁至 35 岁的用户所占比例为 97.2%。从教育程度来看，以大专以上学历为主，其中本科、大专、硕士及以上，占比依次为 82.3%、9.1%、4.9%。从职业类别来看，学生、公司职员占比最高，依次为 78.2% 和 10.3%。

表 19　　　　　　　　　　　　　　　用户基本信息

基本特征	分类	频率	有效百分比（%）
性别	男	127	52.3
	女	116	47.7
年龄	18 以下	0	0
	8—23 岁	196	80.7
	24—29 岁	35	14.4
	30—35 岁	5	2.1
	36—41 岁	3	1.2
	42 岁以上	4	1.6

续表

基本特征	分类	频率	有效百分比（%）
教育程度	高中/中专	8	3.3
	大专	22	9.1
	本科	200	82.3
	硕士及以上	12	4.9
	其他	1	0.4
职业	党政机关事业单位人员	8	3.3
	公司职员	25	10.3
	学生	190	78.2
	个体户及自由职业者	6	2.5
	其他	14	5.8

本研究搜集到的资料中，艾瑞咨询在 2017 年 12 月 29 日发布的《2017 年中国移动直播用户洞察报告》对中国移动直播用户进行了调查研究，报告显示：中国视频直播用户以男性用户居多，占比达到 65.3%，年轻化趋势明显，直播用户中，高学历高收入高职级人群已成主流用户，人群学历层级整体上升。本次调查结果与艾瑞咨询研究报告相比，两者在年龄段、职业、学历方面分布较为一致，因此，本次调查结果可以信赖。

表 20　　　　　　　　　　用户行为特征

基本特征	分类	频率	有效百分比（%）
看过其直播的主流媒体	人民日报	104	13.8
	新华社	58	7.7
	央视新闻	150	19.8
	光明日报	15	2.0
	澎湃新闻	32	4.2
	南方日报直播	27	3.6
	新京报	16	2.1
	南方都市报	21	2.8
	凤凰新闻	57	7.5
	腾讯新闻直播	124	16.4

续表

基本特征	分类	频率	有效百分比（%）
看过其直播的 主流媒体	搜狐新闻直播	45	6.0
	新浪新闻直播	81	10.7
	其他	26	3.4
收看主流媒体直播的 频率	每天	53	21.8
	一周几次	96	39.5
	一个月几次	57	23.5
	一年几次	37	15.2
每次收看主流媒体 直播的持续时间	不到一小时	169	69.5
	1—2 小时	60	24.7
	3—4 小时	9	3.7
	4 小时以上	5	2.1

从表 20 可以看出，通过随机问卷调查到的用户主要观看的直播是《人民日报》直播、央视新闻直播、腾讯新闻直播和新浪新闻直播。收看主流媒体直播的频率大多为一周几次和一个月几次，使用频率较低。此外，每次收看的持续时间大多不足一小时，可见用户对主流媒体直播的使用度较低。

表 21　　　　　研究变量感知质量的描述性统计表

分类	N	极小值	极大值	均值	标准差
该直播内容具有重大性	243	1	5	3.69	0.963
该直播内容具有权威性	243	1	5	3.67	0.953
该直播内容真实	243	1	5	3.60	0.988
该直播内容更新很及时	243	1	5	3.60	0.993
能够获取我需要的信息	243	1	5	3.53	0.892
能够增长知识	243	1	5	3.58	0.916
该直播主持人富有魅力	243	1	5	3.40	0.918
该直播界面容易操作	243	1	5	3.54	0.928
该直播平台界面美观	243	1	5	3.51	0.897
该直播平台稳定流畅	243	1	5	3.58	0.951

表22　　　　　　　　研究变量感知价值的描述性统计表

分类	N	极小值	极大值	均值	标准差
该直播内容娱乐性强	243	1	5	3.27	1.004
能够娱乐享受	243	1	5	3.34	0.959
该直播互动性很强	243	1	5	3.25	0.970
能够打发时间	243	1	5	3.50	0.924

表23　　　　　　　　研究变量媒体形象的描述性统计表

分类	N	极小值	极大值	均值	标准差
该媒体公信力高	243	1	5	3.57	1.135
该媒体影响力大	243	1	5	3.47	1.158
该媒体富有特色	243	1	5	3.26	1.033

表24　　　　　　　　研究变量用户满意的描述性统计表

分类	N	极小值	极大值	均值	标准差
对直播内容是否满意	243	1	5	3.52	0.849
对直播系统平台是否满意	243	1	5	3.42	0.856
对直播服务质量是否满意	243	1	5	3.37	0.854
对主流媒体直播总体满意程度	243	1	5	3.44	0.899

2. 验证方法

研究变量的统计分析可以获知各变量因素对满意度的感知状况，以 SPSS20.0 软件进行具体操作，得到各潜在变量调查结果的样本数、极小值、极大值，并求得均值和标准差两个关键值，以此判断被调查用户的对各潜在变量的实际感知情况：平均值代表同意程度，标准差则代表认知一致性结果，其中标准差越小，则对潜在变量的认知一致性越高。

（二）网络民族法

本文选取了央视新闻、《人民日报》、澎湃新闻等作为样本，既包含传统主流媒体又包含新型主流媒体。具体是：①媒体自由平台，包括《人民日报》APP、央视新闻 APP、澎湃新闻 APP、凤凰新闻 APP，②第三方直播平台，包括"一直播'、微博；一个虚拟社区的话题或专题，构成了一个互动空间，而组分话题、角色和帖子，则是互动的结构性构成要素。这里主要观察和访谈的虚拟社区有：直播吧、知乎专题"为什么直播这么火"、QQ 群"网络直播群"。以 2017 年 5 月 4 日下午 17：00 为截止时间选取最近 5 条直播动态进行观察、记录、分析；在虚拟社区方面，主要是通过主流媒体直播话题的观察、记录、分析以及对部分话题参与人的访谈，归纳整理出主流媒体直播的现状与问题。

1. 央视新闻 APP。央视新闻依托强大的视频内容制作团队，直接将很多 CCTV13 新闻频道的新闻直播移植到客户端上，更新频率高，但很多新闻事件都依照电视新闻风格，较为严肃，用户参与较少。（见表 25）

表 25

直播	时间	讨论	点赞
连续 24 小时扑救山火　首批官兵即将转场	5 月 4 日	45	72
走近你不知道的"中央芭蕾舞团"	5 月 4 日	1	0
12 名青年厨师集结　只为一顿爱心午餐	5 月 4 日	8	2
北方风沙再起　发布沙尘暴蓝色预警	5 月 4 日	0	0
我与工匠面对面——佘敏：方寸空间　技艺人生	5 月 4 日	11	5

2.《人民日报》APP。《人民日报》在新闻直播上发力较大，通过"人民直播"制作了较多的优质直播内容，发布在其客户端上，能够紧跟网友关注热点；新闻内容兼具重大性和娱乐性，更新频率较高，互动频率较高。（见表 26）

表 26

直播	时间	观看	讨论	点赞
更快更嗨！带你看中美澳艺术滑冰精英赛	5 月 4 日	5280	3	—
记者带你探秘武汉城市交通指挥"大脑"	5 月 4 日	1414	0	—
城乡医院资源不均衡？带你看浙江医改新模式	5 月 4 日	1021	2	—
激情无限，直击中国摩托艇联赛开幕式	5 月 3 日	5358	7	—
人民出版社 105 期读书会：如何修好爱情这门课	5 月 2 日	6032	15	—

3. 澎湃新闻 APP。澎湃新闻客户端的直播内容兼具重大性和娱乐性，从不同层面覆盖用户群。更新频率较慢，用户参与性高出《人民日报》直播和央视新闻直播。（见表 27）

表 27

直播	时间	观看	讨论	点赞
上海 200 余名公安深夜围捕 30 人盗窃团伙	5 月 4 日	—	62	135
内蒙古大兴安岭两处主要森林火灾扑救正在进行	5 月 3 日	—	25	44
江苏南通在上海召开对接服务大会	4 月 27 日	—	106	130
包一峰：时尚 + 艺术 = 多重跨界中的自我	4 月 26 日	—	25	55
澎湃新闻随警作战，直击抓捕如实盗窃疑犯	4 月 25 日	—	3800	235

（三）主流媒体第三方平台直播

主流媒体使用的第三方直播平台不多，主要集中在"一直播"和微博直播，两者的观看数据很多重合，不过互动方式存在差异。这里选取《人民日报》、《中国日报》的直播数据如下：

1.《人民日报》在"一直播"上的粉丝数量为 5138.1 万，微博粉丝数为 5176 万，其直播更新内容和 APP 相同，均为人民直播团队制作，内容较为优良。在"一直播"和微博上其观看数量都很高，用户参与度也很高。（见表 28）

表 28

平台	直播	时间	观看	讨论	点赞
一直播	重庆村民凿出的悬崖天路有多险？	5 月 4 日	59.5 万	978	176.2 万
	宁夏引黄灌溉古渠系申遗暨黄河拜水盛典	4 月 29 日	27.4 万	290	37.9 万
	天舟一号与天宫二号"太空加油"	4 月 27 日	124.6 万	2289	230.8 万
	第七届华语辩论赛：浙江大学 VS 北京大学	4 月 21 日	112.9 万	3574	192.4 万
	第七届华语辩论赛：天津大学 VS 西南大学	4 月 21 日	93.3 万	2068	157.1 万
微博	重庆村民凿出的悬崖天路有多险？	5 月 4 日	58.7 万	1005	1741
	宁夏引黄灌溉古渠系申遗暨黄河拜水盛典	4 月 29 日	27.4 万	796	1486
	天舟一号与天宫二号"太空加油"	4 月 27 日	124.6 万	182	2824
	第七届华语辩论赛：浙江大学 VS 北京大学	4 月 21 日	112.9 万	3338	4827
	第七届华语辩论赛：天津大学 VS 西南大学	4 月 21 日	22 万	3529	6545

2.《中国日报》在"一直播"上的粉丝量为 2698.9 万，在微博上的粉丝量为 2693 万，直播内容兼具重大性和严肃性。在"一直播"和微博上其观看数量较低，用户参与度也不高。（见表 29）

表 29

平台	直播	时间	观看	讨论	点赞
一直播	森警官兵扑救内蒙古大火	5 月 3 日	8395	10	7380
	杭州动漫展：前方发现二次元高能！一大波 Cosyer 来袭	4 月 27 日	2644	2	742
	航天日带你体验航天高科技	4 月 24 日	1.5 万	7	9909
	云南原生态舞蹈——左脚舞	4 月 23 日	10.4 万	51	7.4 万
	天舟一号与天宫二号首次牵手	4 月 22 日	3186	2	1848
微博	森警官兵扑救内蒙古大火	5 月 3 日	11 万	1769	5158
	杭州动漫展：前方发现二次元高能！一大波 Cosyer 来袭	4 月 27 日	3 万	690	2590
	航天日带你体验航天高科技	4 月 24 日	3804	33	168
	云南原生态舞蹈——左脚舞	4 月 23 日	10.4 万	68	208
	天舟一号与天宫二号首次牵手	4 月 22 日	49 万	9088	1 万

三 研究过程

（一）信度和效度分析

1. 信度分析

本文采用克朗巴哈系数（Cronbach α 系数）和组合信度（Composite Reliabiliy）来测度信度，所得结果显示，总体 Alpha 系数是 0.951，各项指标的 Alpha 系数也都大于 0.8 说明信度很好。应用该模型测评主流媒体直播用户满意度具有较高的可靠性和稳定性。

表 30　　　　　　　　　　　　　　　样本信度

研究变量	可测变量个数	α 系数	总体 α 系数
感知质量	10	0.939	
感知价值	4	0.842	0.939
用户期望	4	0.803	
媒体形象	3	0.859	

2. 效度分析

本文将 21 个观测变量按照隐变量的不同分为 6 组，分别进行因子分析。在分析前，先对各组变量进行 KMO 检验，以确定样本数据是否适合作因子分析。媒体形象、用户期望、感知质量这两组变量的 KMO 值分别为 0.704、0.690、0891、0.690 和 0.732，大于 0.6，而且各结构面数据的巴特莱球体检验的统计值（Sig）的显著性概率均为 0.000，说明这五组适合作因子分析。用户忠诚的 KMO 值为 0.5，原因是涉及观测指标较少，但其累计解释 83.814%，且检验结果显著，所以也可进行因子分析。

根据 Hair[①] 等人的建议，各观测变量的累积因子贡献率均大于

---

① Hair, J. F., Black, W. C., Babin, B. J., Anderson, R. E. and Tatham, R. L, Multivariate Data Analysis, Vol. 6, Pearson, London.

的 0.5，则说明本研究问卷具有较好的结构效度。[①] 本文对 6 个显变量对应的 6 组观测变量进行因子分析的累计因子贡献率都大于 60%，说明结构效度较好。

表 31　　　　　　　　　　　　解释的总方差

成份		初始特征值			提取平方和载入		
		合计	方差的（%）	累积（%）	合计	方差的（%）	累积（%）
媒体形象解释的总方差	1	2.342	78.083	78.083	2.342	78.083	78.083
	2	0.436	14.524	92.607			
	3	0.222	7.393	100.000			
用户期望解释的总方差	1	2.229	74.285	74.285	2.229	74.285	74.285
	2	0.504	16.795	91.079			
	3	0.268	8.921	100.000			
感知质量解释的总方差	1	3.880	64.665	64.665	3.880	64.665	64.665
	2	0.709	11.814	76.473			
	3	0.434	7.235	83.714			
感知质量解释的总方差	4	0.377	6.277	89.991			
	5	0.323	5.389	95.380			
	6	0.277	4.620	100.000			
感知价值解释的总方差	1	2.553	63.824	63.824	2.553	63.824	63.824
	2	0.786	19.654	33.478			
	3	0.380	9.488	92.966			
	4	0.281	7.034	100.000			
用户满意解释的总方差	1	2.325	77.505	77.505	2.325	77.505	77.505
	2	0.364	12.131	89.637			
	3	0.311	10.363	100.000			
用户忠诚解释的总方差	1	1.676	83.814	83.814	1.676	83.814	83.814
	2	0.324	16.186	100.000			

提取方法：主成份分析。

---

①　贺远琼、田志龙、陈昀：《企业高管社会资本与企业经济绩效关系的实证研究》，《管理评论》2007 年第 19 期。

（二）模型检验与拟合

1. 模型识别

求解用户满意度的结构方程模型前，还需要判别模型是否可识别，只有模型可识别才能顺利估计各参数。可根据方程的个数和模型中待估参数的个数，结构方程可分为不可识别、恰好识别和过度识别。不可识别是指待估参数个数对于样本中所能得到的方程个数，此时包含的信息不足，进行参数估计时可得到无穷多个解。恰好识别是指待估参数的个数恰好与方程个数相等。改变模型虽然可求出参数的估计，但无法检验模型的合理性，因为此时自由度与卡方的均值均为 0。过度识别的方程个数超过待估参数的参数个数，实际上是对待估参数附加不同的条件而产生的，它可以进行参数检验。[①] 本文使用 t – 法则进行方程的模式识别。SEM 估计程序中，数据点的书目与所提供的方程式有关，假设 SEM 模型中共有 p 个外因变量指标、q 个内因观察变量指标，则形成的数据点数 = 1/2（p + q）（p + q + 1），数据点数包含所有观察变量的协方差和方差，若待估计的自由参数个数有 t 个，则模型的自由度 df = 1/2（p + q）（p + q + 1）– t，根据 df 符号的正负可以进行整体模式识别。[②]

本文设计隐变量为 6 个，媒体形象、用户期望、感知质量、感知价值、用户满意和用户忠诚，包含 21 个观测变量。可以计算得出模型估计的自有参数个数为 61 个，包括 11 个因子相关、21 个因子负荷、21 个误差方程、8 个回归系数，t = 11 + 21 + 21 + 8 = 61 < 1/2 * 21 * （21 + 1）= 231。所以模型可识别。

[①] 武海东：《基于结构方程模型的图书馆读者满意度实证研究》，重庆大学，博士论文，2009 年，第 34 页。

[②] 吴明隆：《结构方程模型：AMOS 的操作与应用》，重庆大学出版社 2009 年版，第 63 页。

2. 模型求解

模型求解的过程就是各个参数估计的过程，通过回执路径图——导入数据——点击分析——查看结果四步进行求解。先就原始概念模型进行分析，AMOS20.0 的输出结果给出了未标准化情况下，各因子负荷的估计以及各负荷相应的标准差估计值和 t – 检验统计量，结果如表 32：

表 32　　非标准化回归系数估计值的检验结果

			Estimate	S. E.	C. R.	P	Label
用户期望	<—	媒体形象	0.464	0.058	8.064	＊＊＊	par_ 9
感知质量	<—	用户期望	0.607	0.079	7.683	＊＊＊	par_ 6
感知质量	<—	媒体形象	0.132	0.044	2.983	0.003	par_ 8
感知价值	<—	感知质量	0.773	0.116	6.648	＊＊＊	par_ 1
感知价值	<—	用户期望	0.057	0.078	0.731	0.465	par_ 35
用户满意	<—	用户期望	−0.261	0.107	−2.452	0.014	par_ 2
用户满意	<—	感知价值	0.851	0.278	3.065	0.002	par_ 3
用户满意	<—	感知质量	0.565	0.251	2.249	0.025	par_ 23
用户忠诚	<—	用户满意	0.907	0.068	13.342	＊＊＊	par_ 4
a20	<—	用户忠诚	1.000				
a21	<—	用户忠诚	0.997	0.073	13.692	＊＊＊	par_ 5
a1	<—	媒体形象	1.000				
a2	<—	媒体形象	1.018	0.064	16.026	＊＊＊	par_ 7
a17	<—	用户满意	1.000				
a18	<—	用户满意	0.901	0.061	14.871	＊＊＊	par_ 10
a19	<—	用户满意	0.904	0.066	13.761	＊＊＊	par_ 11
a15	<—	感知价值	1.000				
a14	<—	感知价值	1.326	0.133	9.942	＊＊＊	par_ 12
a13	<—	感知价值	1.276	0.128	9.976	＊＊＊	par_ 13
a3	<—	媒体形象	0.732	0.059	12.312	＊＊＊	par_ 14
a12	<—	感知质量	1.000				
a11	<—	感知质量	0.826	0.080	10.302	＊＊＊	par_ 15

			Estimate	S. E.	C. R.	P	Label
a10	<—	感知质量	1.178	0.107	11.030	* * *	par_ 16
a9	<—	感知质量	1.155	0.100	11.566	* * *	par_ 17
a8	<—	感知质量	1.178	0.103	11.470	* * *	par_ 18
a7	<—	感知质量	1.217	0.098	12.437	* * *	par_ 19
a4	<—	用户期望	1.000				
a5	<—	用户期望	1.123	0.098	11.497	* * *	par_ 20
a6	<—	用户期望	1.081	0.095	11.357	* * *	par_ 21
a16	<—	感知价值	0.906	0.093	9.791	* * *	par_ 22

表 32 为非标准化回归系数估计值的检验结果。表中 C. R. （临界比）值等于参数估计值（Estimate）与估计值标准误（S. E.）的比值，等于 t 检验值。如果此比值的绝对值大于 1.96，则参数估计值达到 0.05 的显著性水平，视为通过检验。根据表中分析结果，"感知价值 <——用户期望" 路径下，t 值等于 0.465，不显著。删除该路径，重新运行程序后再进行显著性检验，各个负荷均在 5% 的显著性水平下显著。

在 AMOS20.0 中对，回归系数进行标准化估计，参数估计不受个别指标因子量纲的影响，便于对变量之间相互关系进行研究。本文对修正模型的进一步分析，采用标准化情况下的参数估计结果，整理输出数据得到下表 33，各路径系数估计值在 0.05 的显著水平下均通过检验，获得样本数据支持。

表 33　　　　　　　　标准化回归系数估计值的检验结果

研究假设	标准化路径系数	P 值	验证结果
用户期望 <—媒体形象	0.640	* * *	支持
感知质量 <—用户期望	0.694	* * *	支持
感知质量 <—媒体形象	0.209	0.002	支持
感知价值 <—感知质量	0.926	* * *	支持

研究假设	标准化路径系数	P 值	验证结果
用户满意＜—用户期望	− 0.238	0.019	支持
用户满意＜—感知价值	0.625	0.003	支持
用户满意＜—感知质量	0.485	0.033	支持
用户忠诚＜—用户满意	0.879	＊＊＊	支持

3. 模型评估

在模型适配中，根据 t – 法则判定本文建构的模型是可识别，在对模型检验的输出结果进行分析前，还要对其适配度进行检验。本文检验的主要适配度指标包括絜堆适配测试指标，如 CMIN/DF、P值，它们是基于假设模型隐含的协方差矩阵和样本方差矩阵的指数；也包括相对适配测试指标，如 GFI（拟合优度指标）、RMSEA（近似误差的均方根）、CFI（比较拟合指数）等指标。由表 34 中数据可知，这些指标均达到适配标准，可以认定该模型能够很好地拟合样本数据。因此，上述回归系数检验结果与数据分析具有可信性。

表 34　　　　　　　　　　　模型适配度检验商要

适配度指数	适配标准	检验结果	是否适配
CMIN/DF	＜3	1.732	是
GFI	＞0.9	0.901	是
AGFI	＞0.8	0.865	是
RMSEA	＜0.05	0.055	是
PGFI	＞0.5	0.663	是
CFI	＞0.9	0.964	是
CAIC	理论模型值小于饱和模型值，且小于独立模型值；		是

4. 模型结论

经过多次修正概念模型，并验证其适配性和拟合优度，最终得到通过数据验证的模型图。该模型的标准化路径系数图如图所示：

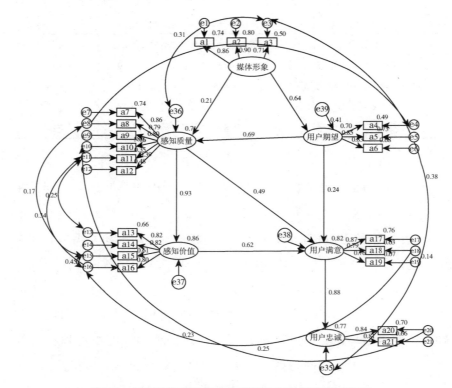

图38 主流媒体直播满意度模型的标准化路径系数图

在标准化路径系数图中，观测变量与潜变量之间的路径系数相当于因子分析中的因子负荷，表示观测变量对潜变量的相对重要性。由图38可知，各观测变量的因子负荷量介于0.54—0.89之间，表示各观测变量对潜变量的解释性较好，能有效反映其要测得的构念特质。由于模型的解释部分和模型评估部分也通过检验，而经过修正的用户满意度模型中，各潜变量之间的关系也通过了显著性检验，因此，整体模型的拟合度和适配度较好。

（三）潜变量与观测变量之间的路径系数分析

根据图38中，媒体形象与其观测变量间的路径系数值可知，模型中设计3个观测变量，该媒体的公信力（0.896）大于影响力

（0.863）大于媒体特色（0.707），说明媒体的公信力和影响力对用户的使用行为影响较大，相对而言，媒体的特色影响作用较小。用户期望包含3个观测变量，对应感知质量的三个维度，期望内容质量好（0.855）和期望服务质量好（0.827）高于期望系统质量好（0.697），说明用户对主流媒体直播的内容和服务期望更高。感知质量分感知系统质量、感知内容质量和感知服务质量三个维度，每个维度包含两个主要观测指标，在实际使用过程中用户感知到的系统质量（均>0.78）和内容质量（均>0.76）相比较服务质量要对用户的感知质量影响更大，这和本研究的访谈中获得的信息相一致。

感知价值包含功能价值和娱乐价值两个维度，各包含2个测量指标，其中感知功能价值（均>0.81）要高于娱乐价值（均小于），这一方面是受主流媒体的性质影响，用户在收看主流媒体的直播时娱乐性需求较弱。用户满意包括三个指标，与期望相比满意（0.870）、与理想相比满意（0.791）和整体满意（0.755），说明设计三个指标中，与期望相比的满意更能代表用户的满意度，这和用户期望理论相一致。用户忠诚包含两指标，持续收看（0.835）和推荐他人（0.811），忠诚的用户一般会有持续使用和推荐他人的行为，这意味着好的产品或服务在获得用户忠诚后能产生用户黏性，这是产品或服务极大的隐形资产。

（四）潜变量之间的路径关系及系数值分析

由图38可以看出，用户期望受到媒体形象的正向影响（0.640），假设H2得到验证。媒体形象越好，用户期望越高。感知质量受到媒体形象（0.209）和用户期望（0.694）的影响，假设H1和H3得到验证，用户期望对用户的感知质量具有显著正向影响，媒体形象对用户的感知质量具有正向影响，但影响不大。用户期望越高和媒体形象越好，用户的感知质量越高。感知价值受到感知质量的显著影响（0.926），假设 H6 得到验证，感知质量越高，用户感知价值越高。用户满意受到用户期望（−0.238）、感知质量（0.485）和感知价值（0.879）三个维度的影响，感知质量与感知价值对用户满意具有显著的正向影响，用户期望对用户满意具有负向影响，假设 H5、假设 H7 和假设 H8 得到验证。感知质量越高和感知价值越高，用户满意度越高；用户期望越高，用户满意度越低。用户忠诚受用户满意的正向影响（0.879），用户满意对用户忠诚具有显著影响，假设 H9 得到验证。用户满意度越高，则更有可能用户忠诚度越高。

此外，在模型修正过程中删除不显著的用户期望与感知价值之间的路径，假设 H4 位进行验证。根据用户满意度模型的相关研究可知，用户期望对作为一种先验预期会作用于感知质量，但根据 Zeithamal（1988）、Monroe（1991）和 Woodruff（1997）等人的观点，感知价值来自于交易之后的得失比较，所以用户期望对感知价值的影响不显著是合理的。①

第三节　主流媒体用户满意度的实证发现

通过对主流媒体用户满意度实证模型的建构与验证，本研究认为六个影响因素都能对用户的满意度有正向作用，验证了原假设，模型得以成立，实现了本研究计划的第一部分，即揭示了具体的因素是如何共同作用影响用户选择使用主流媒体直播，他们的满意程度和忠诚度。在实证模型检验的同时，本研究又运用网络民族法，通过亲身参与洞察影响用户满意度其后的心理动因。

—————————

① 参见胡瑞静《顾客感知价值理论文献综述》，《现代商贸工业》2011 年第 7 期。

一　直播的内容质量、话题热度可以培养用户的社会参与

　　主流媒体直播究其根本是运用互联网平台传递社会主流声音，内容传播是其最基本的属性，其次是窥私欲驱动的关注。因为好奇心驱使，希望场景过程能够通过直播呈现，这是人的"窥私欲"的一种表现，也是"物以稀为贵"的体现。最后，用户还关注同时在线的相互温暖。如在知乎上一个"怎么看当下很火的直播"的问题中，有很多直播用户、记者、以及互联网从业人员对直播进行了讨论，一个叫张兴强的独立营销人说道："所以很多人看直播，他不是看直播内容，而是享受跟大家一起看直播的过程"。所以，直播作为一种注意力经济的代表，能够吸引更多关注，进而形成一种影响力。

　　所谓热点是指在一段时期内比较受广大民众关注的新闻或者信息，或指在某段时期内比较吸引人们注意力的信息或事件。直播内容可以本身就是热点，这些热点所形成的围观效应会进一步推动形成关注热点。新闻强调的一个重点就是事实的新近变动，这是新闻的根本价值所在。根据对各主流媒体直播观察发现：救火现场、抓捕现场等是最受用户关注的感兴趣热点。这类新闻具有突发性、新奇性特征，同时重大事件的重要性对用户生活权重较大，如"天舟一号"与"天宫二号"的首次牵手、"两会"报道等更加容易得到用户关注，互动频率高。这个发现吻合了问卷研究中感知质量越高，用户通过主流媒体获得的信息满足越多，其感知价值越大，更能实现其释疑解惑的信息诠释功能。而主流媒体呈现的信息热点通常代表着当下的重大事件与权威观点，能引领用户关注并参与积极互动，释放政治话语权。在某种意义上，直播可以通过其直观性、通俗性、可感知性与亲和力履行其传播政治使命，是培养用户政治素养的良好渠道。

二 直播平台的媒介形象与交互效果影响用户的社会责任

调查发现,不同媒体的品牌形象会影响用户的满意度。《人民日报》直播的内容是将其重大性与娱乐性进行有效调适,加上主持人富有娱乐意味的解说更加烘托出其活泼、有趣又富有信息含量的权威品牌形象,触发了用户愿意进一步跟进新闻的兴趣点。而澎湃新闻是将其时政与思想的媒体定位移植到直播中,直播内容非常契合它的主要用户群体。

研究又发现,不同媒体的内容营运同样影响用户满意度。如《人民日报》直播、央视新闻直播的内容相对于《中国日报》更为精致,用户参与度高。而且媒体用户的黏性也影响其直播的参与感,如央视新闻是依托中央电视台强大的视频制作团队,内容精美且在电视端已占有大量的用户群体,他们在使用其 APP 上具有较大黏性。因此,央视新闻 APP 的用户参与度相对较高。

本研究认为,不同平台的交互效果也影响着用户满意度。如《人民日报》APP、央视新闻 APP、澎湃新闻 APP,在直播界面美观度、操作的便捷及用户围观效果上都弱于"一直播"、微博等第三方平台。有用户就评论《人民日报》客户端说,"直播界面太丑,简直看不下去。"也有用户评论说,"声音太小"。比如《人民日报》2017 年 5 月 4 日的对北京大学 120 周年校庆年启动仪式的直播,就存在画面卡顿、声音太小等问题。直播内容冗余、拖延,百度贴吧网友"飞翔的杨叔叔"就认为,"对主流媒体直播不满意,直播内容总是拖拖拉拉,很浪费时间"。另外,网友也会关注直播主持人,在直播的评论区有网友直接评论说:"妹纸脸好大",主持人的个人魅力也是影响用户满意度的一个重要因素。

从本研究得知,感知有用性直接影响了用户对社会事件、政治议题的讨论和参与，而感知有用性又与感知易用性紧密联系。作为技术端口的直播媒体其直观性的利与弊都体现在其观赏的可感知上，包括画面、音效、视觉流畅等，视觉效果承担着文字语言无法诠释的信息内容。因此，在某种程度上，交互效果的弱化会抑制用户参与政治议题。

三　被围观的存在感与期望值影响用户的社会表达

直播作为一种注意力经济的代表形式能够吸引更多关注，暴露在直播平台的用户有一种被围观的感觉，这种情感满足来自于一种同时在线的相互注视。一个叫张俊的网友认为："直播最大的魅力不是内容质量，甚至也不是颜值而是一种和主播一起玩和创作内容的现场参与感，一种群体广场体验、瞬间让自己找到了归属感和存在感。"让用户可以参与到新闻产生的过程，自己的意见反馈给主持人，主持人可以对报道内容做出调整。用户观看时发表的评论会引起其他同时在线观看的他者的评论与回应，互动更加强化了直播的现场感。这是一种群体广场体验，瞬间让用户自己找到了归属感和存在感，这对缺乏集会游行结社体验的中国人而言具有很强的吸引力，同时强化了直播的沉浸感。

对主流媒体直播持满意态度的用户认为"主流媒体直播是直播世界的一股清流"，不同于一般网络直播，比如 YY 直播、斗鱼 TV 等。"一位"人民直播"用户认为，"总比打开直播看满屏的大胸强。"同时，在知乎专栏，网友火烛鸣认为："全民皆记者"使读新闻变成了一件"有种、有趣、有料"的趣事。这种参与的期望值释放了用户的政治表达力，他们可以在直播平台上就自身感兴趣的、或者国家的重大态势发表观点，形成意见的观点市场。

从网络民族志的观察记录发现：①话题的严肃性和娱乐性影响

主流媒体直播的用户关注和参与。②主流媒体直播大多存在内容更新迟缓，频率很低的现象。③内容的精良影响用户的关注及参与度。④相比较自由直播平台而言，用户更喜欢通过第三方直播平台收看直播。所以，主流媒体直播具有很大发展空间和用户群体。

四 公共价值的消解与重构影响用户的社会认同

公共价值的概念最先是由摩尔提出。摩尔在构建公共部门"战略三角"（The Strategic Triangle）理论模型时指出，组织的全部使命和目标必须由组织中重要的"公共价值"（public value）所决定。① 凯利等认为在民主制度中，公共价值被认为是由公众本身所定义，由公众偏好所决定，通过一系列手段得以表达，最后由民选官的决定反映出来的价值集合。② 阿尔福德和奥弗林认为，公共价值包含公共产品，但前者的内涵则更加宽泛，它不仅仅包含无形和有形的产出，还包含结果以及指向更为积极的途径，这与公共利益略显被动的特质有所区别。③ 斯托克则把公共价值看作一个独立的范式并作为平衡效率与民主关系的最新方法。④ 公共价值具有多重来源，但总结起来主要包含三个方面：服务、结果和信任或合法性。在我们看来，公共价值是指在特定的社会与历史条件下，基于社会全体成员或大部分成员生存与发展的需要，对客体公共效用的判断与主体观念的表达，它以公共权力与市民社会为实践主体，追求服务价值、产出

---

① Mark H. Moor, Creating Public Value: Strategic Management in Government, Cambridge, MA: Harvard University Press, 1997, p. 28.

② KELLY G, MUERS S, MULGAN G. Creating Public Value: An Analytical Framework for Public Service Reform. London: Cabinet Office, UK Government, 2002.

③ John Alford and Janine O'Flynn, Public Value: A Stocktake of Concept, Presented at the Twelfth Annual Conference of the International Research Society for Public Management, 2008.

④ Gerry stoker, Public Value Management: A New Narrative for Networked, The American Review of Public Administration, 2006, 36（1）, p. 41－57.

价值与合法性的最大化，为人们生存与发展提供意义支援与公共生活的秩序保障。在知乎专栏，笔者联系到一个叫"信先生"的记者，从一个从业者的角度来看，他认为："以往我们参加的发布会是这样的：所有人安安静静地领证进场，会场里摄像记者站在最中间，文字记者坐在嘉宾之后、粉丝之前的位置，一般在前五排。接受采访时，轮流拿话筒问问题，抑或共同站在台上把明星围成一圈儿，虽记者们都在抢着问，但秩序也算井然。但如今有了直播网红的出现，状况可就完全不一样了。"候场时，她们在直播"天气太热，主办方给我们准备了雪糕吃哦！"领证进场时，她们在直播"你们看，这是我们的记者证哦，是不是很好看！"记者提问时，她们在直播"你们看，这个记者在问问题哦，你们猜她问了什么？"更可怕的是，无论是网络还是平面记者都已经被安排在了后面的位置，而前排则是清一色的美女主播。

直播的媒介特质决定其内容兼具严肃与娱乐。"人民直播"的标题一改严肃的格调，变得更加"标题党"，如 5 月 5 日对国产飞机 C919 的直播主题《厉害了！国产大飞机 C919 首飞》；主持人在直播的时候会有很多谈笑揶揄的内容，缺乏逻辑，冗余费时。这对主流媒体的严肃性、权威性具有极大的消解作用。

知乎用户对"人民直播"评价道："直播的出现和流行使得传统广电系统的内容生产开始从原有的程序化生产发生改变，至少直播本身对媒体有一定要求，同步及时互动加强。"主流媒体直播依然承担着社会公众政治认同的孵化作用，是寄希望通过兼以娱乐性、通俗化的感知价值与有用性传达国家的政治使命与政治策略，以浅显易懂的方式将国情、民情解读清晰，实现政治认同随时随地的培植，使得公共价值不断与时俱进。

第四节 主流媒体用户满意度的提升路径

内容是主流媒体直播的生命线，承载其服务社会的基本职能，所以，主流媒体在直播转型中还有待加大内容生产的投入和提高用户体验。

一 内容为王

优质的内容是媒体致胜武器，可以发展为内容产业链。主流媒体直播需要继续加大内容生产的投入，凭借主流媒体的公信力、影响力和强大的政府资源，融合各界力量，通过用户生产内容（UGC）+专家生产内容（PGC）+专业指导生产内容（PUGC）推动内容生态良性发展。在这方面 YY 的经验可供参考，YYLIVE 在内容生态层面的理念为"内容生态决定胜负，内容生态在 PUGC 上见高低"，可见其对内容生产的重视程度。YYLIVE 通过推出"直播公众号"和"频道合伙人"开放平台，启动用户生产内容的战略。此外 YY 还常与各大游戏公司、影视剧公司策划活动，通过专业内容生产延续"陪伴式直播"，获得了跨平台的资源整合和用户黏性。

二 产品思维

产品是指互联网企业开发的应用程序或向用户提供的服务，所谓产品思维是指一种物品（或服务）提供者对待其所提供的物品（或服务）的思维态度，以用户为中心，打造优质体验。将直播视作产品是主流媒体直播转型的新思路，方正电子新媒体产品总监徐峰认为，媒体融合的本质是重构与用户的连接，而产品是这个连接器，即产品即媒介。①

通过调查发现，目前主流媒体直播□还存在服务观念不足、直播平台体验较差等问题，需要运用产品思维，以系统体验、用户关系和服务为突破点，进一步在网站目标与用户需求的战略层、交互设计与信息架构结构层、界面设计与导航设计的框架层、视觉设计的表现层等方面提升用户体验，构建与用户之间持久而有效的关系链接，共创内容生态圈。

三 公共价值

公共价值是为人们生存与发展提供意义支援与公共生活的秩序保障，是彰显主流媒体权威性、公信力的重要依据。当下，主流媒体越来越重视公共价值的实现，更多关注公众议题、参与公共治理、传播与凝聚理性的公共价值观。通过网络民族志调查发现，某些直播的娱乐性大于内容本身，一定程度上损害了主流媒体公共价值的功能。所以主流媒体直播也需要把控内容质量关，优化内容审核机制，强化公共价值认同，以确保公共利益和公共服务，使其与用户的多元满足同步实现。

四 风险防控

J. S. Rosenb 将风险定义为损失的不确定性。媒体风险亦即媒体所面临损失的不确定性。相较于其他行业，传媒业受政策、法律法规的影响和监管更多更直接。因为传媒产品关乎社会发展的和谐、健康与稳定。媒体风险常表现为法律风险，如侵权风险和政策风险等。主流媒体直播存在风险包含多个方面，这里主要从传者和受者

---

① 曹素妨：《从编辑到产品经理 理念与标准的转型之路》，《中国传媒科技》2015 年第 6 期。

两个角度思考。

一是传者风险。主要是直播内容实时播放存在的功能风险，如直播现场存在多种突发情况，容易引发网络群体事件、真相被掩盖、引导方向不明确等问题。而且在主流媒体直播运营中，过于急功近利导致内容生产质量把关不严、平台体验差，影响其公信力的传播。

二是受者风险。表现为：1. 功能风险，主要包括体验的风险，有软件捆绑、不易操作等问题对用户造成的情感失落。2. 时间风险，主要涉及直播内容冗杂，对用户造成时间浪费。3. 财务风险，主要涉及直播用户的耗费流量问题和隐私权问题。

总之，本章节探讨了主流媒体用户满意度的影响因素及内在动因，以建模的方式厘定了感知价值、感知质量、用户期望、媒介形象、用户满意与用户忠诚等六个关键变量对用户满意度的影响，以路径系数的展示阐明了变量间的影响大小。目前主流媒体直播探索中，用户感知期望、用户感知价值的满意度较低，虽感知质量有一定进步，但还有待提高和保持。这些直接影响了主流媒体直播承担的政治传播使命，所以主流媒体直播还有待加大内容投入以提高用户体验。

第七章　主流媒体直播的核心竞争力

　　本章旨在探讨主流媒体直播产品竞争力、产业链搭建等未来展望，从理论推导回归产业创新实践。迈克尔·波特把企业的核心竞争力归结为企业所独有的、其他企业所不具备且难以模仿的能力。这种竞争力在企业建立市场领先地位、获得巨大市场份额和利润上起着关键作用，并且能够保证企业在市场上保持持久的优势，是企业能否成功的关键因素。虽然中国的传媒机制决定其特殊属性，但是它们依然需要遵从市场流变的经营机制。主流媒体与直播的全方位融合是传媒产业创新发展的必然，也是获取核心竞争力的必由路径。而全媒体直播平台是基于运营方利益均衡而搭建的产业链条，内容、资源、平台、技术是构建核心竞争力的四个基本立足点。因此，我们主张形成以依傍内容资源的直播产品链，依傍媒体品牌的直播生态圈，以增量、全景、电商镶入的多元态直播商业模式，构建未来发展模态。

第一节　依傍内容资源的直播产品链

　　相对于秀场直播与全民直播，主流媒体直播的优势是强大生产力建构的各种内容资源、品牌影响力与政策供给。因此，主流媒体直播竞争的突破口必定是内容，以独有的新闻资讯抢滩直播市场。在形式上，随着技术臻熟与多方业外资本的合作，主流媒体同样也可以在移动端与技术平台不断创新直播产品。经过 2016 年直播市场的全面火爆，2017 年市场的沉淀与洗牌，2018 年直播市场基本上从热捧走向理性与成熟。在内容上，网红直播、全民直播、电商直播等崇尚个人、商业主营的主播进入优胜劣汰的品牌竞争时代，社会大众的好奇心理与窥视心理在极度满足中回归理性思判与选择。在表现形态上，比直播更能满足用户碎片化需求与便捷且能置身场域的短视频不断鹊起，正强力地争夺移动端市场。因此，目前直播市场面对的两大现实竞争：一是直播市场自身的格局整合；二是短视频的可取代性竞争。在此背景下，如何获取核心竞争力是推动直播、特别是用户市场主导的主流媒体直播可持续发展的重中之重。

一　以渠道与流量为导入拓展内容产品

产业链搭建的基点是合理的产品布局与差异化定位。读图时代，人工智能、数据挖掘、无人机报道、虚拟实播等技术已经渗透到信息生产的每一个环节，被认为是未来主流内容报道方式的视频新闻正逐步担当主要的传播方式。新闻生产者通过直播应用，实时制作并同步播出多媒体格式的声像和影像，为用户提供全方位、身临其境的新闻视听体验，使用户可以在移动终端设备上随时随地观看新闻现场直播。与传统电视台直播不同，移动客户端的新闻直播能够在视频之外增加更多信息形式，例如图片、文字、图表，还能以信息流方式不断更新事态进展，并且辅以 VR、H5、弹幕等技术功能。同时，以用户生产为代表的 UGC 赋能他们仅凭借一台终端设备就可以实现新闻生产与消费的同步。信息泛滥到无时无处不在时，也是注意力资源稀缺，社会大众更需要探求真相的时代。在宏观上，政府从 2009 年伊始连续针对媒介融合的内容管制出台了系列文件加大对信息内容生产的管理权限，特别是对直播涉及的领域、把关人、采访报道权限、议题设置等进行了专项规定，确保在现行体制下，党管媒体的立足点不变。因此，宏观层面的制度供给确保了主流媒体直播独领新闻直播市场的核心竞争力。在中观层面，由传统纸媒、广电系统、综合门户网三种主要的新型三流媒体之间的互补机制与合作平台已经搭建，携内容优势的传统媒体直播凭借门户网的技术合力打通终端布局。以庞大的用户基数与渠道著称的门户网直播则凭借传统媒体的内容资源弥补信息专属权的盲区。三种主流媒体的互补与渗透共同架构媒介的社会责任与现实满足，并把这种合作机制推进到新产品、新的媒介形态的推成出新。在微观层面，用户对内容的需求发生了根本性改变。个性化、实时性、互动性、富媒体、沉浸式、现场感的内容呈现才是移动互联网时代用户满足的基点。而直播正好整合了这些优势资源，得以将用户需求的转变落实到位。

现实来看，有学者按照新闻直播参与的时效性将其分为三大类：快直播（突发事件，第一时间起到现场）、慢直播（泛资讯类，不强调时效性，让观众融入现场）和定制直播（重大事件，预先策划的直播）。① 传统纸媒直播拥有强大的采编队伍和丰富的信息处理能力，能够敏锐地在第一时间捕捉有价值的信息内容并以公信力为保证发布及时、有用、重大的新闻信息，消解信息不确定性。如 2016年 7 月北京暴雨，《新京报》客户端直播，多名记者迅速赶往现场，对北京丰台西路、房山拒马河以及北京西客站地等积水情况进行了实时直播，当天的直播点击量就超过 296 万。在直播页面下方，《新

---

① 黄佳念、刘书田：《当"直播＋"涌入新闻业——移动新闻直播在新闻场景中的应用分析》，《人民网研究院》2017 年 1 月 9 日。

京报》设有"主播厅",后方编辑团队以"新闻ing"的名义将最新暴雨信息汇总呈现,实时播报。直播团队还重点核实网传各类资讯,对虚假信息打上"谣言"标签,有力回击了网络谣言。快直播体现在追求突发事件报道及时性方面,传统纸媒的新闻直播具有先天优势。利用移动直播手段可以实现随时随地直播,记者进入新闻现场后能第一时间向观众呈现全面可感的视频直播报道,很大程度上提高了报道效率。所谓慢直播则是指泛咨询直播,将镜头符号传播的视角触及社会各个层级,将普通民众共性的社会实景还原为事实的真相,将关系民生的"春运""高考""拆迁"等大事件呈现,引起社会广泛的关注与参与。这类慢直播触点在民众,展现在社会,因此,多半以社交功能属性强大的门户网展示泛资讯新闻直播,借用户的黏性释放社会动员能力。如腾讯新闻《一个女孩的车站》用直播的方式记录了最后一趟列车的运行,鼓励实时观看的用户实时互动补充新闻细节,引发社会化媒体的爆发性讨论。还有腾讯开启了重庆酷暑公交驾驶室超50度"烤"司机的直播,让用户们真实地感受到了重庆的高温以及公交车司机们的辛苦。

而定制直播则是针对重大事件展开的计划周全、预先设计好相应议程人为组织的全景报道。一般运用在"两会"报道、国事、领导人宣讲、大型赛事等新闻直播。如网易新闻"天网计划"直播战略发布后的首个大事件直播考验,里约奥运期间,网易新闻奥运相关直播总时长达1143小时,用户人均每天观看奥运直播和视频时间高达45分钟。主流传统媒体都拥有丰厚的政治资源,可以获得重大新闻官方的独家网络授权,进入政府新闻发布会现场网络直播,随时请到政府官员或地方行政高官与网民对话、互动。同时,主流综合门户网也在利用各自优势布局新闻直播市场,如新浪新闻直播模式为例,除了其自制的直播内容之外,还通过发展合作媒体、利用各个地方站的拍客资源与新浪微博打通平台。

　　所以，主流媒体新闻直播是轴心，与其他秀场直播、泛娱乐直播相区隔，凸显主流价值观，渠道与流量作为两翼，辅助主流媒体渗透在社会各个领域，培养忠诚粉丝，孵化政治认同与政治素养。

二　以创新智媒技术布局内容生态

　　主流媒体的优势是内容，创新突破口是内容，未来立足点还是内容取胜，随着人工智能等技术全面渗透新闻业，在内容上改写了传统新闻写作模式，由专业人工书写到人人参与的众筹书写到机器书写。在形式上，由固定文字报道到流动的电子屏呈现到拇指刷屏带动全身感官参与的"液态"叙事，智媒时代是对既往的内容生产形态的彻底颠覆。正如学者彭兰所言：智能化技术正在全面进入内容行业，并促使内容生产、分发、消费等全面升级，其主要表现为：以智能化驱动的内容生产2.0，以算法为核心的内容分发2.0，个性化与社交化交织、消费与生产一体的内容消费2.0。智能时代也重新定义了三者的关系，生产、分发与消费三者之间的界限日益模糊，三者相互渗透、相互驱动。而集成了内容生产、分发与消费的平台，也在逐步构建全新的内容生态。[1] 5G 的到来使内容生产工具升级，让随时、随地、碎片化收看直播成为可能。技术创新引发的组织创新催生了新的新闻业态，一种基于移动技术与碎片需求的"液态"新闻应运而生。陆晔等根据鲍曼的《流动的现代性》提出"液态"的新闻业是对新闻专业主义再思考。[2] 这种"液态"的新闻业可以从两个方面思考：一是新闻生产者角色的"液化"，在职业记者、公

---

　　① 彭兰：《传统媒体转型的三大路径——移动化、社交化、智能化》，《新闻界》2018 年第 1 期。

　　② 陆晔、周睿鸣：《"液态"的新闻业：新传播形态与新闻专业主义的再思考——以"澎湃新闻"东方之星沉船事故报道为个案》，《新闻与传播研究》2016 年第 7 期。

民记者、社会大众之间不断转换的特征，生产权力的边界不断在消解。二是生产内容呈现方式的"液化"，不再是固定时段的静态符号，而是碎片化、节点状、流动的视觉表达。"液态"新闻的出现与发展意味着信息生产从人工主导的 1.0 走向技术主导的人机合作，能力扩张的信息生产 2.0 时代。在这个时代，是基于物联网传感器的信息采集与应用，语音数据的采集与文字化转化，多语言数据采集与实时翻译，社交机器人采访、新闻现场要素的自动判断与识别、信息自动筛选与审核。可以说是技术主导了智媒的诞生，而智媒化促成了"液态"新闻主流化。而直播以自身特有的价值属性正好满足"液态"新闻的特质，流动化的群体、移动化的载具、非固定的信息谋划，众筹式的采集方式与随时随意性的互动参与使得直播成为"液态"新闻的最好表征与诠释者。

智能化与主流媒体的结合首先可以用数据算法捕捉用户接受信息的心理轨迹，通过预先议题的策划与选择，推出满足其需求的个性信息。如在 2018 年两会期间，新华网使用 star 生物传感智能机器人，以一套科学的"读心术"描绘出观众在听政府工作报告时的情绪曲线，打造情绪识别和情感计算法，进行信息的采集与推送。其次智能技术可以运用在新闻写作上，目前还是程式化或者结构化的写作领域，在某种程度上路释放人力资源。人工智能技术在与图片处理领域的应用，也将为媒体带来新可能。人工智能技术在音视频处理与识别中的应用也正在深化。如 VR 全景直播，2016 年全国"两会"期间，乐视 VR 专门开辟了"两会"VR 直播专区，实现了国内第一次全景 VR 直播会议，VR 不仅会颠覆直播观看体验，更为直播平台延伸出新的产业链条和盈利增长点。VR 技术的引进也让直播变得立体。与现在网络直播和移动直播平面化的特点相比，VR 直播也能提升用户的兴趣和互动欲望，最终实现直播质量的升级。

三　以场景液态化发力内容集成平台

"液态"新闻的到来标志着得场景者得未来，作为最能吸纳用户参与并释放社会角色的直播，其发力点还是在推送的内容与用户需求的对接上，即能否实现公共价值、社群认同与个体匹配三者之间的重合与满足程度。公共价值是用户接受主流媒体直播从而能产生的政治使命感的体现，能再多大程度上参与社会议题的管理与积极献身；社群认同则是互联网的联通性将每个节点集合成板块状借以形成个体依附的生活圈层；而个体匹配则是直播信息内容能满足个性需求的心理落点程度。三者的合力构建用户选择的倾向性、黏性与忠诚。直播的介质特征是呈流动的液态性、带入感的场景化、角色互换的赋权与赋能以及视觉符号的强大冲击力，能最真实的复原信息场景，而智能技术渗透于直播，开创了新的界面与新的内容变革。正如彭兰教授所言：语音对话、VR／AR、投影是正在到来的新内容界面，它们可以适应不同的情境，为用户提供更便捷、人性化的服务。未来的内容分发，将更多依赖场景，场景将带来界面进一步升级，面向场景需要提供"内容＋社交＋服务"的一整套服务。另一方面，掌握新场景，就有可能掌握通向未来的内容入口。[①] 基于"小屏幕＋移动场景＋社交网络"传播是以简约为主的视觉消费时代的标配，短视频也因此成为未来视频内容的主流形式之一。主流媒体直播转型与探索从 PC 走向移动端，从定制化到快直播、慢直播的同步，都是为迎合简约消费的场景化传播。

主流媒体的移动直播不仅具有互联网新媒体的交互性与场景化特征，同时它是技术的产物，兼具硬件与软件、内容和渠道一体的

---

① 彭兰：《智媒化：未来媒体浪潮——新媒体发展趋势报告》，《国际新闻界》2016 年第 11 期。

"元媒体"。所谓硬件是指移动直播需要借助移动技术、服务网络、宽带宽频、位置锁定等外部网络环境展开传播。所谓软件是指移动直播能最及时、深刻地反映当下的社会实景与民众心声，能把视频、音频、文字、图像等多种元素整合在一起，是文字、视觉、口语等媒介的重叠与综合。直播的出现改变了人们的生活与交往方式，人人成为"麦克风"与"摄影机"，消弭了社会权力的边界，个体的参政议政能力空前释放，进而形成社会统一的政治认同。因此，在某种意义上讲，直播不仅是一种传播介质平台也是传播的内容，验证了麦克卢汉的"媒介即讯息"理论。移动手掌为媒体和内容的聚合带来可能与必要，大量 APP 分布在个人智能手机的界面端口，小屏幕的移动社交场景要求更迅速地信息传递的同时融入社会实景，因此，各种聚合类的直播平台应运而生。主流媒体是具有强大影响力的社会公器，不仅能生产优质的内容同时还能够孵化成内容聚合平台。

移动端的强大生产能力为聚合提供了可能，能将统一类型的内容聚合一起形成强大的聚合平台。主流纸媒直播的发力点应该在新闻聚合平台，网络电视直播重点在泛资讯聚合平台，而门户网直播的专长则是泛生活聚合平台。如央视新闻移动网建构起了一个可以实现资源共享、高效分发的通稿系统和媒资系统，这个独立的视频直播平台最引人关注的就是矩阵号的设立。矩阵号是央视新闻移动网为媒体机构、政府及公共服务机构等打造的内容集成和分发平台，为第三方入驻机构开通内容发布、视频直播等功能，对入驻内容进行专区类、主页式的展示。央视新闻移动网为不同地区、不同风格的广电机构和不同形式的新闻直播提供了展示的渠道，使得用户可以在一个平台上找到自己想要获得的新闻资讯和直播。① 从第三方机

---

① 杨继红：《专注移动，创新融合发展新业态》，《新闻战线》2017 年第 3 期。

构统计数据显示，腾讯系、今日头条、新浪微博、网易、凤凰、斗鱼等平台总覆盖量超过 20 亿人次，几乎覆盖所有智能手机用户，而媒体自身建设的各类平台只能辐射本区域内的少数人群。因此，现实要求媒体间实施平台联动。如 2018 年《贵阳日报》客户端联合全国 18 家媒体接力直播各地年夜饭活动。参与媒体的广电系媒体有 7 家，报纸系媒体有 9 家，网站系媒体 2 家，截至 2018 年 2 月 14 日，全国九大手机平台和 18 家媒体自有手机平台播出的《我们的年夜饭》特别直播的实时观看人次和回看人次已经突破 800 万人次，小屏世界的全平台融合成为事实。

第二节　依傍媒体品牌的直播生态圈

全媒体直播的核心是优质的内容供给与协作的知识生产体系。全媒体直播的内容生产商包括网络主播、UGC + UPGC + PGC、主播经纪、版权运营等。主流媒体基本都是拥有强大公信力与影响力的品牌媒体，媒介品牌意味着高度凝聚的用户群体与忠诚度，是可以作为一种可以实现传播落地与价值变现的资源优势。所谓直播生态圈是一个闭合的循环体系，由内容的供应方、需求方与满足双方交换的平台构建。

一　移动化与平台化：主流媒体直播生态圈搭建的两个支点

生态圈的基础是坚实的平台供应。目前，客户端与移动端是主流媒体直播布局的两大主要场域，移动直播更是直播最重要的表现形态，用户只需一部手机就可以完成直播的全部过程，在资本的助推下，移动直播平台成为下一个直播的抢滩重镇。作为一种技术手段，首先它彻底解决了视频在应用过程中存在的四大障碍，即采集

（手机采集）、上传（网络同步）、存储（云端服务器）、分享（一键分享）。其次是视频创作的时间缩短、信息分享的门槛降低，人人可以当主播，可以将自身优势在平台上进行最直接的交易变现。主播能随时收到用户的反馈并做出相应调整，生产更优质、更有趣的内容。

　　而平台化是指更多的移动直播产品将发展成一个以主播为内容核心的自媒体平台。大量的有才艺主播或是专注某些行业专业主播入驻到平台上，展现自己的价值，发展和经营自己的粉丝，通过平台渠道实现个人价值变现。平台方要做的是如何保证提升内容的质量和规范性，为主播和观众带来良好的产品体验，平台的形成也将伴随着垂直领域而成长。平台与垂直将会是两个并行发展的方向，而平台的力量会愈加彰显，传统电视台及视频网站，多会选择垂直的模式，对于内容以及出镜的角色有固定的把关和选择。通过直播场景深入到学习、工作、生活的各个领域后细分领域的产出更容易集聚大量粉丝。粉丝与主播们基于共同的兴趣与价值观，由此产生的粉丝经济与社交生态也将大力提高用户价值与平台竞争力。直播通过用户的多种交互方式实现如送礼物、语音交流、文字弹幕等，加上无处不在的便捷的支付手段，能够将娱乐与商业完美而简单地融合在一起，成为了新的商业平台。既可以用于商品销售场景，也可以用于新产品展示、发布会宣传、设计样品讨论，甚至用于产品研发等前端环节。所以，弹幕文字、礼物图片和交互分会场设计等都可以开发新的商业价值。而网络社区是基于共同的兴趣与价值观，无论是粉丝经济还是社交生态，都将有经济效益的产生，这也是用户价值和平台价值共同提升之道。

二　品牌主播与 UGC + PGC + UPGC 生产结合的供应方平台

　　直播的生产机制不同于其他互联网产品之处是，它需要主播在生产流程中负责牵引与搭桥，将点状的信息元素串联成时空叠加的流畅符号，而且在诸多泛资讯与泛生活场景的直播中，主播自身就是一种生产元素，集合个人外在表现与专业素养获取点击率吸粉并实现商业化。在新闻主播中，专业化的生产者以其专业领域的专业知识变身"网红记者"走向社会大众，以可触性与亲和力走近民众，充当释疑解惑的重责。在泛生活类直播中，主播本身就是看点，以事件性、笑点与个人魅力吸引注意力，全面展示其生活场景引发共鸣与娱乐。因此，主播的价值是在直播过程中与用户互动获得打赏与虚拟产品回赠，从而带动用户流量，抢占网络入口，主播个人品牌影响力尤其重要。

在全民直播时代，主播的影响力来自其个人魅力与品牌效应，它们与直播者自身的专业性与权威性相关。因此，应该运用网络大V生产专业化的信息，以内容的权威性、可读性、影响力吸引用户参与并实现内容变现。UPGC 是用户与专业生产者共同生产内容，一个平台的 PGC 和 UGC 有交集，表明部分专业内容生产者，既是该平台的用户，也以专业身份贡献具有一定水平和质量的内容。如微直播的内容生产博主既是主播又是专业人士兼具观赏者。另外，PGC 和 UPGC 有交集表明一部分专业内容生产者既有专业身份，也以提供相应内容为职业。如媒体平台的记者、编辑，既有新闻的专业背景，也以写稿为职业领取报酬。以 UPGC 为代表的网站如各大新闻站点、视频网站，其内容均由内部自行创造和从外部花钱购入版权。以 UGC 为代表的网站如各大论坛、博客和微博客站点，其内容均由用户自行创作，PGC 则在这两种网站中都有身影，能共享高质量的内容。

因此，需要依靠品牌主播与 UGC－PGC＋UPGC 携手生产共同搭建直播内容的供应方平台来满足不同层次用户的不同需求取向。

三 小屏幕+流动+碎片化的社交快消需求方平台

移动当道，小屏（手机屏）主导时代，用户被时空切割得更加碎片，不断涌现的生活片段冲击着传播终端，信息成为一种快消品，变得更加无序与杂芜，用户不得不无间断的刷屏更新动态，适应快消的生活场景。信息的无良堆积，挤压着用户有限度的认知空间与事件意义的解读能力，使得有价值的、启发意义的、呈现事实真相的资讯成为稀缺资源。一方面快消的生活场景建立了新的快消信息需求平台，另一方面杂芜的信息过滤需要在快速的信息生产与消费中去芜存精，这就使得主流媒体直播承担双重责任：满足快需与优选内容。我们知道党管媒体时代，主流媒体直播探索的根本动因是获取更多群体，特别是青年群体，而主流媒体最大的优势与媒介价值点就是内容的公信力、品牌的权威性、媒介辐射力。因此，发挥主流媒体的内容权威性建构新型的话语生产机制，满足快需与承担社会责任同步进行。

从传播工具选择看，主流媒体主打的移动直播具有"实时、简易、多元、互动"的鲜明特性，实时对接了用户无限量的信息碎片化需求，生活中的每一个场景都可以在移动端屏生产与消费。简易满足了快消信息的快速吸纳，用户在短时间内获得热点议题，并乐意互动与分享。多元则是信息生产主体角色的多元化、信息题材的丰满化与信息交互的多通道，这些需求正是直播特别是移动直播的最大价值点。

从传播内容来看，小屏幕、流动、碎片化的社交快消需求对应的是简约与方便。移动直播统领文字符号、音频符号、视觉符号、图像符号并将其整合在手掌中，随时随地随意使用并创造多重符号是其特点，人机交叉在一个界面上。在信息要求越来越简练的读图时代，使得直播的话语表达也具有后现代文化的某种特征，表现为：目的胜过实在、表面性胜过深度、形式胜过内容、意符胜过意指。而这一切的变迁都建立在"简约"的基础上。各种符号以简约的方式实现与触觉的和谐统一，用户在触屏间，分散的、碎片的点性视觉文化逐渐取代了文字为代表的线性文化，简约的背后缔造了信息的便捷与快进。因此，直播是小弄流动时代最有力的信息解读者。

四　内容、渠道、终端及"研发、应用、服务"的交易平台

所谓交易平台是指由直播需求方与供应方基于彼此满足与商业价值要求而出现的产业链，以及围绕产业链建立的交互场域。这是建立在内容产品、服务产品与关系产品的多重叠加后形成的变现渠道。依然围绕着直播产品乃至直播产业的三个立足点：内容、渠道、终端展开，对应开辟以技术导向的产品开发、以关系产品核心的社群经济的应用、以服务产品为推动的服务衍生。

首先在内容层面，是以内容精品化的思维搭建内容交易平台，内容精品化将是一个长期趋势，如当下直播及短视频的加速融合，本质是最大程度的内容精品化。因此，专业的交易平台 MCN（Multi - Channel Network）机构应运而生，将平台下不同类型和内容的优质 PGC 或 UGC 联合起来，整合资源，发挥内容创意集群效应，保证内容的持续产出，最终实现商业变现、提升市场价值。其次在渠道层面，承担的是精品内容分发职能，对于直播平台而言，当用户的消费习惯变得移动化，将原有的内容形态向短视频等形式拓展，以增强其社交属性和用户黏性。因此，直播流量分发平台应运而生，它们通常运用大数据挖掘和全栈 AI 技术来支撑行业数据优化、连接、调度等差异化的定制业务，以智能化服务完成内容的分发。如网宿科技全新推出的智慧云视频平台，已经实现了从视频识别、处

理、分发到播放的全链条产品智能化。① 最后在终端层面，网络直播
行业分工日益明确、上下游产业链逐渐完善。除了平台端、内容生
产端外，还有服务器、加速服务、内容审核等各类技术服务和渠道
服务商，推动直播的服务衍生。如芒果 TV 积极寻求多渠道的流量入
口，对付费用户、IPTV、OTT、直播、移动增值、版权分销、海外
业务、硬件销售、投资等模式进行延伸。如精准广告投放、边看边
买的 T2O，线上线下联动的 O2O 等，成为第一个赢利的视频直播
媒体。②

第三节　增量、全景、电商镶入的多元态
直播商业模式

　　主流媒体直播发展应该从传播技术、传媒产品、传媒资源、传
媒组织、传媒市场的创新应用层面展开，搭建以直播拉动的传媒产
业新布局，关键是建构合理、高效，良性运作的商业运营模式。所
谓增量是指以精细化的内容吸引流量，增加用户粘性；全景是指依
傍 VR + 提供的 360 度，沉浸式直播体验，搭建 VR 节目内容的制作
分发、VR 系统平台的建设运营、VR 终端产品的研发推广，以及 VR
创客、人才培训、技术服务等 VR 视频生态圈。电商镶入是指以
"内容直播化" 为依托，将直播的实时性、直观性与品牌营销相
结合。

---

① 《2017 年直播行业报告 全面渗透直播短视频加速融合》，http：//
news. pconline. com. cn，2018 年 7 月 10 日。
② 易柯明、吴美阳、杨代：《中国视频业的 "芒果 TV 模式"》，http：//www. mgtv. com/
gba，2018 年 6 月 4 日。

一　增量途径：精细、专业与垂直的直播矩阵

主流媒体布局直播的初衷是抢滩移动端延伸产品渠道，满足移动时代社交化群体的碎片化需求。经过内容产品的不断丰富与扩充，目前大部分主流媒体基本上已经形成独有的直播产品线，完成从渠道补充的角色向独立直播产品链转移的市场增容。随着用户碎片化的加剧，短视频正有力冲击着直播市场，两者的业务重合与下沉，使得彼此间的边界逐步消解，短视频直播正形成主流媒体直播的新矩阵。相对直播，这种融媒产品的特殊性表现在其内容的精细化、专业化和垂直化。所谓内容的精品化是指短视频直播在内容生产层面更加聚焦事件的典型性与价值意义，经过大量个人自我秀场蜂拥的热播与喧嚣后，直播市场回归理性的内容取胜的调整期，越来越多的社会大众更愿意将有限的注意力资源投注在能洞察社会的、知晓国情的、指导生活的、写照现实的、引发共鸣的、积极行动的事件与话题上。内容的精品化体现了对杂芜的直播市场的重新洗牌与需求痛点的再次触及，也是市场与用户对主流媒体移动直播产品矩阵整合的呼唤。

内容的专业化与垂直化表现在主流媒体直播矩阵的分类丰富与精深，基本涵括了社会生活的方方面面，将传统的平面化新闻分类移植到互联网平台，并以动态化的片段直击事件要点。以"新华直播"为例，菜单主栏目构成有：访谈直播、国务院办公厅、庭审直播、会议现场四个主打产品，主页下又汇集了美食直播如穿越时空的美食、艺术商店咖啡；财经类直播如长江经济带、走近新时代企业行；民生类直播如艰难上学路、新牌照来了、智慧城市交通；政务直播如窗口部门纠正四风、全国青少年禁毒大赛直播；文化类直播如再现传统文化、中国最美图书馆；科技类直播如公路还能发电、

体验互联网黑科技、玩转人工智能。还有主播类产品如首席记者观察韩朝高级对话等。一言蔽之，"新华直播"的矩阵产品基本囊括民众衣食住行、文化娱乐、政策法令、教育科技等全方位，既有主播引导的时事评析，也有大众共同发声的生活琐事。

而澎湃视频由15个产品组成：（1）"上直播"，定位于"拉近你与现场距离"；（2）七环视频，定位于"着眼更美好的生活"；（3）温度计，定位于深度记录生活冷暖；（4）一级现场，定位于及时现场，洞察财经事件；（5）world湃，定位于看见新闻全球化；（6）澎湃科技，定位于聚焦前沿，展现新兴企业；（7）记录湃，记录澎湃中国；（8）围观，定位于走近大时代下的小人物，触摸他们的喜怒哀乐，以微薄之力推动社会进步；（9）@所有人，24小时在线新闻现场争分夺秒（10）大都会，关注上海最热点解读社会新鲜事；（11）追光灯，让你看到文艺生活，关于文化、演出、影视、综艺、艺术版块的新闻、资讯、热点话题和人物的短视频；（12）运动装，直观运动，可以装不要伪装；（13）追寻记，追寻100岁的秘籍；（14）城市漫步，研习一个地方和一群人，记录城市的节奏与脉络；（15）中国政前方，澎湃政治评论员的政治观察脱口秀，观察中国政治问题背后的动向，时政热闻条分缕析与深度冷思考。从宏观国情到微观民生，从国家风情到地域特色，从成长点滴到生活冷暖，从民族振兴到区域图强，从文青到明星，从追梦到成为"人中杰"，澎湃视频直播产品矩阵突出的是专业化与垂直化，专注于直播的各个细分领域，将镜头拉近社会实景，透视社会的每个角落。

目前直播已经形成比较成熟的产业模式，不仅涉及平台端、内容生产端，还包括服务器、加速服务、内容审核等各类技术服务和渠道服务商。如央视对入驻内容进行专区类、主页式的展示，建立集管理、搜索、授权、引用、转发等诸多功能于一体的媒资共享机制，建立以用户画像为核心的月户数据体系，进而建立真实反映传播价值的效果评价体系等。同时，将进一步向全国广播、电视、报纸等媒体机构和涉及公共信息服务的相关政府部门开放进驻。

主流媒体直播增量的重要路径就是产品通道的拓宽，一方面依靠母品牌积累的影响力与公信力成为其他直播产品的呈现渠道。另一方面是通过直播产品的多点落地，增加曝光率，实现产品的多次消费。2017年2月18日，央视移动网与全国37家省级和计划单列市广电机构负责人签署了合作框架协议，为入驻矩阵号的机构开通内容发布、视频直播等功能。主流媒体增量直播产品线与拓宽产品渠道的目的都是为搭建社会效益与经济效益双效合一的运营模式，强化传播影响力的同时获得再生产资金与资源。无独有偶，2018年10月以专注内容生产与经营的"梨视频"发布"中国60秒"项目，计划通过"中广联合会"分布在全国数十家成员单位所属的移动电视，拓展传播渠道，实现优质内容与优质渠道的互补与整合。从而达到梨视频的内容覆盖23个省、直辖市的户外终端屏上，创造移动电视领域的分众传媒。

主流媒体增量的方式都是将优质的内容以多平台、全方位的方式推介给用户随时随地随意的使用，贩卖的核心点都是精品内容，从商业变现的视角看，可以将内容作为一种独特的版权资源经营，获取利润回报，如梨视频的产品正通过互联网或海外售卖版权到达受众，取得较好的经济收益。

二 全景直播，VR 全产业链和全生态圈

VR作为一种虚拟仿真技术，可以提供一种多元信息融合的交互式三维动态视景，具有明显的沉浸、交互、构想特质，使用户沉浸在充满真实感的情景中。2015年9月美国《前线》杂志发布其第一

支新闻短片，通过 VR 技术讲述埃博拉病毒如何在非洲传播和肆虐。作为主流媒体标杆的《纽约时报》VR 新闻产品"流离失所"更是将 VR 新闻推向新闻报道迎合新媒体变革的最前端，此后 VR 新闻成为一种常规化的报道方式频频出现在各类媒体端口。如美联社于 2016 年 2 月宣布与硬件厂商 AMD 合作，利用 AMD Radeon 图形技术来创建虚拟环境，将生活环境周围的新闻和纪录片的内容重新构建。在国内，《人民日报》在 2015 年"9·3"阅兵期间推出 VR 直播，让用户如同置身壮观、宏大的新闻事件现场，让直播变得更真实、立体，加强了视频直播的互动性，带给用户强烈的视觉冲击，从而激发了用户的兴趣。VR 的介质特征非常吻合直播的场景化、角色的虚拟化、时空瞬变的移动化特点，因而，VR 直播成为主流媒体直播开拓的一个重要产品线，并因此形成新的产业链与生态圈。

从技术层面看，VR 直播将采集、处理、分发、播放集成一体，通过全景相机＋拼接合成服务器＋编码上传＋点播机房分发＋用户收看在硬件与软件的结合中完成全景的感染式信息渗透。如英国《卫报》的《6×9：单独监禁的虚拟体验》作品，制作不仅精良，而且利用 VR 结合音频技术，呈现更为真实。

从生产层面看，VR 直播的新闻生产方式不同于传统媒体，后者的立足点是客观性与真实性，以中立的传播者的身份陈述事实；而 VR 新闻直播的叙述突出的是"沉浸"与"移情"。所谓沉浸感是指通过技术方式触及用户的视觉感官，构建一个全景画面，将用户带入到事件现场的情节中，在封闭的看似虚拟的实景中，很容易触动用户的感知系统，集中其中枢神经来聚焦事件。VR 新闻的有效性源于它"劫持了我们的感官系统，阻止了所有其他的输入，并且欺骗了我们的头脑，处理了我们正在看到和听到的事情，好像它实际上正在发生一样"。① 徐苿、刘明洋认为 VR 新闻是延续了"新新闻主义"，所谓"新新闻主义"是使"采用一幕幕场景与画面组合的结构来描写事件，每一幕场景由一个特定人物来呈现，大量运用人物间的对话，集中使用对人物的社会生活、地位有象征性作用的细节"。② 在他们看来，VR 新闻不再局限报道当下发生的知识与信息，而是倾力于构建事件的知识场景，以第一人称的指代关系讲述故事，以切身感知与参与释放对描述对象的情绪表达。沉浸与移情是两个重要 VR 新闻叙述方式。喻国明等认为 VR 新闻是对传媒业生态的重构，VR 新闻不仅可以更好地调动受众的视觉、听觉、触觉乃至味觉等器官，还能进一步突破时空维度，提供以往媒介难以呈现的新闻内容，VR 正在成为这个时代最新的媒介，并会给信息传播方式带来变革。③ 集合多重符号为一体转变单一叙事为多维叙事，张大事件的故事性与情节渗透，强化了传播效果。

从用户层面看，VR 全景直播不仅能还原事件过程，而且还以技术属性重构了虚拟场景。用户处在多发触点的中心，以自身的感知与体验操控设备，仿佛置身于事件现场，在短暂的时间内，由于三维的牵引用户不得不调动所有的感觉认知捕捉情景细节，身体的符号解码功能被空前释放。VR 直播带来的是用户控制论，客观场景与主观置入交融，用户不再是期待每一步镜头信息的"一镜到底"，而是依附身体的感官接收器进入镜头信息中，操控身体的代入感。杰恩·拉尼尔是第一个提出虚拟实在性术语的学者，他认为强大的技术决定实在，使人与感官错觉上分离又统一，"生活在一个可以互相

---

① Hodgson K, Immersive storytelling: how 360 - degree video storytelling is helping to redefine journalism. Edmondon: University of Alberta , July 2017, p. 49 - 59.

② 徐苿、刘明洋：《VR 新闻：理论源流与趋势变革》，《中国出版》2018 年第 6 期。

③ 喻国明、张文豪：《VR 新闻：对新闻传媒业态的重构》，《新闻与写作》2016 年第 12 期。

表达图像和听觉的世界里"。① 在这种虚拟实景中呈现出"沉浸""交互作用""信息密集度"三种特征。沉浸意味着强大的技术能完全将人们的感官隔离开来，让人们觉得潜意识中的位移。如重大事件的现场直播，通过现场气氛的渲染、画面的场景再现、解说词的情绪化很容易让信息接受者"身临其境"。交互作用则指计算机技术能使用户沉浸其中的虚拟场景，配以改变用户自身的动作和观点。作为事件位移的参与者以自己的感知发表看法，阐释观点。信息的密集度取决于虚拟性能提供给用户什么样的信息亦即用户自己感觉虚拟环境的程度。如《使用武力》VR 新闻中，当用户进入系统的时候，会被要求手中拿着一个装置。这个装置是用户的虚拟手机摄像头，并有 60 秒的视频内存，用户将会作为一个"虚拟证人"用手机拍摄下当时的画面作为证据，就像是 2010 年那场事件的见证人。当用户点击录制按钮时，屏幕上就会设置虚拟手机的一个重要目的就是通过触觉让体验者感受到更真实的虚拟现实，加强用户的沉浸感。②

从市场层面看，围绕 VR 技术展开的 VR 产品、VR + 产业正逐步成熟。如 2015 年 11 月，《纽约时报》正式启动 VR 新闻内容生产的项目，并推出 VR 产品——NYT VR，从与 Google 合作推出的《流离失所》到自行开发内容的《寻找冥王星的冰冻之心》，《纽约时报》在不断探索中丰富其 VR 产品线，并通过用户下载获得丰厚的收益。在国内，VR 产品被广泛运用于"两会"直播和重大事件的跟追报道中。如 2016 年 6 月 1 日，湖北广电旗下威睿科技采用全球领先的双机位 360°VR 全景全程同步直播"世界华人炎帝故里寻根

---

① Lanier, Jaron. , Virtual Reality: The Promise of the Future, Interactive Learning International, January1992, 8 (4), p. 275 – 279.

② 徐苒、刘明洋:《VR 新闻：理论源流与趋势变革》，《中国出版》2018 年第 6 期。

节"，着力实施广电 VR"云、管、端"战略，打造广电 VR"内容、渠道、终端"以及"研发、应月、服务"的 VR 全产业链和全生态圈。2016 年初唱吧直播间的 3D∕VR 内容正式上线，易直播打造 VR 体验平台，推出草莓音乐节直播，里约奥运会直播等 VR 产品。2017 年光明网、人民网、新华网、新浪网等多家媒体利用 VR 全景展示"两会"现场，现场记者只需利用全景拍摄设备，通过后端的全景云导播服务、云存储及流媒体服务系统与互动系统，就可一键同步实现 PC 端、APP 端、H5 页面等跨平台多终端的实时直播观看与聊天互动。CCTV5 每周末的 NBA 直播赛事就是它的王牌节目，最大程度使得大家身临其境。2016 年 12 月中国投业 40 多家主流媒体齐聚青岛传授交流 VR 直播新技艺，可以说是 VR 技术渗透到新闻业的强力注脚。

随着 VR 产品线越来越丰富与普及，围绕其开发的产业链正逐步形成，所谓 VR 产业链是指依傍 VR 产品开发的相应服务，以新的商业模态获取商业回报，如湖北广电的"云、管、端"战略计划利用广电传输网络和独立开发的专利网关、内容拍摄与制作装备，广电网与互联网的终端呈现形式等支撑 VR 战略目标的各项应用与设备。将 VR 直播、点播技术运用到视频、游戏、旅游、店商等更多领域，开通广电 VR 频道，建立科学合理的商业模式。VR + 直播正被广泛运用于其他行业，如用户通过 VR 直播 360 度展示商品，甚至可以"试穿"。对于旅游业，VR 直播则可以带领用户穿越到目的地，提前感受当地美景。随着 VR 直播应用场景的进一步拓展，可为影视、游戏、在线教育等众多领域带来更多生存空间，形成新型 VR 产业增长点。

三　电商镶入，直播＋助力内容创业

直播产品的商业化运作需要内容、技术、平台与资本的合力推

进，在内容上，主流媒体直播走向市场化，开始与电商合作实现内容直播化，将直播的实时性、直观性与品牌营销相结合。如网易直播的"态度营销"融合TOP100、天网特派员等网易直播关键组成部分，从态度在现场、品牌超级直播、优质PGC营销联盟和直播互动生态等多点发力构建直播商业化新模态。借助直播的时效性与零时差，缩短品牌与用户之间的距离，促成用户对品牌从认识到兴趣，从参与体验到购买分享的一气呵成。在技术上，CDN技术突破4G已经普及，流量资费门槛越来越低，特别是移动支付走向全球，大众可以便捷地运用支付宝、微信等方式参与直播，并为主播用户提供变现渠道。在资本推动下，主流媒体直播的赢利点主要集中在两大板块：内容版权的售卖与在线广告的植入。凭借强大的内容生产能力开发UGC和PUGC的头部产品以增强用户粘性，直播作为一种算法推荐的内容分发模式，人工智能推荐（AI）被广泛应用与渗透在直播领域中，它可以极有效地将不同主题的内容传递给对特定主题感兴趣的人，去中心的分发机制可以激发并丰富UGC的生产内容。同时，AI推荐可以激发用户的创作热情，在用户原创的内容模式下，通过算法筛选高质量的内容至关重要，短视频直播播出后可以先推至不同的小流量池，即小范围在自身平台或合作平台推送，然后可以根据用户的点击参与，选择其中流量较高的内容作品，再根据用户标签和画像分发给不同的群体，在多个渠道同时推送，从而可以有的放矢地挖掘产品的价值特性，便于计算成本与投资回报率，同时优质的内容推送还可以增加平台粘性。

而优质的内容与平台则可以更好地吸引广告主青睐与投资，主流媒体直播的价值变现的另一种方式就是广告，目前直播营销主要有两种方式：传统的硬广和创新的"直播+"两种模式。其中"直播+"模式包含内容营销、互动营销及电商三个种类。随着直播平台加强对于商业化的布局，直播营销产业链发展逐渐趋于成熟稳定。上游广告主以有知名度和行业地位的一线品牌为主，下游用户普遍对直播营销持正面态度且具有一定购买力。第三方服务企业如支付平台、数据监测机构等，加入产业链为广告主和用户提供更多的便利和权益。据艾瑞 2018 年网络直播营销市场报告，观看直播的用户普遍对于直播过程中的营销行为持有正面态度，其中有 64% 的用户观看直播时带有消费目的性。观看直播用户关注的营销模式 TOP4 中，只有一种是插贴片广告的硬广出现，其余三种都是内容植入软广类型，说明直播内容营销、直播互动营销和电商直播的广告类型更受用户关注。①

目前，"直播＋"已经成为内容创业的风口，各主流媒体也以自身的资源优势开辟其商业营运。如青岛报业集团下属的掌控传媒早在 2015 年就推出直播＋融媒体内容生产平台，先后 6 次进行版本升级和技术革新，实现媒体行业类直播在一个平台上的一次采集、多种生成、多屏互动。"直播＋"一体化融媒体平台共包括三个主要板块，一是直播中国，二是掌上直播 APP，三是以"一直播"、花椒、美拍等媒体号组成的服务矩阵。核心是"掌上直播 APP＋微信"平台，让媒体自己的 APP、微信成为"直播神器"，刷新、排序、点赞、评论、返回上层、举报等功能，已有近百家国内媒体在使用"掌上直播 3.0"。好的内容产品必定可以孵化成好的增值平台，如与碧桂园滨海城合作推出"网红"直播，形成一个"网红"直播群，七八个"网红"女主播在花椒、"一直播"、映客、斗鱼等平台上同时直播，聚焦项目开盘，整合推广获得了近 5000 万在线流量，超 100 万的在线观看和超 10 万人的现场到访，上千条信息被百度等

---

① 《2018 年中国网络直播营销市场研究报告》　http：//www. askci. com/news/chanye，2018 年 3 月 19 日。

搜索引擎抓取，在线沉淀意向用户超 10000 人，社群圈定客户超 1000 人。① 形成以视频直播为主、以图文直播为辅，以"网红"、VR 为特色，以掌上青岛三微一端自有平台和"一直播"、美拍、花椒等外在视频平台为立足点的专业化运营战略。

总之，"直播 +"模式偏向定制化，其丰富多元化的内容及优越的观看体验正在使其成为主流。以广告主定制为主，短视频、资讯平台等加入形成直播录制内容二次分发渠道，使营销内容多次曝光，为广告主带来了更多权益，促成产业链上下游企业合作升级。

---

① 张子倩、陈小宁、张君旭：《直播 +：内容创业站上风口》，《中国报业》2017 年第 1 期。

总　结

　　在本文完成之际，正值搜狗与新华社合作的 AI 合成主播登陆问世，所谓 AI 虚拟主播是根据人工智能技术合成的新闻主播，"他"不仅能用人一样的声音进行播报，而且唇形与身体语言也与真人一样。这个突破为直播的未来发展提供了新的发展路径。在本质上，主流媒体直播是一种特殊的融合媒体，集合了多重符合语言与媒体功能为一体，颠覆了传统纸媒静态化的新闻叙事与线性的生产流程，以一镜到底的话语放权扩大了传统电视直播的时空范围与议题选择标准，将大事件、大议题的直播标签草根化、社会化。同时以泛资讯与泛娱乐的定位取向拓宽了腾讯等综合门户网直播的影响力空间，对接其新型主流媒体的社会角色。主流媒体直播的发展方向与路径选择都是秉承创新原则，以技术创新为逻辑起点开展产品创新，以内容和平台为基础搭建直播产品矩阵。从单一叙事转向多维叙事，以感官沉浸的"在现场"的表达机制再造流程开启组织创新，以技术、内容、平台、资本四个支点升级直播 + 不断拓宽直播产业链，实施市场创新。同时在现有传媒制度的供给下，以精品化的内容树立主流媒体的正面能量，完成制度创新。从 2016 年移动直播元年的开启到 2018 年，经过两年的市场洗涤，主流媒体直播经历了从渠道延伸到内容精品到商业模式探索发展的全过程，央级媒体凭借其强大的品牌影响、资本力量、制度供给与平台优势，成为直播市场第一主力军，拥有自有平台、第三方合作平台等多元内容分发渠道，并且也是其他媒体直播的重要发散窗口。各个地方媒体以各自特色定位参与直播市场的开拓与产品结构完善。以网易、腾讯代表的新型主流媒体则是在资本运作的推力下，整合其直播产品线，保留核心主打产品外，积极开拓泛资讯直播产品，承担社会监控责任。目前，主流媒体直播市场在自我创新调适中，也面临来自短视频的最大挑战，后者以其更简约、更碎片、更随意的生活记录与热点呈现，抢滩用户移动端的注意力资源。在此背景下，主流媒体积极开展新一轮融合，短视频直播成为直播新的市场着力点。在一系列的直播转型、开拓与升级中，主流媒体直播市场日渐成熟，生产机制已经搭建，用户使用习性逐步养成，与其他行业渗透的直播产业链正在确立，这一切释放的利好都作证了主流媒体直播强大的生命力与市场基因，成为移动端标配中不可或缺的关键产品，凸显了主流媒体能够在话语权主导与用户满足双重调适的积极探索与丰硕成果。

当然，通过两年来的持续研究，本文也发现了主流媒体直播市场也存在资源分配不均、内容同质倾向、产品生产的断裂、用户使用行为的不确定等问题，有待于主流媒体在不断摸索中逐步完善，也期待学界在理论上给予更多指导。

参考文献

一、英语文献

［1］Brune C，"E – business Misses the Mark on Customer Service"，*In-ternal Auditor*，No. 6，2000，P. 13.

［2］CUNNINGHAM N J， "Industrial innovation"，*Business History*，Vol. 2， No. 2， 1960， PP. 97 – 100.

［3］Chris Bilton and Stephen Cummings，Creative Strategy：Reconnect-ing Business and Innovation，London，Wiley – Blackwell，2010，PP. 75 – 77.

［4］Davis. F. D， "A theoretical extension of the acceptance model for longitudinal field studies"，*Mangagement Science*，2000，PP. 186 – 204.

［5］Davis. F. D，Bagozzi R P and W arshaw P R， "User acceptance of computer technology. A comparison of two theoretial models"，*Man-gagement Sceince*，Vol. 35，No. 8，1989，PP. 982 – 1003.

［6］Featherman Mauricio S and Pavlou Paul A，Predicting e – services a-doption：A perceived risk facets perspective，2003，P. 59.

［7］ Fei Y E and Xue jun X U，"The Research for The Evaluation of Vir-tual Enterprise's Achievement and Its Appraisal Method"，*China Softence*，2000.

［8］ Howard，J. A. and J. N. Sheth，The Theory of Buyer Behav-ior. Journal of the American Statistical Association，1969.

［9］ Hunt，K. H.，CS/D – Overview and Future Research Directions，1977，PP. 455 – 488.

［10］ Venkatesh and Davis F. D，A Technology acceptance model for em-pirically testing new end – user information systems：theory and re-sults ［Z］. Ph. D. dissertation，MIT Sloan School of Mangagement，Cambridge，MA，1986.

［11］ Venkatesh V，Morris MG and Davis GB，et al，"User acceptance of information technology：Toward a unified view"，*MIS Quarterly*，Vol. 27，No. 3，PP. 425 – 378，2003.

［12］ Vincent S. Lai and Honglei Li，"Technology acceptance model for internet banking：an invariance analysis "，*information*，2003，P. 59.

［13］ West brook，R. A. and R. L. Oliver，"The Dimensionality of Con-sumption Emotion Patterns and Consumer Satisfaction"，*Journal of Consumer Research*，Vol. 18，No. 1，PP. 84 – 91，1991.

二、中文著作

［1］［美］保罗·莱尔森：《人类历程回放：媒介进化论》，邬建中译，西南师范大学出版社 2017 年版。

［2］［美］保罗·莱尔森：《软利器：信息革命的自然历史与未来》，何道宽译，复旦大学出版社 2011 年版。

［3］［美］比尔·科瓦奇：《真相－信息超载时代如何知道该相信什么》，陆佳怡 孙志刚／译 刘海龙／校，中国人民出版社 2014年版。

［4］［美］卡尔·W. 斯特恩、小乔治·斯托克：《公司战略透视——波士顿顾问公司管理新视野》. 波士顿咨询公司译，远东出版社 1999 年版。

［5］［美］丹·席勒：《数字化衰退：信息技术与经济危机》，吴畅畅译，中国传媒大学出版社 2017 年版。

［6］［丹麦］克劳斯·布鲁恩·延森：《媒介融合：网络传播、大众传播和人际传播的三重维度》，刘君译，复旦大学出版社 2018年版。

［7］［美］戴维·福尔肯弗里克：《头版——〈纽约时报〉内部揭秘与新闻业的未来》，赵奕译，中国人民大学出版社 2017 年版。

［8］宫承波：《媒介融合概论》，北京中国广播电视出版社 2011年版。

［9］黄合水：《广告心理学》（第 2 版），高等教育出版社 2011年版。

［10］［加］哈罗德·伊尼斯：《传播的偏向》，何道宽译，中国人民大学出版社 2014 年版。

［11］［美］亨利·詹金斯：《融合文化－新媒体和旧媒体的冲突地带》，杜永明译，商务出版社 2017 年版。

［12］［美］凯文·凯利：《必然》，周峰 董理、金阳译，电子工业出版社 2016 年版。

［13］［美］凯文·凯利：《失控》，张行舟、陈新武、王欣等译，电子工业出版社 2017 年版。

［14］［英］克里斯托夫·霍洛克斯：《麦克卢汉与虚拟实在》，刘千

立译，北京大学出版社 2005 年版。

［15］［美］罗德尼·本森、［法］艾瑞克·内维尔：《布迪厄与新闻场域》，张斌译，浙江大学出版社 2016 年版。

［16］李亚、武洁、黄积武等：《直播：平台商业化风口》，机械工业出版社 2016 年版。

［17］［美］梅罗维茨：《消失的地域》，肖志军译，清华大学出版社 2002 年版。

［18］［美］尼尔·波兹曼：《娱乐至死》，章艳译，中信出版社 2015 年版。

［19］［美］马修·辛德曼：《数字民主的迷思》，唐杰译，中国政法大学出版社 2016 年版。

［20］南方报业传媒集团、南方传媒研究：《直播元年》，南方日报出版社 2016 年版。

［21］［英］汤姆·斯丹迪奇：《从莎草纸到互联网 – 社交媒体 2000 年》，林华译，中信出版集团 2015 年版。

［22］［荷］托伊恩·A. 梵·迪克：《作为话语的新闻》，曾庆香译，华夏出版社 2003 年版。

［23］谢征：《纸媒全媒体产品研究》，中国出版集团。

［24］［奥地利］约瑟夫·熊彼特：《经济发展理论》，何畏、易家详译，北京商务印书馆 1997 年版。

［25］［美］约翰·杜翰姆·彼得斯：《对空言说：传播的观念史》，邓建国译，上海译文出版社 2015 年版。

［26］喻国明：《媒介革命 – 互联网逻辑下传媒业发展的关键与进路》，人民日报出版社 2015 年版。

三、中文论文

［1］陈昌凤、吕婷：《"互联网＋"时代的媒体创新与产业融合》，

《新闻与写作》2015年第7期。

[2] 陈洁：《网络直播平台：内容与资本的较量》，《视听界》2016年第3期。

[3] 崔秋霞：《网络直播的模式分析及未来发展趋势》，《理论研究》2016年第17期。

[4] 曹素妨：《"媒介融合"系列沙龙之"产品思维"：传媒人如何转型媒体产品经理?》，《中国传媒科技》2015年第6期。

[5] 江作苏：《党报的改革创新：向现代主流媒体转型》，《新闻战线》2009年第3期。

[6] 陆国庆：《基于信息技术革命的产业创新模式》，《产业经济研究》2003年第4期。

[7] 刘毅：《传媒生态环境及产业创新》.《重庆社会科学》2008年第3期。

[8] 刘旷：《五大直播阵营》，《名人传记（财富人物）》2016年第8期。

[9] 刘青：《网络游戏直播平台现状概述》，《商》2015年第29期。

[10] 李雨虹：《"网红+直播"开启精准营销新时代》，《市场营销》2016年第8期。

[11] 刘晓莉、刘西林：《基于客户满意度的客户细分研究》，《情报杂志》2006年第6期。

[12] 李良荣：《主流媒体创新转型重在影响力》，《声屏世界》2013年第11期。

[13] 李良荣：《从网络到移动终端 掀起新传播革命》，《媒体时代》2013年第9期。

[14] 刘畅：《主流媒体如何实现"内容为王"——说什么 怎么说 谁来说 如何传》，《新闻战线》2015年第23期。

［15］孟庆红：《基于顾客满意度的电信运营商竞争优势研究》，博士论文，电子科技大学，2012 年。

［16］邱立波：《传媒资源整合：问题与对策》，《新闻爱好者》2011年第 6 期。

［17］任义忠：《从过度竞争到战略联合——我国报业集团竞合机制研究》，《现代传播（中国传媒大学学报）》2014 年第 4 期。

［18］喻国明：《互联网是一种高维媒介——兼论"平台型媒体"是未来媒介发展的主流模式》，《新闻与写作》2015 年第 2 期。

［19］喻国明、刘旸：《"互联网＋"背景下传媒产业创新的五力模型》，《新闻与写作》2015 年第 5 期。

［20］喻国明：《传统媒体如何变身为线上新型主流媒体：价值范式与操作关键——以〈北京时间·G20 杭州峰会〉报道为例》，《电视研究》2016 年第 10 期。

［21］严潮斌：《产业创新：提升产业竞争力的战略选择》，《北京邮电大学学报（社会科学版）》1999 年第 3 期。

［22］张立伟：《先找准自己位置 再确定数字化抓手——纸媒如何突破数字化困境》，《新闻记者》2015 年第 5 期。

［23］朱春阳：《新媒体背景下的传媒创新特征》，《当代传播》2008年第 6 期。

［24］张明海：《文化强国与中国期刊产业创新》，《出版发行研究》2012 年第 7 期。

［25］朱鸿军、农涛：《媒体融合的关键：传媒制度的现代化》，《现代传播》2015 年第 7 期。

［26］张弦：《移动端圈层营销：网红＋内容＋直播＋社交》，《新营销》2016 年第 9 期。

四、中文报告、电子文献

[1] 艾媒咨询：《2016 年中国直播在线直播行业分析报告》，2016 年。

[2] Anonym. iiMedia Research：《2016 中国在线直播行业专题研究》［EB/OL］，［2016/10/29］. http：//www. 199it. com/archives/468752. html？weixin_ user_ id = bdo6ETQjsFYoRqkNwcM0p5X _ SmcXcs.

[3] Anonym.《全球最火视频直播应用 Meerkat 剖析报告》［EB/OL］，［2016/10/29］. http：//www. 199it. com/archives/334647. html.

[4] Anonym.《Meerkat 关闭直播？很好，你努力挣扎的样子成功吸引了我们的注意力》［EB/OL］，［2016/10/29］. https：//m. huxiu. com/article/141147/1. html？f = pc － weibo － article&open_ source = weibo_ search.

[5]《长江日报》2016 年 03 月 17 日 09：41：05.

[6] 崔鹏：《全民直播是个"伪命题"？映客和花椒们的命门在哪》，［2016/10/19］. http：//wtoutiao. com/p/45aJOqy. html？open_ source = weibo_ search&isappinstalled = 1.

[7] 创业邦：《同样是游戏直播平台，为什么 Twitch 在西方很火，在拥有最大游戏社群的亚洲市场毫无建树？》http：//www. toutiao. com/i6288569082329448962/？open_ source = weibo _ search.

[8] 大不六：《又一风口来了，这一次，传统媒体可不要错失良机》，http：//www. wtoutiao. com/p/163JpBe. html.

[9] 达范齐：《生死启示录：国外视频直播产品的三种命运和六种案例》［EB/OL］，［2016/10/29］，http：//blog. sina. com. cn/

s/blog_ aa63ceca0102wghj. html.

［10］ 凤凰财经：《斗鱼直播完成15亿C轮融资 腾讯继续领投》，ht-
　　　tp：//finance. ifeng. com/a/20160816/14754172_ 0. shtml.

［11］ 湖北省新闻出版广电总局：《湖北省新闻出版广电融合发展报告》，
　　　2015年，http：//www. hbnp. gov. cn/wzlm/cs/ggfzc/csjx/15428. htm.

［12］ 湖北文化产业网、中外传媒：《中国传媒业的五大机遇》［DB/
　　　OL］，2013年，http：//www. hubeici. com/cc/zwcmqs/201311/
　　　t20131118_ 27466. shtml.

［13］ 刘旷：《YY 映客 陌陌 KK 斗鱼移动直播正在形成五大阵营》
　　　［EB/OL］ ［2016/10/29］. http：//www. qikan. com. cn/arti-
　　　cleinfo/cyzo20160617. html.

［14］ 清博指数：http：//www. wtoutiao. com/p/493oB68. html. 2016. 10. 7.

［15］ 人人都是产品经理. http：//www. woshipm. com/it/415611. html.
　　　2016. 9. 20.

［16］ 盛慧天：《直播鼻祖 Meerkat 谢幕后，国外直播平台几方称霸
　　　似乎已成定局……》 ［EB/OL］. ［2016/10/29］. http：//
　　　wtoutiao. com/p/4a9LNW8. html？ open_ source = weibo_ search.

［17］ 腾讯财经：《中国娱乐直播行业白皮书（2016）：全民移动互
　　　联时代，娱乐直播的迁徙与变革》，http：//finance. qq. com/a/
　　　20160805/025993. htm.

［18］ 王勐璇、韩佳、刘金松：《美国直播这样玩：以 Facebook 和 Snap-
　　　chat 为例》 ［EB/OL］ ［2016/10/29］. http：//www. 199it. com/ar-
　　　chives/479056. html.

［19］ 网易新闻：《直播风口〈2016 直播行业报告〉深度剖析》，ht-
　　　tp：//news. 163. com/16/1026/15/C4AI9F1H00014SEH. html.

［20］ 新浪微博：http：//weibo. com/u/1851231782？ topnav = 1&wvr

=6&topsug=1&is_all=1.

[21] 扬子晚报网：《宋仲基"一直播"200万人同时在线观看》，2016年5月。

[22] 中国互联网络信息中心：《第38次中国互联网络发展状况统计报告》，2016年。

[23] 站长之家：《视频直播的美国学者死了，中国的学徒还好吗?》，http：//www. chinaz. com/news/2016/0309/510865. shtml.

[24] 中国投资咨询网：《引爆直播的斗鱼从无人能懂到估值10亿美元》，http：//www. ocn. com. cn/touzi/201604/flnxd11104923. shtml.

[25] 中商情报网：《预计2018年中国游戏直播市场规模达51.2亿元》，http：//www. askci. com/news/chanye/2015/03/31/85742bjil. shtml.

[26] 中商情报网：《LOL游戏主播最新身价排行 Miss1亿签约虎牙力压小智》，http：//www. askci. com/news/sports/2016/03/03/115626oy0g. shtm.

[27] 199IT：《美国直播这样玩：以 Facebook 和 Snapchat 为例》，http：//www. 199it. com/archives/479056. htm.

后　记

　　主流媒体直播探索的理论诠释与实践解读是一个应景之作，也是合作的结晶，在两年多的资料收集与整理过程中，真诚感谢"人民网""红网""长城网"《羊城晚报》传媒集团、《河南日报》《湖北日报》传媒集团、江苏电视台等多家媒体提供的访谈机会与一手资料，为行文的完成提供宝贵的资源。也感谢团队成员倾力完成资料的收集与个案的案例分析总结。特别感谢孙勇（第六章写作）、骞倩文、张曼曼、白玉、郭帆、郑敏、吴文钦、朱晨曦等辛苦付出。

　　本书是对主流媒体直播研究的探索，目前学界理论研究的不多，所以，为文章的写作带来一定困难，但是文章吸收了很多研究者的丰富成果与观点，在此一并表示感谢，并期待进一步完善。